IRAN

Die drohende
Katastrophe

Bahman Nirumand

IRAN

Die drohende Katastrophe

Kiepenheuer & Witsch

Für meine Frau Sonia Seddighi. Meine Liebe.
Unsere Gespräche haben meine politischen Einsichten vertieft und bereichert.

Ein Dank
geht an Ali Schirazi, der mir wichtige Informationen und Unterlagen zur Verfügung stellte.
Besonders danken möchte ich darüber hinaus Lutz Dursthoff für sein Engagement und für zahlreiche Hinweise
sowie Rüdiger Dammann, der mich auf allen Textwegen begleitet hat.

2. Auflage 2006

Umschlaggestaltung: Linn-Design, Köln
Gesetzt aus der Minion und Helvetica
Satz: Felder KölnBerlin
Druck und Bindung: Druckerei C. H. Beck, Nördlingen
ISBN 10: 3-462-03708-0
ISBN 13: 978-3-462-03708-1

Inhalt

Die drohende Katastrophe – Ein Vorwort

Wer die in diesem Buch geschilderten und analysierten Fakten und Ereignisse der letzten Jahre verfolgt hat, wird zwangsläufig zu dem Schluss gelangen, dass wir – damit ist die internationale Staatengemeinschaft gemeint – auf eine Katastrophe größeren Ausmaßes zusteuern. Was aber ist das Besondere am iranischen Atomkonflikt, dass er zu einer so starken Frontbildung veranlasst, den Ruf nach Sanktionen immer lauter werden lässt und nach Meinung mancher Strategen sogar einen Krieg rechtfertigt?

Der Atomstreit hat längst die ihm gebührende Dimension überschritten. Die Irrationalismen und Emotionen, die bei diesem Konflikt mitschwingen, haben ihm eine Bedeutung verliehen, die nun mit nahezu allen Problemen belastet ist, die zwischen dem christlichen Abendland und dem islamischen Morgenland existieren oder auch nur denkbar sind. Wie sonst ließe sich erklären, dass schon der bloße Verdacht – denn bis zum heutigen Tag gibt es dafür keinerlei Beweise –, der Iran könnte die Fähigkeit zum Bau der Atombombe erlangen, im Westen Angst und Schrecken auslöst?

Niemand spricht mehr von Nordkorea, das angeblich im Besitz der Atombombe ist, niemand empört sich über die Nuklearwaffen, die sich in der Hand der pakistanischen Regierung befinden und möglicherweise bei der nächsten Wahl direkt in die Hände von Terroristen fallen werden, niemand redet von dem Atomwaffenarsenal Israels mit über 200 Atombomben, obwohl durchaus die Möglichkeit besteht, dass diese Bomben bei einer weiteren Zuspitzung des Nahostkonflikts eingesetzt werden. Für einen solchen Einsatz sind sie schließlich entwickelt worden.

Die Welt hat es auch mehr oder minder stillschweigend hingenommen, dass die USA mit Indien – einem Land, das sich bis heute weigert, den Atomwaffensperrvertrag zu unterzeichnen, und längst zu einer Atommacht geworden ist – die Lieferung von atomarem Brennstoff und die Vermittlung von Atomtechnologie vereinbart haben.

Und es gab auch keinen Aufschrei, als Frankreichs Präsident Jacques Chirac dem Iran mit dem Einsatz von Atombomben drohte, oder als bekannt wurde, dass die USA ernsthaft einen atomaren Angriff gegen iranische Nuklearanlagen planen. Wenn man diese Drohungen in eine einfache Sprache übersetzt, lauten sie: Wir, Frankreich und die USA, dürfen so viele Atombomben bauen, wie wir wollen, weil wir zivilisiert sind, und wir dürfen sie auch einsetzen, um ein anderes Land wie den Iran, das nicht zivilisiert ist, zu zwingen, sein Atomprogramm aufzugeben.

Diese Absurditäten und Widersprüche gewinnen erst dann eine gewisse Logik, wenn man den Gesamtkontext ins Auge fasst. Zunehmende Integrationsprobleme insbesondere mit muslimischen Einwanderern in den europäischen Ländern; der Sieg der radikalislamischen Hamas bei den Wahlen in den Palästinensergebieten; eine nicht endende Welle von Mordanschlägen auf Reformkräfte in Afghanistan, im Irak, im Libanon, in Jemen und anderswo; Straßenkämpfe zwischen Christen und Muslimen in Indien und Indonesien; öffentliche Brandreden des iranischen Staatspräsidenten Mahmud Ahmadinedschad gegen Israel; und schließlich: in Dänemark veröffentlichte Mohammed-Karikaturen, die – Monate nach ihrem Erscheinen – gewaltsame Proteste gegen »den Westen« in vielen islamischen Ländern auslösten: Droht der von Samuel Huntington einst beschworene »Zusammenprall der Kulturen« zur bitteren Realität zu werden?

Sicher ist, dass es keine Zwangsläufigkeit gibt, mit der sich ein solcher Zusammenprall gleichsam unvermeidbar ereignete. »Der Westen« und »der Islam« sind alles andere als monolithische Blöcke, deren Grundüberzeugungen unvereinbar gegeneinander stünden; sowohl historisch wie auch aktuell gibt es ungezählte Beispiele eines friedlichen und fruchtbaren Zusammenlebens. Es gibt allerdings auch machtvolle Gruppierungen, die die Option eines solchen »Kulturkampfes« provozierend im Schilde führen – nicht primär, wie sie vorgeben, um die »Ungläubigen« zu bekämpfen oder den Menschenrechten zum Durchbruch zu verhelfen, sondern vor allem, um eigene Interessen durchzusetzen oder die eigene Machtbasis zu festigen.

Letzteres trifft zweifellos auf die radikalen Islamisten im Iran zu. Alles, was aus dem Westen kommt, ist aus ihrer Sicht dekadent, verderblich, sündhaft. Jede Kritik ist ein Angriff gegen den Islam, jeder Versuch der Aufklärung eine Verletzung der nationalen Ehre. Kein Wunder, wenn der Atomkonflikt eine religiös-nationale Aura bekommt und das Atomprogramm wie ein Heiligtum als unantastbar erklärt wird.

Dabei spielt bei den Hauptkontrahenten, USA und Iran, der Konflikt an sich nur eine sekundäre Rolle. Sicher, Washington will unter allen Umständen verhindern, dass die Islamische Republik Iran zu einer Atommacht wird, und Teheran ist viel daran gelegen, sich zumindest die Option auf Nuklearwaffen offen zu halten. Aber was beide jeweils anstreben, ist weit umfassender.

Die USA haben erklärtermaßen das Ziel, im Iran einen Regimewechsel herbeizuführen, und dieses Ziel verfolgen sie nachweislich nicht erst, seit der Streit um das iranische Atomprogramm entbrannt ist. Wirft man einen Blick auf den Nahen und Mittleren Osten, stellt man fest, dass die USA fast überall militärisch präsent sind, bis auf zwei Länder: Syrien und Iran. Ziel der amerikanischen Strategie ist, diese Lücken zu schließen, um die so wichtige Region vollends unter ihre Kontrolle zu bringen. Denn es geht um die Sicherung der Energieversorgung und um die Märkte, die die ölreichen Länder bieten. Washington scheint entschlossen, dieses Ziel durchzusetzen, und sei es durch einen militärischen Angriff oder gar den Einsatz von Atombomben.

Aber die US-Strategen und -Militärs wissen zugleich, dass ein solcher Angriff mit großen Risiken verbunden wäre, dass die USA weit tiefer als im Irak in eine Krise geraten könnten, aus der sie nur schwer wieder herauskommen würden, dass sich in der ganzen Region ein Flächenbrand ausbreiten könnte und dass sowohl der Wirtschaft als auch der Sicherheit des Westens große Gefahren drohten. Daher möchten sie im Unterschied zum Irak-Krieg dieses Mal keinen Alleingang wagen. Etwaige Sanktionen gegen den Iran oder ein militärischer Angriff sollen möglichst von allen ständigen Mitgliedern des UN-Sicherheitsrats mitgetragen werden. Und wenn Russland und China sich weigern sollten, sollen auf jeden Fall die Europäer dabei sein.

Diese Pläne haben mit dem Islam und dem so genannten Kampf der Kulturen nichts zu tun. Hier geht es allein um die Interessen der USA, die der Meinung sind, aufgrund ihrer militärischen Stärke alles durchsetzen zu können, was ihnen vorteilhaft erscheint, auch wenn sie dabei gegen internationales Recht verstoßen oder die so hoch geschätzten Werte der zivilisierten Welt über Bord werfen.

Auch dem Regime in Teheran geht es keineswegs allein um die friedliche Nutzung der Atomenergie, die für sich genommen ohnehin höchst umstritten ist. Denn erstens ist sie viel zu kostspielig und zweitens in einem Land wie dem Iran, das häufig von starken Erdbeben heimgesucht wird, äußerst gefährlich. Das Land hat reichlich Sonne, Wasser und Wind und könnte mit diesen Gaben der Natur seinen Energiebedarf durchaus decken, wenn in zwanzig, dreißig Jahren die Öl- und Gasquellen erschöpft sein sollten.

Die Radikalislamisten, die nach dem Scheitern der Reformer um Präsident Chatami putschartig die Macht monopolisiert haben, wollen nach eigenen Angaben einen »lupenreinen islamischen Gottesstaat« aufbauen. Ahmadinedschad und die grauen Eminenzen, die ihn lenken, haben auch Großmachtambitionen. Ihnen schwebt die Bildung eines Blocks islamischer Staaten vor, in dem der Iran eine führende Rolle spielen soll. Bereits jetzt verfügt der Iran in den Nachbarstaaten Irak und Afghanistan über großen Einfluss, ebenso in Syrien und unter den militanten Organisationen wie islamischer Djihad, Hisbollah und Hamas. Die großzügige finanzielle Unterstützung der in Palästina regierenden Hamas hat die Popularität Ahmadinedschads in der gesamten Region bereits erhöht. Seine Attacken gegen Israel und die USA haben längst einen Helden aus ihm gemacht. Das ist ihm bewusst, kein Wunder, dass er immer wieder nachlegt und gar den Holocaust in Zweifel zieht.

Aber den Radikalislamisten fehlt die Basis im eigenen Land. Die Mehrheit des iranischen Volkes wünscht einen Regimewechsel, sehnt sich nach Freiheit und Demokratie. Im Iran hat sich während der Herrschaft der islamischen Geistlichkeit eine breite Zivilgesellschaft entwickelt, die sich inzwischen weit vom Teheraner Regime entfernt hat und ihm völlig fremd geworden ist. Von alldem wird in diesem Buch ausführlich die Rede sein.

Den islamischen Hirten fehlen in Wahrheit die Schafe. Das Versprechen Ahmadinedschads an die Armen im Land, soziale Gerechtigkeit walten zu lassen, konnte ihn zwar kurzfristig in der Gunst der Wähler nach vorn bringen, es hat sich aber bereits in den ersten Monaten seiner Amtszeit als reine Propaganda erwiesen. Längst hat sich herausgestellt, dass er und seine Mitstreiter, die zumeist aus den Kreisen des Militärs und der Geheimdienste stammen, keinerlei Konzepte für die Lösung brennender sozialer Probleme vorzuweisen haben. Die Maßnahmen, die seine Regierung bisher getroffen hat, haben im Gegenteil der iranischen Wirtschaft großen Schaden zugefügt, sodass sogar moderate Konservative im islamischen Lager inzwischen zu seinen Gegnern zählen.

Nun bietet der Atomkonflikt die beste Möglichkeit zu einem Ablenkungsmanöver. Gleich nach seiner Amtsübernahme hat Ahmadinedschad deshalb einen konfrontativen Kurswechsel bei den Atomverhandlungen vorgenommen. Im Inland wurde mit Hilfe einer breit angelegten Propagandakampagne das Atomprogramm zu einer nationalen Frage hochstilisiert und das Bestreben des Westens, das iranische Atomprogramm zu verhindern, als ein Angriff, als Feindschaft gegen den Islam dargestellt. Damit konnte zumindest ein Teil der Bevölkerung mobilisiert werden, und je bedrohlicher der Druck von außen wird, desto mehr wächst die Bereitschaft, das Regime in dieser »national-religiösen« Angelegenheit zu unterstützen. Selbst die Zivilgesellschaft droht sich zu spalten. Für die Islamisten ist mithin jede Zuspitzung des Konflikts, bis hin zu einer militärischen Auseinandersetzung, willkommen. Denn in einem Krieg, der das Vaterland und den Glauben bedroht, lassen sich dem Volk mehr Opfer abverlangen, und jede Kritik und jeder Widerstand können als Kollaboration mit dem Feind mit Höchststrafen geahndet werden. Genauso wie für Chomeini der achtjährige Krieg gegen das Nachbarland Irak, wäre ein Krieg auch für die heute regierenden Islamisten ein »Geschenk des Himmels«.

So betrachtet, steuern sowohl die USA als auch der Iran auf einen Krieg zu. Die USA zeigen sich unnachgiebig, sie weigern sich, direkt mit Teheran zu verhandeln, sie bezeichnen den Iran als Schurkenstaat, als Zentrum des internationalen Terrorismus, sie wollen so rasch wie möglich Sanktionen gegen den Iran einleiten, sie drohen mit Militärschlägen. Diese Vorgehensweise stimmt mit den ständigen Provokationen aus Teheran nahtlos überein. Ahmadinedschad scheut sich, ungeachtet der zunehmenden Drohungen, nicht davor, feierlich zu erklären, endlich den Kreislauf für den atomaren Brennstoff geschlossen zu haben, und das Volk aufzufordern, diesen »großen Sieg« mit einem Fest zu feiern. Bush und Ahmadinedschad liefern sich ständig gegenseitig Steilvorlagen und verleihen damit dem Konflikt eine Dynamik, die, wenn sie nicht aufgehalten wird, zwangsläufig auf einen Krieg mit verheerenden Folgen hinausläuft.

Russland und China wiederum, die Nebenakteure bei dem Konflikt, möchten sich den Iran nicht zum Feind machen. Russland ist der größte Waffenlieferant Irans, baut für das Land Atomreaktoren und ist auch sonst auf dem iranischen Markt präsent. China ist auf iranische Öl- und Gaslieferungen angewiesen und gehört ohnehin zu den größten Handelspartnern Irans. Beide Länder haben zudem strategische Interessen in der Region. Iran könnte als das Brückenland zwischen dem Nahen und Mittleren Osten bei der Bildung eines Gegenpols zum Machtzuwachs der USA in Mittel- und Ostasien eine wichtige Rolle spielen, zumal Irans Präsident Ahmadinedschad bereits sein außenpolitisches Ziel, weg vom Westen, hin zum Osten, umzusetzen begonnen hat.

So klar die Rolle der anderen Direktbeteiligten beim iranischen Atomkonflikt ist, so rätselhaft bleibt die Rolle der EU. Was, fragt man sich, streben vor allem die drei EU-Staaten Deutschland, Frankreich und Großbritannien an, die bislang die Verhandlungen mit dem Iran geführt haben? Wollen sie etwa nicht wahrhaben, dass sie den USA auf den Leim gegangen und entgegen ihres erklärten Zieles, den Konflikt friedlich lösen zu wollen, mittlerweile voll auf die Linie Washingtons umgeschwenkt sind? Und wissen sie nicht, dass sie sich damit ins eigene Fleisch schneiden? Denn bei harten Sanktionen und mehr noch bei einem Krieg gegen den Iran würden sie auf westlicher Seite den größten Schaden davontragen. Allein der Anstieg des Ölpreises, der die Grenze von hundert Dollar pro Barrel gut und gerne überschreiten könnte, würde der Wirtschaft des vereinten Europas einen großen Schaden zufügen. Die Staaten der EU verlören wichtige Märkte in der Region, und auch ihre Sicherheit geriete stark in Gefahr. Was also treibt die EU dazu, den Weg des Friedens zu verlassen und sich den USA anzuschließen?

Dabei wäre gerade die EU die einzige unter den Beteiligten, die die Konfliktparteien auf den Weg der Vernunft zurückbringen könnte. Bekanntlich liegen Vorschläge – etwa der EU oder auch Russlands –, die das Recht Irans auf Anreicherung akzeptieren und gleichzeitig die Gefahr einer möglichen Entwicklung des Landes zu einer Atommacht so gut wie ausschließen könnten, auf dem Tisch. Die EU könnte eine Schlüsselrolle übernehmen, wenn Berlin, London und Paris es wagen würden, dem Druck aus Washington zu widerstehen und einen friedlichen Weg einzuschlagen.

Eine diplomatische Lösung wird aber überwiegend nur beschworen statt gesucht. Dabei ist auf den ersten Blick durchaus erstaunlich, warum der Atomstreit derart eskaliert ist. Denn die Alarmsignale, die jetzt allenthalben zu großer Sorge Anlass geben, sind bereits seit Jahren zu hören gewesen. Die Islamische Republik Iran mit ihrer dezidiert antiwestlichen Haltung existiert seit nunmehr knapp dreißig Jahren. Seit ebenso langer Zeit wird in jedem Freitagsgebet landauf, landab das Existenzrecht Israels bestritten und die »Gottlosigkeit« des Westens gegeißelt. Und auch das Atomprogramm des Iran ist schon seit vielen Jahren für die westlichen Geheimdienste ein offenes Geheimnis.

Welche Ereignisse, welche inneren und äußeren Entwicklungen haben dazu geführt, dass die Situation heute dennoch anders ist als vor fünf oder zehn Jahren? Diese Frage bleibt in der öffentlichen Berichterstattung zumeist ausgespart, weil sie notwendigerweise vielschichtig und differenziert beantwortet werden müsste. Sie muss aber gestellt werden. Denn nur eine Antwort auf diese Frage kann sowohl das tatsächliche Ausmaß der Bedrohung kenntlich machen als auch Wege aufzeigen, wie der Krieg, auf den wir sehenden Auges zusteuern, vielleicht doch noch abgewendet werden könnte.

Teherans Griff nach der Bombe – Chronik einer Eskalation

Der Streit um das iranische Atomprogramm droht in eine militärische Auseinandersetzung mit katastrophalen Folgen zu münden. Zwar beteuern die Kontrahenten immer wieder, sie würden alles tun, um den Konflikt friedlich zu lösen, doch die Hoffnung auf eine solche Lösung schwindet zusehends, nachdem der Iran auch das letzte Ultimatum des UN-Sicherheitsrats, bis zum 28. April 2006 sein Atomprogramm vollständig auszusetzen, hat verstreichen lassen.

Der jüngste Bericht des Generalsekretärs der Internationalen Atomenergiebehörde (IAEA), Mohammad El Baradei, spricht eine deutliche Sprache. Der Iran habe erfolgreich Uran angereichert und setze die Arbeiten entgegen den Forderungen des UN-Gremiums fort. Es sei Besorgnis erregend, dass Teheran nach wie vor alle Versuche der IAEA blockiere, sich Klarheit über den Teil des Programms zu verschaffen, der den Verdacht nährt, Iran wolle Atomwaffen herstellen. Die Inspekteure hätten nach dreijährigen Untersuchungen auch festgestellt, dass der Iran für einige Experimente Plutonium verwendet habe, das der Atombehörde gegenüber nicht deklariert worden sei. Zudem sei es iranischen Wissenschaftlern gelungen, in der Atomanlage in Natanz Uran auf den für die Erzeugung von Kernbrennstoff nötigen Grad von 3,6 Prozent anzureichern. Und der Iran baue seine Kapazitäten zur Urananreicherung zurzeit weiter aus.

Der Bericht enthielt zwar abermals keinerlei Nachweis, dass der Iran den Bau der Atombombe beabsichtigt oder gar bereits daran arbeitet. Aber er lieferte den Hardlinern einen weiteren Vorwand, um ein schärferes Vorgehen gegen den Iran zu fordern. Unverzüglich sprach sich der amerikanische UN-Botschafter John Bolton dafür aus, die gegen den Iran geplante UN-Resolution auf Kapitel VII der UN-Charta zu gründen, das in letzter Konsequenz auch den Einsatz von militärischer Gewalt vorsieht. »Nur so können wir den Druck auf den Iran erhöhen und ihm zeigen, wie sehr er sich selbst von der internationalen Gemeinschaft isoliert hat.«

Wie schon zuvor zeigte sich die iranische Regierung unbeeindruckt. Präsident Mahmud Ahmadinedschad erklärte: »Wir sind Zeugen dieser politischen Spielchen und Verschwörungen der Feinde des [iranischen] Systems gegen die friedlichen Atomprogramme des Landes. Wer mit solchen Methoden versucht, der iranischen Nation dieses Recht zu nehmen, sollte wissen, dass derartige Entschließungen und Resolutionen des UN-Sicherheitsrats für die Iraner keinen Pfifferling wert sind.« Iran werde niemals auf die Urananreicherung verzichten. Das Atomprogramm sei für sein Land ein »nationales Erfordernis«.

In der Tat ist der vollständige Verzicht auf das Atomprogramm, worauf vor allem die USA kompromisslos beharren, eine uneinlösbare – und in Wahrheit auch eine illegitime – Forderung. Aber wie will, wie kann Washington auf die Entschlossenheit des Iran, sein Atomprogramm fortzusetzen, reagieren? Hat nicht gerade Washington, zum Teil sogar durch das Lancieren falscher Informationen und das Ausmalen Furcht erregender Szenarien, den Konflikt bewusst eskalieren lassen? Kann nun die Supermacht USA vor der Entschlossenheit des Gottesstaates kapitulieren?

Was folgt nun aus der schroffen Ablehnung aus Teheran? Russland und China lehnen harte Sanktionen gegen den Iran ab. Sie schlagen vor, nicht die UNO, sondern die Internationale Atomenergiebehörde solle sich weiterhin mit dem Fall befassen. Das ist auch der Wunsch des Iran. Entsprechend hat Teheran nach Ablauf des Ultimatums erneut seine Bereitschaft bekundet, mehr als bisher mit der Atombehörde zu kooperieren und die ausgesetzten unangemeldeten Kontrollen wieder zuzulassen. Teheran wolle den Streit im Dialog lösen, sagte der Sprecher des Außenministeriums, Hamid Reza Assefi. »Aber der Iran wird keine Verhandlungen unter Druck führen und unter Drohungen kapitulieren.« Sollte der Sicherheitsrat radikale Sanktionen beschließen, werde der Iran darauf zu antworten wissen.

Doch die USA und, ihnen folgend, die EU-Staaten sind offenbar nicht mehr verhandlungsbereit. Für US-Außenministerin Rice steht nun sogar die Glaubwürdigkeit des UN-Sicherheitsrats auf dem Spiel. Das Gremium müsse jetzt eine Entscheidung treffen, »um glaubwürdig zu bleiben«, sagte sie bei einem Treffen der NATO-Außenminister in Sofia am 30. April 2006. »Sein Wille und seine

Worte dürfen nicht ignoriert werden. Ich hoffe deshalb, dass der Sicherheitsrat bereit ist, zu handeln.« Und sie weiß dabei auch das US-Abgeordnetenhaus in Washington hinter sich. Die USA müssten »alle möglichen politischen und wirtschaftlichen Möglichkeiten nutzen, damit der Iran für sein unverantwortliches Verhalten bezahlen muss«, verlangten die Abgeordneten in einem mit großer Mehrheit verabschiedeten Beschluss.

Aber Sanktionen, die nicht von der gesamten internationalen Staatengemeinschaft getragen würden, erzielen kaum Wirkung. Würden Russland und China tatsächlich bei ihrem Nein bleiben, könnte der Iran einen Wirtschaftsboykott seitens des Westens durch Intensivierung seiner Wirtschaftsbeziehungen zu Russland, China und anderen ostasiatischen Staaten ohne größeren Schaden überstehen. Die größten Verlierer wären dann die Europäer, die durch den Anstieg des Ölpreises und den Verlust eines wichtigen Marktes eine größere Beschädigung ihrer Wirtschaft hinnehmen müssten.

Daher sind sowohl die Europäer als auch die USA bemüht, Russland und China mit ins Boot zu ziehen. Washington verhandelt seit geraumer Zeit mit Russland über ein Atomenergieabkommen, um Moskau von einer engen Kooperation mit Teheran abzubringen. Ein solches Geschäft würde der russischen Führung zeigen, dass der US-Markt in diesem Bereich weitaus lukrativer ist als der iranische Markt. Ob aber solcherlei Anreize Moskau dazu bringen können, den Schulterschluss mit Teheran aufzugeben, bleibt offen.

Ohnehin ist Moskaus Politik im iranischen Atomstreit schwer durchschaubar. Denn die Annährung an Teheran ist allein mit wirtschaftlichen Argumenten nicht zu erklären – zumal die russische Parteinahme nicht nur verbaler Art ist. Trotz der zugespitzten Lage im iranischen Atomstreit will sich Russland an eine mit dem Iran vereinbarte Lieferung von Abwehrraketen halten. Diese Raketen – dreißig Flugabwehrsysteme vom Typ »Tor-M1« – dienen unter anderem dem Schutz von Atomanlagen. »Wenn es nicht zu irgendwelchen Ausnahmesituationen kommt, werden wir den Vertrag erfüllen«, beteuerte der russische Verteidigungsminister Sergej Iwanow zum Auftakt seines Besuches in Peking am 24. April 2006. Russischen Medien zufolge sollen die Raketen bis September im Iran installiert werden. Damit aber wäre ein militärischer Angriff auf iranische Atomanlagen – eine Option, über die in Washington, aber auch in Tel Aviv laut nachgedacht wird – nicht mehr oder zumindest nicht ohne größere Verluste möglich.

Was spielt Russland für ein Spiel? Eine Beantwortung dieser Frage wird umso schwieriger, wenn man bedenkt, dass Russland auch Israel zu Diensten ist. So trat am 26. April 2006, im fernen Osten Russlands, ein israelischer Spionage-Satellit mit Hilfe einer russischen Trägerrakete seine Reise ins All an. Der Satellit trägt den Namen »Eros B« und braucht für eine Umrundung der Erde 95 Minuten. Von der berechneten Umlaufbahn in 600 Kilometer Höhe aus kann eine Kamera Objekte am Erdboden fotografieren, die bis zu siebzig Zentimeter klein sind. »Eros B« gesellt sich zu einer früheren Version des Satellitenmodells, das seit Dezember 2000 im All unterwegs ist, und hat, israelischen Angaben zufolge, bereits die Probe bestanden und erste Bilder zur Erde gesandt.

Das Verhältnis zwischen Teheran und Tel Aviv könnte kaum schlechter sein. Der frühere israelische Ministerpräsident Schimon Peres zog sogar schon eine Parallele zwischen dem iranischen Präsidenten und Adolf Hitler. »Seit Hitler ist er der Erste, der sich hinstellt und sagt, das jüdische Volk müsse vernichtet werden«, sagte Peres bei einem Besuch in Krakau am 25. April 2006 dem israelischen Rundfunk. Und unter Anspielung auf die nuklearen Ambitionen Irans ergänzte der Friedensnobelpreisträger: »Hitler hat Vernichtungslager eingerichtet, er [Ahmadinedschad] will die Bombe für, wie er sagt, zivile Zwecke. Wir wissen genau, was er vorhat, und deshalb müssen wir seine Erklärungen ernst nehmen.«

Wird Israel es wagen, Irans Atomanlagen zu bombardieren? Wenn dies der Fall sein sollte, müsste der Angriff noch vor der Installierung der russischen Abwehrraketen im Iran geschehen. Und für einen solchen Schritt könnte Tel Aviv vermutlich auf die Zustimmung aus Washington rechnen. Denn sollte es nicht gelingen, Russland und China zur Teilnahme an Sanktionen gegen den Iran zu bewegen, wird eine militärische »Lösung« immer wahrscheinlicher. Für eine solche Lösung spricht auch der Umstand, dass im Oktober in den USA Kongresswahlen stattfinden. Umfragen zufolge würden die Republikaner die Wahl verlieren. Es sei denn, es gäbe für das amerikanische Volk einen wichtigen Grund, ihren Präsidenten zu unterstützen – und Krieg wäre ein solcher Grund, wie ein Blick in die amerikanische Geschichte lehrt. Fest steht jedenfalls, dass die USA nicht mehr lange zuwarten wollen. Wenn der UN-Sicherheitsrat nicht schnell genug handele, würden die US-Regierung und ihre Verbündeten auch ohne Resolution agieren, kündigte Außenministerin Rice am 30. April 2006 im US-Fernsehen an.

Aber wie könnte ein militärischer Angriff gegen den Iran aussehen? Da ein konventioneller Krieg personell und finanziell kaum zu leisten wäre – auch die öffentliche Meinung in den Vereinigten Staaten würde in ihrer Mehrheit ein solches Vorhaben nicht mittragen –, bliebe nur ein Angriff aus der Luft. Und da der Iran bekanntlich über unterirdische Anlagen verfügt, die durch konventionelle Luftangriffe nur schwer zerstört werden können, müssten vielleicht sogar atomare Geschosse eingesetzt werden.

Aber wie könnten die USA, die Europäer oder auch Israel einen solchen Schritt verantworten, der nach Meinung aller unabhängigen Experten einen verheerenden Flächenbrand in der gesamten Region auslösen und darüber hinaus auch die Sicherheit Europas und der USA stark gefährden würde – gar nicht zu reden von den menschlichen Opfern und wirtschaftlichen Schäden? Geht tatsächlich vom Iran eine solche Gefahr aus, dass all diese absehbaren Folgen zu rechtfertigen sind?

Nach Einschätzung ernst zu nehmender Experten könnte der Iran frühestens in fünf, wahrscheinlich erst in zehn bis fünfzehn Jahren in den Besitz der Atombombe gelangen. Selbst den Geheimdiensten liegen bislang keine belastbaren Informationen vor, die darauf hindeuteten, dass der Iran bereits jetzt oder in naher Zukunft in der Lage wäre, Nuklearwaffen herzustellen. Zwar hat Teheran erst kürzlich mit großem Stolz verkündet, die Anreicherung von Uran um 3,6 Prozent erreicht zu haben. Für die Herstellung einer Atombombe wird jedoch eine Anreicherung um 90 Prozent benötigt. Was dem Volk als ein großer nationaler Sieg präsentiert wurde, bewegt sich in Wahrheit noch im Rahmen der Labor-Forschung. Auch die Inspekteure der Internationalen Atomenergiebehörde, die in den vergangenen drei Jahren Hunderte von Kontrollen durchgeführt haben, konnten bisher nichts finden, was qualitativ über diesen Stand des iranischen Atomprogramms hinausgehen und darauf deuten würde, dass Iran auch nur im Entferntesten in der Lage wäre, Nuklearwaffen zu produzieren.

In Anbetracht dieser Tatsachen ist die Dämonisierung des iranischen Atomprogramms völlig absurd, es sei denn, man möchte damit Ängste erzeugen und die Öffentlichkeit psychologisch auf einen möglichen Krieg vorbereiten. Dass der Atomstreit hierbei als eine Art Eskalationsmotor fungiert, lässt eine kurze Rekapitulation der Geschichte dieses Konflikts erkennen.

Angereicherter Iran

In rund dreißig Jahren, so schätzen Experten, werden die riesigen Erdölvorkommen des Iran aufgebraucht sein, einige Jahrzehnte später auch die Erdgasvorkommen. Wie wird dieses heute noch reiche Land dann seinen Energiebedarf decken können? Dies ist eine der Ausgangsfragen des Atomstreits. Die iranische Antwort: mit Atomkraft. Und eine zivile Nutzung der Atomkraft ist für alle Unterzeichner des Atomwaffensperrvertrags, wozu auch der Iran gehört, ausdrücklich erlaubt. So weit die juristische Seite, die den Iran ins Recht setzt.

Plant Teheran aber darüber hinaus, sein »rechtmäßiges« atomares Know-how auch waffentechnologisch einzusetzen? Gründe dafür, den Status einer Atommacht anzustreben, gibt es aus Sicht des Irans genug. Das Land ist umzingelt von amerikanischen Streitkräften und Militärbasen. Im Irak und in Afghanistan sind die USA als Besatzungsmacht präsent, in der Türkei als Mitglied der NATO, in den meisten ehemaligen Sowjetrepubliken im Süden hat das US-Militär Stützpunkte errichtet, in Pakistan ist die Armee eng mit der amerikanischen verbunden, und der gesamte Persische Golf steht praktisch unter amerikanischer Kontrolle. Diese Einkreisung ist eine ernst zu nehmende Bedrohung für den Iran, denn die USA haben mehrmals offen erklärt, dass sie den Iran als »Schurkenstaat« betrachten und dort einen Regimewechsel anstreben.

Hinzu kommt, dass der Iran von Atommächten umgeben ist: im Osten von Pakistan und Indien, im Norden von Russland und im Westen von Israel. So gibt es innerhalb der iranischen Staatsmacht nicht wenige, die sich zumindest hinter vorgehaltener Hand überzeugt zeigen, dass ein atomar gerüsteter Iran wesentlich sicherer wäre. Denn wie der Fall Nordkorea zeigt, würden weder die USA noch andere Mächte es wagen, eine Atommacht Iran anzugreifen. Zudem hätte ein mit Nuklearwaffen ausgerüsteter Iran in der Region eine andere Bedeutung und könnte in die Rolle einer Großmacht hineinwachsen – ein Ziel, das besonders die Radikalislamisten anstreben.

Solche Ambitionen sind nicht neu. Schon der Schah hatte ähnliche Träume. Bereits in den fünfziger Jahren gab es ein entsprechendes Kooperationsabkommen mit den USA, woraufhin Anfang der siebziger Jahre mit dem Aufbau einer breit angelegten Atomindustrie begonnen wurde. Mehr als zwanzig Atomreaktoren waren geplant, die mit europäisch-amerikanischer Hilfe errichtet werden sollten. 1974 begann dann die deutsche Kraftwerk-Union (KWU), ein Verbund von Siemens und AEG-Telefunken, mit dem Bau des ersten Reaktors in der südiranischen, am Persischen Golf gelegenen Stadt Buschihr.

Die Revolution von 1979 beendete zunächst die Atom-Aktivitäten, und als im September 1980 der Krieg gegen den Irak ausbrach, gerieten die Atompläne weiter in den Hintergrund. Erst in den neunziger Jahren widmete die iranische Führung der Atomenergie wieder mehr Aufmerksamkeit, weil bekannt wurde, dass der Nachbarstaat Irak seine Atomindustrie recht weit entwickelt hatte. Eine Aufforderung an die KWU und andere europäische Unternehmen, das im Bau befindliche und während der letzten Kriegsjahre schwer beschädigte Kraftwerk in Buschihr fertig zu stellen, stieß auf Ablehnung. Die Firmen weigerten sich, den Boykott zu brechen, den die USA seit der Geiselnahme von ihren Botschaftsangehörigen in Teheran im Jahr 1979 verhängt hatten. Erst 1995 gelang es der iranischen Regierung, Russland für den Bau zu engagieren.

Dabei ging es, so viel ist heute sicher, niemals nur um den einen Atomreaktor. Es ging vielmehr um den Aufbau einer umfassenden, vom Ausland unabhängigen Nuklearindustrie. Da das Land über ausreichende Uranvorkommen verfügt, ist es potentiell in der Lage, den vollständigen nuklearen Brennstoffkreislauf selbst herzustellen. Doch zur Realisierung eines solchen ehrgeizigen Programms fehlten dem Iran sowohl das Know-how als auch die erforderlichen Geräte und Einrichtungen. Und weder Wissen noch Technik waren leicht zu beschaffen, wie der ehemalige iranische Chefunterhändler für Atomfragen, Hassan Rowhani, in seinem enthüllenden Bericht vor dem Obersten Nationalen Sicherheitsrat des Iran im Februar 2006 offen legte[1]; sogar Russland und China hätten ihre Unterstützung verweigert. »Obwohl jedes Mitglied des Atomwaffensperrvertrags das Recht hat, die Atomtechnologie zu friedlichen Zwecken weiterzuentwickeln und den Brennstoff herzustellen, war keine der Atommächte bereit, uns behilflich zu sein«, berichtete Rowhani. »So haben wir damit begonnen, all das, was wir brauchten, auf anderem Wege zu beschaffen, zum Beispiel auf dem internationalen Schwarzmarkt oder durch Kontakte zu entsprechenden Personen und Organisationen. Das haben wir auch getan und sind dabei ein gutes Stück vorangekommen.«

Über solche Aktivitäten hatte der Iran, trotz seiner Mitgliedschaft im NPT (Non-Proliferation Treaty), das heißt als Mitunterzeichner des Atomwaffensperrvertrags, die Internationale Atombehörde aber nicht informiert. Die IAEA war erst 2002 durch Informationen, die ausländische Geheimdienste und politische Organisationen ihr zur Verfügung gestellt hatten, auf das iranische Programm aufmerksam geworden. Anfang 2003 wurde der Iran daraufhin offiziell aufgefordert, sämtliche Details seines Atomprogramms offen zu legen. »Von da an spürten wir die Gefahr, die auf uns zukam«, schreibt Rowhani. Tatsächlich begann von diesem Datum an ein Konflikt, der bis heute so weit eskaliert ist, dass ein neuer Krieg immer wahrscheinlicher wird.

Kollision der Kulturen?

Der Atomkonflikt kam den USA durchaus gelegen, weshalb Washington von vornherein eine Eskalationsstrategie einschlug. Zwar schien sich der Iran zunächst dem öffentlichen Druck zu beugen; man versprach, künftig mehr Transparenz herstellen zu wollen. Die iranische Führung musste sich jedoch vorwerfen lassen, wichtige

[1] Der Bericht Rowhanis, der in der Folge ausführlich zitiert wird, wurde von einigen persischsprachigen Internetdiensten vollständig und von wenigen liberalen Zeitungen des Landes auszugsweise veröffentlicht. Als offene Attacke des moderat-konservativen Rowhani gegen die Radikal-Islamisten Ahmadinedschad und Laridschani dokumentiert der Bericht zugleich auf spektakuläre Weise die inneren Machtkämpfe im Iran.

Informationen auch weiterhin zu verschweigen. Der Iran habe keineswegs vollständig über sein Nuklearmaterial und über nuklear bezogene Aktivitäten berichtet, sagte IAEA-Generaldirektor Mohammad El Baradei. Washington verschärfte daraufhin den Ton und verlangte, Teheran solle unverzüglich das Zusatzprotokoll zum Atomwaffensperrvertrag unterzeichnen, wonach der Atombehörde unangemeldete Kontrollen und Zugang zu allen Anlagen zu ermöglichen seien. Andernfalls werde man den UN-Sicherheitsrat anrufen, der Sanktionen gegen den Iran beschließen könnte.

Der Zeitpunkt für eine Verschärfung der Iran-Politik schien den USA günstig. Der zunächst viel versprechende Versuch der Reformer um Präsident Chatami, das Land von oben zu liberalisieren und nach außen und innen zu öffnen, war gescheitert. Enttäuscht darüber, hatten viele Iraner ihren Unmut auf die Straße getragen. Demonstrierende Studenten forderten zum ersten Mal in der Geschichte der Islamischen Republik im Juni 2003 nicht nur den Rücktritt Chatamis, sondern auch den des Revolutionsführers Ali Chamenei. Es war nicht zu übersehen, dass Signale aus Washington und eine massive Propaganda, die rund um die Uhr über elf Fernseh- und Rundfunksender in persischer Sprache ausgestrahlt wurde, die in der Hauptstadt Teheran und anderen Großstädten rebellierenden Studenten und Intellektuellen zu massiveren Protesten anspornten. So wuchs in weiten Teilen der Bevölkerung kurzzeitig die Illusion, es könnte in naher Zukunft gar zu einem Regimewechsel kommen.

Solcherlei Hoffnungen waren in Anbetracht der realen Lage allerdings völlig abwegig. Tatsächlich gab es zur herrschenden Macht keine ernst zu nehmende Alternative. Den Theokraten war es längst gelungen, sämtliche oppositionelle Organisationen kaltzustellen, und obwohl die Mehrheit des Landes einen Regimewechsel herbeisehnte, saßen die Mullahs fest im Sattel. Mit Hilfe des Militärs, der Revolutionswächter, der Milizenorganisation der Basidjis und der zahlreichen paramilitärischen Organisationen waren sie in der Lage, jeden Umsturzversuch sofort im Keim zu ersticken. Und die Mullahs wussten, jeder Druck von außen würde nach innen stabilisierend wirken. Weitere Eskalationsstufen waren ihnen also ebenso willkommen wie den USA.

Tatsächlich erreichte der Atomkonflikt kurz darauf seinen ersten Höhepunkt, als El-Baradei im September 2003 bekannt gab, dass

IAEA-Inspekteure in der Atomanlage Natanz, 300 km südlich von Teheran, »Spuren angereicherten Urans« gefunden hätten, das zum Bau von Atombomben verwendet werden könne. Und er ergänzte: »Sollte sich herausstellen, dass der Iran sein Atomprogramm nicht für friedliche Zwecke nutzt, könnte dies fürchterliche Folgen haben.«

Endlich hatte Washington ein hartes Argument, um auch andere wichtige Länder in die konfrontative Strategie gegen den Iran einzubinden. Frankreich, Großbritannien, Deutschland, aber auch Russland folgten dem Wink aus dem Weißen Haus und forderten in einem dringenden Schreiben den Iran nun ebenfalls auf, das Zusatzprotokoll zum Atomsperrvertrag zu unterzeichnen. Die laufenden Verhandlungen zwischen der EU und dem Iran über ein umfassendes Wirtschafts- und Handelsabkommen wurden auf Eis gelegt. Washington forderte abermals die Einschaltung des UN-Sicherheitsrats.

Der Iran nahm den Ball auf und bestritt entschieden, jemals die Absicht zum Bau von Atomwaffen gehegt zu haben. Die Uranreste seien in Maschinen gefunden worden, die Teheran im Ausland gekauft habe und die vermutlich verunreinigt gewesen seien – eine Erklärung, die sich später als zutreffend erwies. Zugleich signalisierten sowohl Irans Staatspräsident Chatami als auch sein Außenminister Kamal Charrasi die Bereitschaft, mit der Atombehörde zu kooperieren und das Zusatzprotokoll zu unterzeichnen.

Die USA legten nach. Um den Beschwichtigungsversuchen Irans entgegenzuwirken, wurden weitere Nachrichten lanciert, die Teherans Bekundungen zur friedlichen Nutzung der Atomenergie in Zweifel ziehen sollten. Unter Berufung auf Recherchen westlicher Sicherheitsdienste berichteten die Medien, eine Gruppe von siebzig bis neunzig Wissenschaftlern im Iran solle mit dem Bau einer Atombombe beschäftigt sein. Der Iran habe zudem in Europa Hochspannungsschalter gekauft, die zum Zünden von Atomsprengköpfen verwendet werden können. Außerdem sei der Iran mit der Herstellung von Spezialsprengstoffen beschäftigt.

Die Rechnung Washingtons ging allerdings zunächst nicht auf. Der Gouverneursrat der IAEA einigte sich in der Sitzung am 12. September 2003 lediglich auf ein Ultimatum: Iran solle bis zum 31. Oktober 2003 sein Programm vollständig offen legen und das Zusatzprotokoll unterzeichnen – eine Forderung, die im Iran zu kontroversen Diskussionen führte. Während die Reformer, um eine weitere Eskalation des Konflikts abzuwenden, für die Unterzeichnung des Zusatzprotokolls und die Offenlegung des Atomprogramms eintraten, sprachen sich die Konservativen, allen voran die radikalen Islamisten, gegen jedes Zugeständnis aus. Die nationale Souveränität sei in Gefahr, warnten sie. Es sei die Wiederholung desselben Vorgangs, der sich im Irak abgespielt habe. Zunächst kämen die Inspekteure, die »überall herumschnüffeln und Unwahrheiten verbreiten«, danach würde der UN-Sicherheitsrat Sanktionen beschließen. Am Ende käme es zu einem militärischen Angriff. Dies sei der Plan der USA und Israels.

Unerfüllbare Forderungen

Parallelen zum Irak-Krieg sahen offenbar auch die EU-Staaten. Die Sorge, der Konflikt um das iranische Atomprogramm könne zu einem neuen Krieg in der Region führen, veranlasste die EU zu verstärkten Aktivitäten. Nicht nur um des Friedens willen. Die EU-Staaten, allen voran Deutschland und Frankreich, befürchteten, eine gemeinsame Frontbildung mit den USA gegen den Iran könne ihre wirtschaftlichen Interessen in der Region, insbesondere die Energieversorgung, erheblich beeinträchtigen. Dennoch forderte der Europäische Rat den Iran nun nicht mehr nur auf, das Zusatzprotokoll »zügig und ohne Bedingungen zu unterzeichnen« und umzusetzen, sondern er ging sogar noch einen Schritt über die bisherigen Forderungen hinaus und verlangte, Iran solle »alle Tätigkeiten im Zusammenhang mit der Urananreicherung und der Wiederaufbereitung suspendieren«.

Die Forderung nach der Suspendierung des gesamten Atomprogramms verstieß gegen Artikel IV des Atomwaffensperrvertrags. Dort heißt es: »Dieser Vertrag ist nicht so auszulegen, als werde dadurch das unveräußerliche Recht aller Vertragsparteien beeinträchtigt, unter Wahrung der Gleichbehandlung und in Übereinstimmung mit den Artikeln I und II die Forschung, Erzeugung und Verwendung der Kernenergie für friedliche Zwecke zu entwickeln. Alle Vertragsparteien verpflichten sich, den weitestmöglichen Austausch von Ausrüstungen, Material und wissenschaftlichen und technologischen

Informationen zur friedlichen Nutzung der Kernenergie zu erleichtern, und sind berechtigt, daran teilzunehmen.« Laut Vertrag ist auch die IAEA selbst verpflichtet, die Mitgliedsländer bei ihren Aktivitäten zur Entwicklung und friedlichen Nutzung der Atomtechnologie zu unterstützen.

Wie erwartet, lehnte Teheran die Forderung ab. Präsident Chatami beteuerte: »Schon aufgrund unserer religiösen Überzeugung sind wir gegen die Verbreitung von Nuklearwaffen.« Nuklearenergie hingegen sei notwendig, da auch die riesigen Öl- und Gasquellen irgendwann erschöpft sein würden. Wenn Iran nicht vom Ausland abhängig sein wolle, müsse das Land eine eigene Atomindustrie aufbauen und in der Lage sein, den gesamten Brennstoffkreislauf im eigenen Land zu produzieren. Gleichzeitig startete die iranische Staatsführung landesweit einen Propaganda-Feldzug und erklärte die Atomfrage zur nationalen Angelegenheit. Die Islamisten, die die Nation stets als eine perfide Erfindung westlicher Imperialisten verschmäht hatten, weil sie die Einheit der Muslime verhindert und die islamische Welt zersplittert hätte, sprachen auf einmal von nationaler Ehre. Die nationale Integrität stehe auf dem Spiel und müsse vor Angriffen äußerer Feinde geschützt werden.

Die Verhärtung der Fronten erhöhte wiederum den Druck von außen, vor allem durch die drei EU-Staaten, Deutschland, Frankreich und Großbritannien, die auf der einen Seite ihre Interessen in der Region wahren wollten und zum anderen im iranischen Atomkonflikt eine Chance sahen, durch eine erfolgreiche Vermittlerrolle der Außenpolitik der EU mehr Gewicht zu verleihen.

In Teheran wuchsen daraufhin die Befürchtungen, es könnte doch zu Sanktionen oder gar einem militärischen Angriff kommen. Zwar schien ein militärisches Eingreifen seitens der USA wegen des Debakels im Irak nur wenig wahrscheinlich. Aber ganz auszuschließen war er nicht. Wie aber ließ sich eine solche Gefahr abwenden? Der einzige Ausweg, der sich anbot, war: Europa gegenüber Kompromissbereitschaft zu signalisieren. Dadurch konnte Teheran erstens eine gemeinsame Front zwischen der EU und den USA verhindern und zweitens Zeit gewinnen. Aber wie konnte ein Kompromissvorschlag aussehen?

Hinhalten und Vertuschen

»Unser Hauptproblem bestand darin, ob wir unser gesamtes Atomprogramm offen legen sollten«, berichtet Rowhani in seinem Bericht vom Februar 2006. »Hätten wir alle unsere Geheimnisse preisgegeben, wäre der Konflikt wegen der unerlaubten Geheimhaltung an den UN-Sicherheitsrat überwiesen worden. Hätten wir weiterhin über Teile unseres Programms geschwiegen, wäre dies ein Verstoß gegen die Resolution des IAEA-Gouverneursrats gewesen, was ebenfalls zur Einschaltung des Weltsicherheitsrat geführt hätte.« Über dieses Dilemma sei im Obersten Nationalen Sicherheitsrat heftig diskutiert worden, so Rowhani. Manche Ratsmitglieder seien der Meinung gewesen, man könne sich nicht auf die Europäer als Vermittler verlassen. Denn sie seien letztendlich von den USA abhängig und würden sich im Ernstfall auf deren Seite schlagen. Demgegenüber hätten andere für eine Zusammenarbeit mit dem EU-Trio gestimmt. Schließlich wurde entschieden, die Außenminister der drei EU-Staaten nach Teheran einzuladen.

Tatsächlich zeigte sich Teheran bei dem Treffen mit Joschka Fischer, Dominique de Villepin und Jack Straw am 21. Oktober 2003 erstaunlich kooperativ. Die iranische Regierung erklärte sich bereit, das Programm vollständig offen zu legen, das Zusatzprotokoll zu unterzeichnen sowie, als »vertrauensbildende Maßnahme«, das Programm zur Urananreicherung »vorübergehend« einzustellen. Im Gegenzug versicherten die Europäer, den USA gegenüber Widerstand zu leisten und eine Übergabe der Akte Irans an den UN-Sicherheitsrat zu verhindern. Sie versprachen, die friedliche Nutzung der Nuklearenergie im Iran zu unterstützen. Ferner stellten sie umfassende Wirtschaftsbeziehungen in Aussicht. Glücklich über die Vereinbarung, sagte de Villepin: »Heute haben wir eine Lösung für die schwebenden Probleme gefunden.«

Als Generalsekretär El Baradei einen Monat später dem Gouverneursrat seinen Bericht vorlegte, beinhaltete dieser zwar detaillierte Beweise dafür, dass Iran 18 Jahre lang gegen den Atomwaffensperrvertrag verstoßen und sowohl Plutonium als auch angereichertes Uran hergestellt hatte. Zugleich bescheinigte El Baradei dem Land jedoch, in den letzten Wochen mit der Behörde voll kooperiert zu haben. Die Inspekteure hätten hierbei keinerlei Spuren gefunden, die auf den Bau von Atombomben gedeutet hätten. Iran habe »ein neues Kapitel der Zusammenarbeit eröffnet« und verhalte sich bereits so, »als wäre das noch zu unterzeichnende Protokoll bereits in Kraft«.

Washington reagierte prompt auf die »drohende« Entschärfung und kritisierte den Bericht als »schönfärberisch«. Der Staatssekretär im Außenministerium – und heutige UN-Botschafter – John Bolton erklärte: »Ich muss sagen, es ist einfach unmöglich, den Ausführungen des Berichts zu glauben.« Iran habe 18 Jahre lang die Atombehörde getäuscht und gegen seine Verpflichtungen schwer verstoßen. Die Schlussfolgerung, es gebe keine Beweise für ein militärisches Atomprogramm, sei abwegig und für die USA nicht hinnehmbar.

Die iranische Staatsführung war nach langjährigen Erfahrungen mit den diplomatischen Spielregeln wohl vertraut. Ihr war bewusst, welche Trümpfe sie in der Hand hatte und wie sie sie ausspielen konnte. Erst einmal wurde der internationalen Staatengemeinschaft mit Konsequenzen gedroht, sollten gegen den Iran, wie Washington forderte, harte Maßnahmen beschlossen werden. Der iranische Botschafter bei der IAEA, Ali Akbar Salehi, stellte eine Eskalation des Atomstreits in Aussicht, falls die Internationale Atomenergiebehörde ihren Bericht an den UN-Sicherheitsrat weiterleiten würde. Eine solche Entscheidung würde eine »internationale Krise heraufbeschwören«.

Die USA und die EU berieten nun über ihr gemeinsames Vorgehen, doch die Differenzen erwiesen sich zunächst als unüberbrückbar. Trotz des enormen Drucks aus Washington waren die Europäer nicht bereit, ihre Position aufzugeben. Christina Gallach, Sprecherin des EU-Außen- und Sicherheitsbeauftragten Javier Solana, sagte, die EU werde ihre bisherige Iran-Politik des »konstruktiven Dialogs« fortsetzen. »Wir stehen nach wie vor zu der ›Teheraner Vereinbarung‹ vom 21. Oktober.«

Erst am 26. November wurde nach zähen Verhandlungen Einigung erzielt. Die USA verzichteten nunmehr auf die Einschaltung des UN-Sicherheitsrats, und die EU-Staaten willigten ein, Iran wegen der Fehler der vergangenen Jahre zu rügen. »Sollten irgendwelche weiteren schwer wiegenden Verstöße Irans ans Licht kommen, wird der Gouverneursrat sofort zusammenkommen, um in Anbetracht der Umstände und der Empfehlung des Generaldirektors alle verfügbaren Optionen zu erwägen.« Gemäß dem Statut der IAEA gehört auch die Anrufung des Sicherheitsrats zu diesen Optionen.

Iran triumphierte. Den Diplomaten war es gelungen, die Differenzen zwischen der EU und den USA zur Durchsetzung der eigenen Position auszunutzen. Rowhani, der in diesen Wochen die iranische Außenpolitik praktisch in die eigene Hand genommen hatte, äußerte sich zufrieden über die Resolution. Iran habe gegen Inspektionen nichts einzuwenden, sagte er. Der iranischen Diplomatie sei es gelungen, die angezettelten Verschwörungen gegen sein Land abzuwenden. »Wir werden die Positionen der jeweiligen Mitgliedsländer bei der IAEA genau unter die Lupe nehmen und diese bei der künftigen wirtschaftlichen Zusammenarbeit berücksichtigen.« Zugleich gab er bekannt, dass sein Land neben dem Atomkraftwerk in Buschihr den Bau von weiteren sechs Kraftwerken plane. Die Politik der USA sei auf allen Ebenen gescheitert.

Allerdings, räumte Rowhani nachträglich ein, habe Teheran damals doch nicht die ganze Wahrheit preisgegeben, ohne zu ahnen, dass die Atombehörde zumindest über Teile der geheim gehaltenen Aktivitäten bereits informiert war. Laut Angaben von Rowhani hatten sowohl China als auch Russland der Atombehörde über alles, was sie an den Iran geliefert hatten, Auskunft erteilt. Und weit wichtiger noch als solche Auskünfte waren durchgesickerte Informationen über Transaktionen auf dem Schwarzmarkt und Technologieimporte aus Pakistan, genauer, aus dem Umfeld des pakistanischen Atomwissenschaftlers Abdul Khan, der als Vater der pakistanischen Atombombe bezeichnet wird.

Die Teheraner Führung ahnte zu jenem Zeitpunkt nicht, dass Libyen längst mit den USA und Großbritannien in geheimen Verhandlungen stand und alle illegalen Verbindungen zu Pakistan und zu den Zwischenhändlern auf dem Schwarzmarkt preisgegeben hatte. Und das waren dieselben Verbindungen, die auch der Iran genutzt hatte. »Die Libyer hatten die Amerikaner und Briten über sämtliche Details informiert und ihnen alle gekauften Geräte übergeben«, berichtete Rowhani. Libyen habe auch alle Anweisungen der beiden Mächte befolgt und unter anderem seine finanziellen Hilfen an militante Gruppen in Palästina eingestellt. »Das ist genau das, was unter der Bezeichnung ›Modell Libyen‹ verstanden wird«, erklärte

Rowhani dem Obersten Sicherheitsrat. »Es genügt nicht, dass wir alle Zentrifugen und andere Geräte einsammeln, auf Schiffe laden und sie nach Washington schicken. ›Modell Libyen‹ bedeutet auch die Anerkennung Israels und einen Abbruch aller Beziehungen zu den Befreiungsbewegungen. Libyen hat seine Position um 180 Grad geändert.«

Durch Informationen aus Libyen und zusätzliche Recherchen stellte sich heraus, dass der Iran auch nach der Zusicherung, sein Programm vollständig offen zu legen, einiges verschwiegen hatte. »Jedenfalls merkten sie, dass wir mehr als angegeben von den Mittelsmännern erhalten hatten«, so Rowhani in seinem Bericht. Es habe sich unter anderem um Zentrifugen zu höherer Anreicherung von Uran gehandelt. Diese Aufdeckung habe bei den europäischen Verhandlungspartnern das Misstrauen erheblich verstärkt. »Sie fragten uns, ob wir außer den Zentrifugen auch Pläne für die Atombombe gekauft hätten«, berichtete Rowhani. »Sie hatten erfahren, dass Libyen neben den gleichen Zentrifugen von demselben Händler auch die Pläne für die Bombe gekauft hatte.« Wie Rowhani auf diese Frage geantwortet hat, ist aus seinem Bericht an den Obersten Sicherheitsrat nicht zu entnehmen.

Das Problem bei den Verhandlungen mit dem Iran waren aber nicht nur die Vertuschungsversuche. Die Verhandlungen wurden auch dadurch erschwert, dass nicht bekannt war, wo und durch wen wichtige Entscheidungen im Iran getroffen werden. Offiziell ist der Oberste Nationale Sicherheitsrat für Atomfragen zuständig. Doch es kann als sicher gelten, dass solche Entscheidungen mit anderen Instanzen und »grauen Eminenzen« zumindest abgestimmt werden. Fest stand damals jedenfalls, dass es gerade in der Atomfrage zwischen den Konservativen und den Reformern erhebliche Differenzen gab. Während die Reformer einen Kompromiss mit der EU und die Unterzeichnung des Zusatzprotokolls als Sieg der Vernunft schmackhaft zu machen versuchten, sprachen die konservativen Islamisten von »nationaler Schande« und warnten vor einer »Kapitulation vor dem großen Satan USA und dem kleinen Satan Israel«. Und die Konservativen waren im Aufwind. Es zeichnete sich bereits ab, dass sie bei den bevorstehenden Wahlen das Parlament, in dem die Reformer die absolute Mehrheit hatten, zurückerobern würden. Daher schien es fraglich, ob das neue Parlament die Unterzeichnung des Zusatzprotokolls zum Atomwaffensperrvertrag durch die Regierung Chatami ratifizieren würde.

Die unüberschaubare innenpolitische Lage und die Vertuschungen, die allmählich ans Tageslicht kamen, brachten nun wiederum die iranische Staatsführung in eine schwierige Lage. Iran wollte trotz der getroffenen Vereinbarungen mit dem EU-Trio und der Atombehörde sein Atomprogramm weiterentwickeln und gleichzeitig verhindern, dass diese Aktivitäten den USA als Vorwand dienten, ihren harten Kurs durchzusetzen und dabei auch die Europäer einzubinden.

Der iranische Außenminister Kamal Charrasi erklärte in einem Interview mit CNN am Rande des Weltwirtschaftsforums in Davos, sein Land habe sich in der Vereinbarung mit den EU-Staaten Deutschland, Frankreich, Großbritannien, die als »Teheraner Erklärung« bezeichnet wurde, nicht verpflichtet, die Anreicherung von Uran gänzlich einzustellen. »Wir haben lediglich vereinbart, die Anreicherung vorübergehend auszusetzen«, sagte der Minister. Die vorübergehende Aussetzung bedeute jedoch nicht, dass die Beschaffung von Geräten und Instrumenten, die zur Anreicherung von Uran nötig seien, ebenfalls eingestellt werde. Seine Regierung sei aber bereit, über solche Fragen mit der Atombehörde zu verhandeln.

Irans Taktik bestand, wie schon häufig zuvor, darin, nur dann, wenn es unvermeidlich wurde, Geheimnisse preiszugeben und dabei so viel Zeit wie möglich zu gewinnen. Im Februar 2004 berichtete die Tageszeitung *USA Today* unter Berufung auf einen Diplomaten in Wien, Inspekteure der Internationalen Atombehörde hätten im Iran Teile moderner Uranzentrifugen gefunden. Es solle sich dabei um »Bauteile einer G2-Zentrifuge« handeln. Der Fund sei auf dem Militärstützpunkt Doschan-Tappeh in der Nähe von Teheran gemacht worden. Auch die britische Tageszeitung *Financial Times* berichtete, IAEA-Inspekteure hätten im Iran eine nicht deklarierte Zentrifuge entdeckt, mit der Uran sowohl für Atomreaktoren als auch für Atombomben aufbereitet werden könne.

Teheran wies die Angaben »in aller Schärfe« zurück. Solche Berichte entbehrten jeder Grundlage, sagte der Sprecher des Außenministeriums, Hamid Resa Assefi. Iran habe nie Atomprojekte zu militärischen Zwecken durchgeführt. Zutreffend sei, dass Forschung an modernen Zentrifugen betrieben werde. Dies geschehe jedoch aus »rein wissenschaftlichem Antrieb«.

Demgegenüber erklärte der Sprecher des Weißen Hauses in Washington, Scott McClellan, die US-Regierung sei über die Entwicklung ernsthaft besorgt. »Wir glauben seit langem, dass Iran ein Programm zur Entwicklung von Atomwaffen unter dem Deckmantel friedlicher Motive betreibt.« Washington forderte Iran ultimativ auf, bis zur nächsten Tagung des Gouverneursrats der IAEA am 8. März die Zusagen über die Beendigung seines Atomprogramms zu erfüllen. Andernfalls würden die USA darauf drängen, die Angelegenheit an den UN-Sicherheitsrat zu übergeben. Und auch eine militärische Option würde sich Washington vorbehalten.

Just in diesen Tagen wurde durch einen Bericht der malaysischen Polizei bekannt, dass der pakistanische Atomwissenschaftler Abdul Qadeer Khan Mitte der neunziger Jahre für drei Millionen Dollar Zentrifugenteile an den Iran verkauft hatte. Der Bericht stützte sich auf Aussagen von Seyd Abu Tahir, des mutmaßlichen Hauptfinanziers eines von Khan geleiteten internationalen Atomschmuggelrings. Danach soll Khan ihn 1994 oder 1995 gebeten haben, zwei Container mit gebrauchten Zentrifugenteilen von Pakistan nach Iran zu senden. Er habe die Lieferung über Dubai nach Iran an Bord eines Handelschiffes organisiert. Für die Lieferung habe ein namentlich nicht genannter Iraner eine Summe von drei Millionen Dollar gezahlt. Das Geld sei in Dubai in der Wohnung eines pakistanischen Wissenschaftlers aufbewahrt worden. Laut Polizeibericht handelt es sich bei dem Wissenschaftler um Khan.

Khan hatte den Verkauf von Zentrifugenteilen an den Iran und Libyen in einer Fernsehsendung öffentlich zugegeben und sich dafür entschuldigt. Anschließend war er vom pakistanischen Präsident Pervez Mushrarraf begnadigt worden.

»Glaube, Entschlossenheit und Einheit«

Im Februar 2004 errangen, wie erwartet, die radikalen Islamisten bei den Parlamentswahlen im Iran die absolute Mehrheit. Die kompromissbereite Regierung Chatami, die ohnehin ständig mit einer Blockadepolitik der Konservativen konfrontiert war, sah sich nun endgültig an den Rand gedrängt. Bei der Atombehörde und auch in der EU befürchtete man einen Kurswechsel in Richtung Konfrontation.

Tatsächlich kündigte Teheran im März die Einreiseerlaubnis für IAEA-Inspekteure, worauf die US-Regierung mit Empörung reagierte. Das Verhalten Irans sei bedauerlich, sagte Außenamtssprecher Adam Erli in Washington. Es sei an der Zeit, »reinen Tisch zu machen, unwiderruflich und total«. Irans Manöver zeige »eine Fortsetzung des Verhaltensmusters der Verzögerung, Täuschung und Verweigerung«.

Teheran ruderte wieder ein Stück zurück, kündigte aber gleichzeitig an, eine Anlage zur Umwandlung von Uranerz in Gas in Betrieb nehmen zu wollen. Das in Isfahan erzeugte Gas, so der Sprecher der iranischen Atombehörde, Gholamreza Aghazadeh, sei für eine Atomanlage zur Urananreicherung in Natanz bestimmt. Das Programm diene ausschließlich friedlichen Zwecken.

Kurz darauf, am 21. April, erklärte US-Präsident George W. Bush in Washington apodiktisch, die Entwicklung des iranischen Atomprogramms sei nicht mehr »hinnehmbar«. »Ich muss mich versichern, dass die Außenminister Deutschlands, Frankreichs und Großbritanniens, die sich als Vertreter der zivilisierten Welt in den Konflikt eingemischt haben, Iran deutlich genug auf die Konsequenzen hingewiesen haben.« Und drei Tage später legte der Staatssekretär im Außenministerium, John Bolton, nach: »Wir haben uns entschieden«, sagte er. Iran habe bezüglich seines Atomprogramms »gelogen«. Die Internationale Atombehörde werde gezwungen sein, den Fall an den UN-Sicherheitsrat weiterzuleiten. »Denn wenn wir weiterhin zulassen, dass der Iran uns überlistet, wird es zu spät sein.«

Teheran reagierte auf die Attacken aus Washington höchst gelassen. »Von unserer Seite aus sind alle Fragen beantwortet«, sagte der für internationale Beziehungen zuständige Direktor der iranischen Atomenergieorganisation Mohammad Saidi der Nachrichtenagentur AP. »Es gibt keine Mehrdeutigkeiten mehr.« Alle erforderlichen Informationen seien fünf IAEA-Inspekteuren, die sich zwei Wochen lang im Iran aufgehalten hätten, übergeben worden. Ihnen seien eindeutige Erklärungen sowohl für die entdeckten Spuren angereicherten Urans an Ausrüstungsgegenständen als auch hinsichtlich des Baus von Zentrifugen geliefert worden. Nun sei der Iran der

Meinung, dass der Atomkonflikt von der Tagesordnung der nächsten Sitzung der IAEA im Juni gestrichen werden könne. Sollte der Konflikt nicht beigelegt werden, werde man den Vertrag mit der Atombehörde kündigen, drohte die iranische Regierung.

Tatsächlich waren längst nicht alle Fragen beantwortet. Stattdessen kamen immer mehr fragliche Details ans Tageslicht. So musste Teheran noch kurz vor der Gouverneursratssitzung am 14. Juni eingestehen, Teile von Zentrifugen zur Anreicherung von Uran auf dem Schwarzmarkt gekauft zu haben. Dies ging aus einem vertraulichen Bericht hervor, den El Baradei den 35 Mitgliedern des Gouverneursrats vorlegte. Bisher hatte der Iran den Import dieser Teile bestritten und behauptet, sie selbst hergestellt zu haben. Das Eingeständnis war erfolgt, nachdem IAEA-Inspekteure in iranischen Anlagen Spuren von angereichertem Uran entdeckt hatten. In einer Einrichtung sei 36-prozentiges Uran-235 gefunden worden, hieß es in El Baradeis Bericht. Darin ist auch die Rede von drei Nukleareinrichtungen, in denen weiterhin Komponenten für Atomzentrifugen hergestellt werden. All dies hatte Teheran in seinem zuvor der Atombehörde vorgelegten tausendseitigen Bericht verschwiegen.

Dieses Verschweigen war zwar erneut ein eindeutiger Verstoß gegen die Informationspflicht, aber die neuen Entdeckungen lieferten nach wie vor keinen Beweis dafür, dass der Iran den Bau von Nuklearwaffen beabsichtigte. Daher konnte man dem Iran zwar eine Verletzung der Informationspflicht vorwerfen, nicht jedoch Aktivitäten, die den Unterzeichnern des Atomwaffensperrvertrags nicht erlaubt sind. Das Verhalten Irans warf allerdings die Frage auf, warum das Land Teile seines Atomprogramms verheimlichte, wenn es nichts zu verbergen hatte.

In seinem Bericht an den Obersten Sicherheitsrat schildert Rowhani das iranische Dilemma. Er beteuert darin, dass der Iran niemals die Absicht hatte, Atombomben zu bauen. Aber »für uns stand fest, dass im Grunde alle Staaten dagegen waren, dass wir den vollständigen Brennstoffkreislauf im eigenen Land herstellen. Was mussten wir also tun? Wir mussten Zeit gewinnen, um unsere Fähigkeiten und Möglichkeiten umsetzen zu können. Das heißt, wir mussten den gesamten Brennstoffkreislauf herstellen und vollendete Tatsachen schaffen. Dann wären wir in einer ganz anderen Position.« Niemand hätte früher zugestimmt, dass Pakistan in den Besitz der

Atombombe gelangt oder Brasilien über den vollständigen Brennstoffkreislauf verfügt, so Rowhani. Aber dann habe sich die Welt damit abgefunden. »Unser Problem ist, dass wir keins von beidem erreicht haben. Die Atombombe wollten wir ohnehin nicht, und zur Herstellung des Brennstoffs sind wir noch nicht fähig. Genau hier liegt unser Problem.« Man habe einige Teile des Programms geheim halten wollen, diese seien aber durch Spione und Geheimdienste aufgeflogen. »Nachträglich kann man sagen, dass es besser gewesen wäre, wenn wir alles offen gelegt hätten. Dann hätten wir heute weniger Probleme.« Rowhani räumt ein, dass das Verhalten Teherans Anlass zum Misstrauen gegeben habe. »Jetzt fragt man uns, wenn ihr nur den Brennstoff wolltet, was an sich nicht illegal ist, dann ist es unverständlich, warum ihr Teile eures Programms versteckt habt.«

Je mehr Geheimnisse des iranischen Atomprogramms gelüftet wurden, desto mehr wuchs der Druck aus Washington. Auch die EU-Staaten, die immer noch auf eine diplomatische Lösung setzten und im Gegensatz zu den USA für die Fortsetzung der Verhandlungen plädierten, schienen allmählich die Geduld zu verlieren und verschärften den Ton. Auf ihre Initiative verabschiedete der Gouverneursrat auf seiner Juni-Tagung eine Resolution, in der Teheran wegen des Versteckspiels hart gerügt und ultimativ aufgefordert wurde, endlich alles offen zu legen und mit der IAEA zu kooperieren.

Der Iran reagierte verärgert auf den Beschluss. Bereits zuvor hatte der neu gewählte Parlamentspräsident Haddad Adel im islamischen Parlament erklärt, Deutschland, Frankreich und Großbritannien sollten aufhören, dem Iran Vorschriften zu machen. »Ich erkläre hiermit, dass das iranische Parlament keine Anweisungen fremder Staaten duldet, sondern sich allein von seinen nationalen Interessen leiten lässt. Um guten Willen zu zeigen, sind wir Verpflichtungen eingegangen und haben sogar vor der Ratifizierung des Zusatzprotokolls zum Atomwaffensperrvertrag die Tore unserer Nuklearanlagen für die Inspekteure der Atombehörde geöffnet. Nun werden wir entscheiden, ob die Ratifizierung unseren Interessen entspricht. Wenn nicht, werden wir das Zusatzprotokoll ablehnen.«

Aus Protest gegen die IAEA-Resolution nahm Teheran darüber hinaus die Urananreicherung wieder auf, deren Aussetzung 2003 mit dem EU-Trio vereinbart worden war. In einem offiziellen Schreiben an die IAEA vom 29. Juni 2004 erklärte die iranische Führung: »Wir fühlen uns an die Vereinbarung mit der EU nicht mehr gebunden, weil die Europäer ihre Verpflichtung, die Atomakte im Juni zu schließen, nicht eingehalten haben.« Der Iran halte die mit der Anreicherung von Uran im Zusammenhang stehenden Aktivitäten in den Atomanlagen von Arak und Isfahan für legal. Die Arbeit dort stehe nicht zu Disposition. Zugleich versicherte Teheran, weiterhin mit der IAEA kooperieren zu wollen. »Je mehr sie inspizieren, desto mehr wird die Welt sehen, dass der Iran nicht von einem friedlichen Weg abgewichen ist«, hieß es in der Stellungnahme der iranischen Regierung.

Schon in dieser Phase waren die Unterschiede zwischen den Positionen der radikalen Islamisten, die nun im Parlament die Mehrheit hatten, und den Reformern, die nur noch die Regierung führten, deutlich zu vernehmen. Während Staatspräsident Chatami den Streit mit der Atombehörde schlichten wollte, erklärte der neue Ausschussvorsitzende für nationale Sicherheit und Außenpolitik, die negative Haltung der IAEA gebe dem Parlament Grund, unangemeldete und ungehinderte Inspektionen der Atomanlagen zu untersagen. Auch Revolutionsführer Ali Chamenei sagte nach der Veröffentlichung der IAEA-Resolution im iranischen Fernsehen, die Fortsetzung des Atomprogramms sei »unabdingbar«. Die Unterhaltung eines eigenen Brennstoffkreislaufs sichere die Unabhängigkeit Irans von anderen Staaten. Denn sonst könnten sich eines Tages die Lieferstaaten weigern, den Brennstoff zur Verfügung zu stellen. Dann wären »unsere Kraftwerke nutzlos«. Chamenei widersprach abermals Behauptungen, wonach einheimische Wissenschaftler an der Entwicklung von Nuklearwaffen arbeiteten. Um sich gegen seine Feinde zu behaupten, brauche das iranische Volk keine Atomwaffen, sondern »Glaube, Entschlossenheit und Einheit«, so der Revolutionsführer.

Am Vorabend eines Krieges?

Mit der Verhärtung der Fronten und vor allem der Wiederaufnahme der Uran-Anreicherung bahnte sich eine Annäherung zwischen den Positionen der EU und der USA an. Bei einem Gipfeltreffen Anfang

Juli verurteilten sie einmütig das iranische Atomprogramm: »Die USA und die EU sind durch die jüngste iranische Absichtserklärung zur Herstellung und Montage von Zentrifugen beunruhigt«, hieß es in der gemeinsamen Erklärung. Man sei entschlossen, der Gefahr einer Weiterverbreitung von Atomwaffen durch das iranische Atomprogramm zu begegnen. Der Konflikt drohte zu eskalieren. Außenminister Joschka Fischer sagte in einem Interview mit dem Fernsehsender *n-tv*: »Ich hoffe, dass Teheran begreift, dass es einer Fehlkalkulation unterliegt. Ich mache mir da angesichts der jüngsten Nachrichten [der IAEA] doch erhebliche Sorgen.« Irans Regierung müsse begreifen, dass es im Interesse ihres Landes und der Sicherheit in der Region sei, »durch die Tür zu gehen, die wir geöffnet haben«.

Auch Israel meldete sich nun zu Wort. Militärgeheimdienstchef General Aharon Seevi Farksh sagte im israelischen Fernsehen: »Iran hat nicht die Absicht, sein Atomprogramm zu beenden.« Dies sei nicht nur für Israel, sondern für die ganze Welt beunruhigend. Im Anschluss daran berichtete die internationale Presse, dass Israels Geheimdienst und Armee der Regierung bereits Pläne zur Bombardierung iranischer Atomanlagen vorgelegt hätten. Einen solchen Angriff hatte Israel bereits 1981 gegen eine im Bau befindliche Atomanlage im Irak durchgeführt und dabei den Atomreaktor »Osirak« zerstört.

Und die Fakten schienen solche Pläne zu bestätigen. Unter Berufung auf israelische Geheimdienstkreise berichtete die Tageszeitung *Haaretz*, Israel beabsichtige, Bomben aus den USA zu kaufen, mit denen unterirdische Atomanlagen im Iran zerstört werden können. »Das sind keine Waffen, die an der Palästinenser-Front gebraucht werden«, kommentierte die Zeitung. »Israel könnte die Bunker-Brecher gegen den Iran oder möglicherweise gegen Syrien einsetzen.« Bunker-Brecher sind Bomben, die erst tief in den Untergrund eindringen, bevor sie explodieren. Sie werden gegen stark befestigte Bauwerke eingesetzt. Das Geschäft mit einem Volumen von 319 Millionen US-Dollar soll, berichtete *Haaretz*, nicht vor der US-Präsidentschaftswahl am 2. November abgewickelt werden. Neben den 500 Bunker-Brechern wolle Israel auch 4.500 weitere Lenkwaffen kaufen.

Von Experten wurde allerdings sogleich bezweifelt, ob ein israelischer Blitzangriff aus der Luft allzu viel ausrichten könnte. Die

Anlagen seien im ganzen Land verteilt und die Geheimdienstinformationen über den Iran nur spärlich, meinte Alex Vatanka vom Analysemagazin *Jane's Sentinel Security Assessment* in London. Zudem würde ein israelischer Angriff im Iran riesigen politischen Schaden anrichten und zu einem lauten Aufschrei in der arabischen Welt führen – abgesehen davon, dass die Regierung in Jerusalem mit einem solchen Präventivschlag nicht nur eine Verurteilung seitens der Vereinten Nationen riskierte, sondern auch eine Welle von Anschlägen auf ihre Bürger und jüdische Einrichtungen in aller Welt.

Die aggressiven Stellungnahmen und Berichte über einen möglichen militärischen Angriff gegen den Iran provozierten die iranische Staatsführung zu Gegenattacken. In einem Interview mit der Tageszeitung *Al Hajat* sagte Hassan Rowhani, damals noch Generalsekretär des Nationalen Sicherheitsrats und Verhandlungsführer in Angelegenheiten des iranischen Atomprogramms, die USA sollten wissen, dass sie im Falle eines Angriffs gegen den Iran auf den Widerstand von siebzig Millionen Menschen stoßen würden. Im Iran herrschten ganz andere Bedingungen als im Irak. Dort habe eine Diktatur geherrscht, die am eigenen Volk vorbei regiert habe. Im Iran werde die Regierung vom Volk getragen. Auch darüber hinaus sei der Iran nicht mit dem Irak zu vergleichen. Irak habe Massenvernichtungswaffen gegen seine Nachbarn und gegen das eigene Volk eingesetzt. »Es hat den Nachbarstaat Kuwait überfallen und internationale Institutionen an der Nase herumgeführt.« Demgegenüber habe der Iran sich nie abenteuerlich verhalten und habe nie Massenvernichtungswaffen zu erlangen versucht. Es gebe keinen Grund dafür, dass über das iranische Atomprogramm weiterhin gestritten und der UNO-Sicherheitsrat eingeschaltet werde.

Weitaus schärfer nahm Irans Verteidigungsminister Ali Schamchani zu den Drohungen aus Israel und den USA Stellung. »Wir werden nicht mit verschränkten Armen dasitzen und darauf warten, was andere gegen uns unternehmen«, ließ er im Juli den arabischen Fernsehsender *El Dschasira* wissen. Die USA sollten sich im Klaren darüber sein, dass »ein Präventivschlag kein amerikanisches Monopol ist«. Auf die Frage, ob er einen Angriff der USA oder Israels auf iranische Atomanlagen für möglich halte und wie Iran darauf reagieren würde, sagte der Minister, Teheran würde einen solchen Angriff als Kriegserklärung ansehen und »mit allen unseren Mitteln zurückschlagen«. Sollte ein Angriff gegen Iran stattfinden, so konkretisierte Schamchani seine Drohung, würden die US-Streitkräfte im Irak »Geiseln in iranischen Händen« werden.

Zwickmühlen-Diplomatie

Solche Drohungen waren mit großen Risiken verbunden. Was trieb Teheran zu diesem Spiel mit dem Feuer?

Die Motivlage war und ist sicher vielgestaltig. Einiges spricht dafür, dass der Iran tatsächlich die Atombombe anstrebt und mit diesem Katz-und-Maus-Spiel Zeit gewinnen will, was der Teheraner Führung bislang ja auch gelungen ist. Die Verzögerungstaktik diente aber sicherlich auch dazu, dem Westen mehr Konzessionen abzutrotzen. Hier ging es erst einmal um den Transfer von Atomtechnologie, zweitens um das Embargo, das die USA seit 1979 über Iran verhängt hatten. Zwar hat diese Maßnahme den Iran nicht in die Knie zwingen können, sie hat dem Land aber erheblichen wirtschaftlichen Schaden zugefügt. Drittens ging es um das umfassende Wirtschafts- und Handelsabkommen mit der EU, über das seit langem verhandelt wurde. Viertens wollte der Iran auch seine Interessen in Afghanistan und im Irak gewahrt wissen und am Wiederaufbau beider Länder und deren zukünftiger politischer Gestaltung beteiligt werden. Tatsächlich hatten die USA schon sehr bald eingeräumt, dass sie ohne Kooperation mit dem Iran die Lage im überwiegend von Schiiten bewohnten Irak nicht unter Kontrolle bekommen können. Fünftens schließlich ging es um Garantien für die territoriale und nationale Sicherheit des Landes.

Vielleicht haben ähnliche Überlegungen die EU-Staaten Frankreich, Deutschland und Großbritannien dazu veranlasst, die iranische Führung mit einem neuen Vorschlagspaket zu einem dauerhaften Verzicht auf Urananreicherung zu bewegen. Regierungsvertreter der drei Länder legten am 21. Oktober 2004 in der französischen Botschaft in Wien einer iranischen Delegation entsprechende Vorschläge vor. Der Iran solle noch vor der nächsten IAEA-Sitzung am 25. November dazu Stellung nehmen.

Das Paket, das von Diplomaten als »Zuckerbrot-und-Peitsche-Paket« bezeichnet wurde, stellte den Iran vor die Wahl, entweder dauerhaft auf Urananreicherung zu verzichten oder sich möglichen Sanktionen auszusetzen, die der UN-Sicherheitsrat gegen das Land verhängen könnte. Im Falle des Verzichts erklärten sich die Europäer zu einer ganzen Reihe von Zugeständnissen bereit. In dem Memorandum, das der iranischen Delegation übergeben wurde, heißt es: »Wir sind bereit, dem Iran die Lieferung von Brennstoff für Kernkraftwerke zu sichern.« Die EU werde den Iran auch beim Kauf eines Leichtwasserreaktors in Russland unterstützen. Ferner werde sie die Verhandlungen mit Teheran über ein umfassendes Wirtschafts- und Handelsabkommen wieder aufnehmen und den Antrag Irans zur Mitgliedschaft in der Welthandelsorganisation (WHO) unterstützen. Besonders interessant war die Absichtserklärung der drei EU-Staaten, sich dafür einsetzen zu wollen, dass die gesamte Region des Nahen und Mittleren Ostens von »Massenvernichtungswaffen« befreit werde. In der Tat forderten insbesondere die Reformer im Iran bereits seit Jahren, dass die Region zu einer atomwaffenfreien Zone erklärt werde, eine Forderung, die sich vor allem gegen Israel richtet. Es war überraschend, dass sich die EU-Staaten diese Position nunmehr zu Eigen machten.

Es folgten wiederum zähe Verhandlungen, an deren Ende der Iran schließlich einlenkte. Am 15. November 2004 wurden in Paris die Grundlagen für die Fortsetzung der Verhandlungen zwischen dem EU-Trio und dem Iran festgelegt. In den als »Pariser Abkommen« bezeichneten Vereinbarungen erklärte sich der Iran bereit, als »freiwillige Vertrauensmaßnahme« für die Dauer der Verhandlungen die Anlage in Isfahan, in der Uran in Gas umgewandelt wurde, stillzulegen, die Urananreicherung in Natanz erneut auszusetzen, den Import oder Bau von Zentrifugen zu unterlassen und keinerlei Aktivitäten im Bereich der Wiederaufarbeitung zu unternehmen. Damit waren die Voraussetzungen für Verhandlungen über ein Langzeitabkommen geschaffen.

Die iranischen Verhandlungspartner steckten in einer Zwickmühle. Sie mussten einerseits Kompromisse eingehen, um eine Eskalation des Konflikts zu verhindern. Andererseits mussten sie diese Kompromisse nach innen rechtfertigen. Und wie zu erwarten war, riefen die Vereinbarungen mit der EU sowohl im Parlament als auch bei manchen führenden Konservativen heftige Proteste hervor, obwohl Chefunterhändler Hassan Rowhani dem Lager der Konservativen zuzurechnen war und zudem erklärt hatte, dass er und seine Mitarbeiter ihre Position mit der gesamten Staatsführung abgestimmt hätten. Staatspräsident Mohammad Chatami bestätigte dies und ergänzte vor Journalisten in Teheran, dass die Vereinbarungen auch unter Zustimmung des Revolutionsführers erfolgt seien.

Das Parlament tagte zweimal hinter verschlossenen Türen und ließ sich von Rowhani Bericht erstatten. Immerhin richteten sich die nun getroffenen Vereinbarungen mit den EU-Staaten gegen einen Beschluss des Parlaments, in dem die Urananreicherung als »legitimes Recht« Irans bezeichnet und deren Fortsetzung verlangt worden war. Am Ende der Debatte wurde eine von zahlreichen Abgeordneten unterzeichnete Erklärung verlesen. Darin betonen die Abgeordneten, dass das Recht Irans zur Urananreicherung, mit dem Ziel einer friedlichen Nutzung der Atomenergie, nicht zur Disposition stehe. »Wir betrachten den Versuch einiger europäischer Staaten, den Iran an seinem Bestreben zu hindern, den Brennstoff selbst herzustellen, als kolonialistisch und als gegen die nationalen Interessen Irans gerichtet«, heißt es in der Erklärung. Sie schließt mit der ultimativen Warnung: »Angesichts der im Zusammenhang mit den Vereinbarungen bestehenden Unklarheiten und Befürchtungen erklären wir, dass für uns die Sitzung des IAEA-Gouverneursrats am 25. November als Prüfstein dafür gilt, ob die europäischen Verhandlungspartner ihren Verpflichtungen nachkommen werden. Sollten diese Staaten ihrer ersten und selbstverständlichsten Verpflichtung, Irans Akte als erledigt zu betrachten, nicht nachkommen, werden wir als Parlamentsabgeordnete von unserem Recht Gebrauch machen und unsere Regierung verpflichten, das Programm der Urananreicherung rasch wieder aufzunehmen.«

Die in Teheran erscheinende Tageszeitung *Djomhuri Eslami*, die als Sprachrohr des Revolutionsführers Ali Chamenei gilt, ging in ihrem Leitartikel vom 18. November noch detaillierter auf die Vereinbarung ein und bezeichnete sie als »Beginn von neuen Verschwörungen« gegen die islamische Republik. Die Vereinbarung habe für die EU sowie für die USA einen großen Stellenwert. Denn zum ersten Mal sei es gelungen, die Islamische Republik durch Druck von außen zu Konzessionen zu zwingen. Es sei erstaunlich, ergänzt der Kommentator, dass jene, die für die Vereinbarung verantwortlich seien, immer noch meinten, dass »wir nichts verloren, ja sogar durch die Vereinbarung unsere Beziehungen zu Europa gefestigt haben«.

Auch die Internationale Atombehörde, so fährt der Leitartikel fort, habe die »übertriebene Ehrlichkeit« Irans missbraucht. Sie habe erklärt, sie könne noch nicht ausschließen, dass der Iran den Bau von Atomwaffen plane. Angesichts der Tatsache, dass IAEA-Inspekteure insgesamt tausend Stunden die Anlagen untersucht hätten, sei diese »feindselige« Stellungnahme ein einmaliger Vorgang. Es sei überdies »vollkommen lächerlich«, dass man einem Land, das reichlich Uran besitzt, das Recht untersagt, dieses zu verarbeiten und anzureichern. Dabei werde laut Atomwaffensperrvertrag jedem Mitglied dieses Recht ausdrücklich zugesprochen. Es sei nicht nachvollziehbar, warum die iranische Delegation »freiwillig« auf dieses Recht verzichtet habe. Javier Solana habe die Zustimmung Irans als »Neubeginn« bezeichnet. »Wohl wahr«, endet der Leitartikel: »Ein Neubeginn für neue Verschwörungen.«

Das Abkommen drohte zu kippen, und der Iran provozierte weiter. Er bat nun die Atombehörde um Erlaubnis, zwei Dutzend Zentrifugen »zu Forschungszwecken« in Betrieb halten zu dürfen. Man könne keinem Land verbieten, auf dem Gebiet der Atomtechnologie Forschung zu betreiben. Das EU-Trio wies diese Forderung mit Empörung als Bruch des Abkommens zurück. Die Iraner gaben in letzter Minute nach.

Parallel dazu versuchten die USA zum wiederholten Male, eine politische Lösung zu verhindern und den IAEA-Gouverneursrat durch angeblich neue Erkenntnisse über das iranische Atomprogramm zu beeinflussen. Washington behauptete nun beispielsweise, der Iran würde Trägerraketen für Atomsprengköpfe entwickeln. US-Außenminister Colin Powell stützte sich dabei auf entsprechende Informationen der iranischen Oppositionsgruppe Volksmodjahedin. Auf dem Flug zum Gipfeltreffen der Asiatisch-Pazifischen Zusammenarbeit (APEC) in Santiago am 21. November sagte Powell: »Ich habe Geheimdienstunterlagen gesehen, die bestätigen, was diese Dissidentengruppe sagt. Das sollte bei allen Parteien Besorgnis auslösen.«

Nach Informationen der *Washington Post* waren Powells Äußerungen allerdings nur durch eine »ungeprüfte, einzelne Quelle« gedeckt. Die Geheiminformation sei nicht auf ihren Wahrheitsgehalt geprüft worden, mussten zwei US-Regierungsvertreter gegenüber der Zeitung einräumen. Auch EU-Chefdiplomat Javier Solana zog die Äußerungen Powells in Zweifel. »Raketen können atomar und nichtatomar sein. Derzeit haben die Iraner keine Atomwaffen, also ist es ihnen unmöglich, Raketen mit Atomwaffen zu nutzen.« Allerdings seien die von Iran entwickelten Raketen theoretisch in der Lage, Atomsprengköpfe zu tragen.

Der harte Kurs der USA gegenüber dem Iran rief inzwischen sogar die Kritik namhafter US-Politiker hervor. So erklärte der ehemalige US-Sicherheitsberater Zbigniew Brzezinski gegenüber dem Online-Magazin *stern.de*, dass die Entwicklung von Atomwaffen im Iran nicht so bedrohlich sei, wie es die US-Regierung darstelle. Die Ansicht, wonach die fundamentalistischen Mullahs mit ihren Bombenplänen den Weltfrieden bedrohten, bezeichnete Brzezinski als »irrationale und paranoide Slogans«. Diese Argumentation erinnere ihn »verdächtig an die Demagogie, die vor dem Irak-Krieg verbreitet und mit der dann die Gewalt gerechtfertigt wurde«.

Ein Schritt vor, zwei zurück

Nach der Einigung in Wien setzte das EU-Trio die Verhandlungen mit dem Iran fort. Bei einem Treffen am 13. Dezember 2004 in Brüssel wurde die Marschroute festgelegt. Im Anschluss an das Treffen erklärte der britische Außenminister Jack Straw vor Journalisten, es seien drei Arbeitsgruppen zur Klärung offen stehender Fragen vorgesehen. Diese würden in den nächsten Tagen ihre Arbeit aufnehmen. Die EU bestehe auf objektive Garantien für eine zivile Ausrichtung des iranischen Atomprogramms. »Wir sind jetzt fähig, eine neue Phase zu beginnen, um ein langfristiges Abkommen zu schließen.«

Alles schien nun ins Lot gebracht. Doch der Schein trog abermals. Tatsächlich ließen die nächsten Konflikte nicht lange auf sich warten. Denn während der Iran die Aussetzung der Urananreicherung, die er als »freiwillige, vertrauensbildende Maßnahme« betrachtete, auf eine kurze Zeit von höchstens drei Monaten beschränken wollte, beharrten die EU-Staaten, die USA sowie die IAEA auf eine dauerhafte Aussetzung.

Diese Forderung machte die Positionen in Wahrheit unvereinbar, weshalb Deutschlands Außenminister Fischer die Verhandlungen als »nicht einfach« bezeichnete. Wohl auch deshalb hatte er kurz zuvor die USA aufgefordert, stärker an einer friedlichen Lösung des Atomstreits mitzuwirken. Dies würde »dem Prozess einen wesentlichen Substanzgewinn geben«. Washington jedoch hatte erneut seine Zweifel an der vom Iran zugesagten umfassenden Prüfung seines Atomprogramms durch die IAEA bekräftigt. Zwar hatte US-Präsident Bush die vom Iran zugesicherte Aussetzung der Urananreicherung begrüßt, aber zugleich weitere Schritte gefordert. »Unsere Position ist, dass sie ihr Atomprogramm beenden sollten. Und deshalb haben wir offensichtlich noch Arbeit vor uns.«

Die Hoffnung, zu der die Annäherung und die gute Atmosphäre zwischen dem Iran und dem EU-Trio Anlass gaben, wurde immer wieder durch die harte Haltung der USA und durch Gerüchte über einen israelischen Luftangriff getrübt. Durch die wechselseitigen Drohungen und die Unübersichtlichkeit der Lage sahen sich acht ehemalige Außenminister der USA, Kanadas, Großbritanniens, Frankreichs, Italiens, Dänemarks, Spaniens und der Niederlande veranlasst, in einem Artikel, der am 13. Dezember 2004 in der *Washington Post* veröffentlicht wurde, einige Vorschläge zu unterbreiten, wie der Bau von Nuklearwaffen im Iran verhindert werden könne. Ihrer Ansicht nach sollten die USA die drei EU-Staaten bei den Verhandlungen unterstützen und nicht auf das Scheitern der Gespräche abzielen. Denn eine konfrontative Politik würde nicht nur den Iran isolieren, sondern auch das Verhältnis zwischen der EU und den USA beeinträchtigen. Dagegen ließe sich das iranische Atomproblem weit leichter lösen, wenn Europa und USA enger zusammenarbeiten würden. Iran habe der Aussetzung der Urananreicherung zugestimmt. Das sei schon ein großer Fortschritt.

Selbstverständlich versuche der Iran, so die Außenminister weiter, zwischen Europa und den USA einen Keil zu treiben und dadurch immer mehr Zeit zu gewinnen, um möglicherweise an sein Ziel zu gelangen. Dem sollten Europa und die USA mit einer Stimme entgegentreten. Zugleich müssten sie jedoch das Recht Irans auf friedliche Nutzung der Atomenergie akzeptieren. Die Atommächte USA, Russland und Europa müssten dem Iran die Lieferung von Brennstoff für Atomreaktoren zusichern, um im Gegenzug die dauerhafte Aussetzung von Urananreicherung und sämtlichen damit verbundenen Aktivitäten fordern zu können. Die Bush-Regierung solle die Vereinbarung der drei EU-Staaten mit dem Iran als ersten Schritt akzeptieren und darüber hinaus wirtschaftliche und diplomatische Beziehungen zum Iran in Aussicht stellen. Zwar sei nicht sicher, ob der Iran sich tatsächlich an das Abkommen halten werde. Aber es sei zu bedenken, dass das Land sich in den letzten zwei Jahrzehnten sowohl politisch als auch kulturell beeindruckend entwickelt habe. Die iranische Gesellschaft sei heute weit komplexer, als allgemein angenommen werde. Der im Lande herrschende Pluralismus von Ideen und Standpunkten solle auch für die USA eine Aufforderung sein, sich direkt mit dem Iran auseinander zu setzen.

Europa und die USA sollten mit dem Iran nicht den Konflikt suchen, aber sie sollten zugleich auch keine Mittel scheuen, um die Entstehung einer neuen Atommacht im Mittleren Osten zu verhindern – mit dieser abschließenden Empfehlung waren auch die ehemaligen Außenminister am Ende wieder dort angekommen, von wo sie ihren Ausgang genommen hatten. Denn da zumindest die USA davon überzeugt waren, dass das zivile Nuklearprogramm lediglich als Deckmantel für die Entwicklung von Atomwaffen diene, scheute die US-Regierung in der Tat keine Mittel, diesen Ambitionen entgegenzutreten.

Kriegsszenarien

Im Zuge der zweiten Amtseinführung von US-Präsident Bush mehrten sich dann auch die Gerüchte über einen militärischen Angriff gegen den Iran. Am 16. Januar 2005 veröffentlichte der amerikanische Starjournalist Seymour M. Hersh in der Zeitschrift *New Yorker* einen Artikel, der international eine kontroverse Diskussion über einen möglichen militärischen Angriff der USA entfachte. Hersh, der sich auf Informationen aus Regierungs- und Geheimdienstkreisen berief, berichtete darin, dass die USA in den vergangenen sechs Monaten mögliche Angriffsziele im Iran ausgespäht hätten. Präsident Bush habe die völlige Kontrolle über die US-Geheimdienste und das Pentagon übernommen und verfolge mit ihrer

Hilfe ein »aggressives und ehrgeiziges Programm gegen den Iran und gegen Ziele im Krieg gegen den Terrorismus«.

Dem Bericht zufolge hätten US-Spezialeinheiten versucht, rund drei Dutzend chemische und nukleare Anlagen sowie Raketenabschussbasen im Iran auszuforschen. Die Kommandos seien über die pakistanische Grenze in den Iran eingeschleust worden. Ziel des Pentagons sei es, Objekte für mögliche Bombardements zu identifizieren »und so viel militärische Infrastruktur wie möglich zu zerstören«. Die USA hätten bei ihren Aktivitäten die volle Unterstützung der pakistanischen Regierung erhalten und eng mit Wissenschaftlern, die zuvor mit dem Iran kooperiert hätten, zusammengearbeitet. Für diese Dienste seien Präsident Pervez Musharraf Sicherheitsgarantien gegeben worden. Zudem habe Washington auf die Auslieferung des pakistanischen Atomwissenschaftlers A. Q. Khan, der Iran, Libyen und Nordkorea mit Material und Nukleartechnologie versorgt haben soll, verzichtet.

Hersh berief sich dabei auf einen »hochrangigen Geheimdienstinformanten«, der gesagt hätte, Irak sei nur eine Etappe im Krieg gegen Terrorismus gewesen. »Die Bush-Regierung sieht dies als eine große Kriegszone an. Als Nächstes werden wir einen Iran-Krieg haben.« Verteidigungsminister Donald Rumsfeld und sein Vize Paul Wolfowitz glaubten, dass es im Iran – wie früher in den kommunistischen Diktaturen des Ostblocks – darum gehe, »die Aura der Unbesiegbarkeit der Mullahs« zu erschüttern. Dann werde das Regime in Teheran zusammenbrechen.

Das Weiße Haus in Washington reagierte zunächst mit einem halbherzigen Dementi – das allgemein als Bestätigung des Berichts von Hersh interpretiert wurde. »Natürlich sehen wir die Entwicklung im Iran mit Sorge«, sagte Präsidentenberater Dan Bartlett im US-Sender *CNN*. Der Bericht von Hersh sei jedoch »voller Ungenauigkeiten«. Die USA setzten gegenüber Teheran auf diplomatische Mittel. Aber auch eine militärische Option dürfe man nicht ausschließen. »Noch nie in der Geschichte hat ein US-Präsident militärische Mittel ausgeschlossen«, fügte Bartlett hinzu. Tatsächlich mochte auch Präsident Bush eine Militäraktion gegen den Iran nicht ausschließen, wie er gegenüber dem US-Fernsehsender *NBC* sogleich bestätigte. »Ich werde niemals eine Option vom Tisch nehmen.«

US-Vizepräsident Dick Cheney sekundierte und setzte den Iran an die Spitze aller Krisenherde der Welt. Das Land habe »ziemlich robuste neue Atomprogramme« entwickelt und sei außerdem ein bekannter Sponsor des Terrorismus, sagte Cheney kurz vor der neuen Amtseinführung Präsident Bushs in einem Interview mit dem US-Fernsehsender *MSNBC.* »Man sieht sich in der Welt nach potenziellen Krisenherden um, und Iran steht dann gleich an der Spitze dieser Liste.«

Aufhorchen ließ die Warnung Cheneys vor einem Militärschlag Israels gegen Iran. »In Anbetracht der Tatsache, dass der Iran eine spezielle Politik verfolgt, deren Ziel die Zerstörung Israels ist, ist es gut möglich, dass Israel sich entscheidet, zuerst zu handeln, und dem Rest der Welt anschließend die Beseitigung des diplomatischen Chaos überlässt.«

Die Kriegsdrohung aus Washington löste in aller Welt Besorgnis, Furcht und Entsetzen aus. Sowohl Russland als auch China bekräftigten ihre Position und betonten abermals, dass sie unter keinen Umständen einer militärischen Lösung des Streits um das iranische Atomprogramm zustimmen oder eine solche Lösung gar unterstützen würden. Auch der britische Außenminister Jack Straw und EU-Außenkommissarin Benita Ferrero-Waldner sprachen sich eindringlich für eine diplomatische Lösung aus. Wie die *Sunday Times* berichtete, begründete Straw in einem 200-seitigen Dossier die Meinung, dass Verhandlungen unter Federführung Großbritanniens, Deutschlands und Frankreichs »im besten Interesse Irans und der internationalen Gemeinschaft liegen«. Straw wolle mit dem Dossier, das vor der zweiten Amtseinführung von Präsident Bush im Unterhaus veröffentlicht wurde, vor allem deutlich machen, dass sich London von Washington nicht in einen zweiten Krieg im Nahen Osten verwickeln lasse, urteilte der Kommentator der *Sunday Times.*

Während nahezu die gesamte Welt auf die Drohung aus Washington besorgt reagierte, gab sich die Staatsführung in Teheran recht gelassen. Irans Regierungssprecher Abdollah Ramezanzadeh erklärte: »Solche Drohungen hören wir seit 26 Jahren. Was aber feststeht ist, dass weder die USA die Fähigkeit besitzen, den Iran anzugreifen, noch dass der Iran ein Land ist, gegen das man einen Angriff wagen könnte. Alle politischen, wirtschaftlichen und sicherheitspolitischen

Faktoren weisen darauf hin, dass die Drohung niemals in die Tat umgesetzt werden könnte.«

Ähnlich äußerte sich der Sprecher des Außenministeriums Hamid Reza Assefi. »Ein Angriff gegen den Iran wäre ein strategischer Fehler.« Daher sei nach allen Regeln der Vernunft und Logik eine solche Tat auszuschließen. Der Iran sei stark genug, um jeden Angriff von außen abwehren zu können. »Wir betrachten die Drohungen als Versuch psychologischer Kriegsführung, mit dem Ziel, unsere Verhandlungen mit der EU zum Scheitern zu bringen.« Diese Art Kriegsführung, die religiös und kulturell motiviert sei, werde den bereits bestehenden Hass gegen die US-Politik vertiefen und die USA mehr als bisher isolieren.

Tatsächlich schien unter den gegebenen Umständen ein US-Angriff auf den Iran wenig wahrscheinlich. Zumal Washington für eine Militäraktion sicherlich kein UN-Mandat erhalten hätte. China hatte schon zuvor mehrmals erklärt, dass es jede Resolution gegen den Iran blockieren werde. Peking befand sich gerade mit Teheran in intensiven Verhandlungen über ein umfangreiches Energieabkommen. Das geplante Geschäft sah für die nächsten dreißig Jahre den Kauf von 250 Millionen Tonnen Erdgas sowie von täglich 150.000 Barrel Rohöl vor. Auch die russische Regierung war nicht an einer Konfrontation interessiert. »Ich habe keinen Grund zu der Annahme, dass die Situation außer Kontrolle gerät und die friedliche Natur des iranischen Nuklearprogramms geändert wird«, zitierte die Nachrichtenagentur *Interfax* den russischen Außenminister Sergej Lawrow.

Die Position der anderen ständigen Ratsmitglieder, Frankreich und Großbritannien, war ähnlich. Beide EU-Länder hatten in den letzten Jahren, neben Deutschland und Italien, wichtige Teile des iranischen Markts erobert. Demnach konnten die USA bei der Planung eines möglichen Angriffs auf den Iran nicht mit der Zustimmung des UN-Sicherheitsrats rechnen. Ein Alleingang war aber angesichts des US-Engagements im Irak und in Afghanistan kaum denkbar. Zudem war auch in Washington bekannt, dass die Mullahs zwar von der überwiegenden Mehrheit der Iraner abgelehnt werden, dass sie aber trotzdem imstande waren, im Falle eines äußeren Angriffs mehr als eine Million bewaffnete Kämpfer zu mobilisieren, darunter Hunderttausende, die bereit wären, für den Islam und das

Vaterland den Märtyrertod zu sterben. Überdies verfügt der Iran über ein modernes Waffen-Arsenal, auch über Abwehrraketen mit großer Reichweite. Mit dieser Kraft wären die Islamisten imstande, die ganze Region in Brand zu setzen.

Alle diese Fakten gaben der Teheraner Führung die Zuversicht, dass die USA keinen Alleingang wagen würden. Was sie jedoch nicht ausschließen konnten und auch viele Beobachter für wahrscheinlich hielten, war ein Militärschlag durch Israel. Und tatsächlich kamen von dort nun immer schärfere Warnungen. So erklärte der Chef des israelischen Auslandsgeheimdienstes Mossad, Meir Dagan, während einer Debatte im Verteidigungsausschuss der Knesset, dass der Iran kurz vor dem entscheidenden Durchbruch beim Bau von Atomwaffen stehe. Und auch der israelische Vize-Regierungschef Schimon Peres warnte jetzt im israelischen Militärradio vor einer Atomgefahr durch den Iran. Er sei zur »Brutstätte für alle Gefahren des Nahen Ostens« geworden und das Hauptproblem der Region: »Iran ist das Zentrum des Terrorismus. Es versucht, eine nukleare Option mit religiöser Einfärbung zu schaffen.«

Der Konflikt um das iranische Atomprogramm rückte im Februar 2005 immer mehr in den Mittelpunkt internationaler Aufmerksamkeit. US-Präsident Bush und die neue US-Außenministerin Condoleezza Rice erklärten mehrfach, dass Washington die Option eines militärischen Angriffs nicht aufgeben werde. Die Washington Post berichtete, die USA seien seit einem Jahr dabei, durch unbemannte Flugzeuge Erkenntnisse über iranische Atomanlagen und über die iranische Abwehr zu gewinnen. Die mit Radar, Kameras und Sensoren ausgerüsteten Drohnen seien von Militärstützpunkten im Irak aus eingesetzt worden.

In dieser Situation standen die Verhandlungen mit der EU unter keinem guten Stern. Einerseits war die EU, dem Druck aus Washington nachgebend, immer weniger zu Zugeständnissen gegenüber dem Iran bereit, andererseits sah sich der Iran in die Enge getrieben und schraubte nun ebenfalls seine Forderungen höher. Das EU-Trio hatte angeboten, dem Iran bei der Beschaffung eines Leichtwasserreaktors, der über ein wesentlich geringeres Potenzial für eine militärische Umwidmung verfügt als ein Schwerwasserrektor, behilflich zu sein. Teheran sollte im Gegenzug der dauerhaften Aussetzung der Urananreicherung zustimmen. »Wir begrüßen das Angebot, aber es wird den Schwerwasserreaktor in keinem Fall ersetzen«, sagte Irans Außenamtssprecher Hamid Reza Assefi – und fügte hinzu, sein Land wolle in den kommenden Jahren zu einem Hauptlieferanten für nukleares Brennmaterial werden.

Die Situation war festgefahren, und dafür war in erster Linie der harte Kurs der US-Regierung verantwortlich. Ihr Ziel war von Anbeginn, die EU auf ihre Position einzuschwören. Denn ein Erfolg der EU hätte zum einen den politischen und vor allem wirtschaftlichen Einfluss der EU-Staaten im Nahen und Mittleren Osten erheblich verstärkt und zum anderen den Nachweis erbracht, dass sich Konflikte diplomatisch besser lösen lassen als militärisch.

Das Scheitern der Europäer

Es bleibt unverständlich, warum die Europäer letztendlich von ihrem Ziel, im Atomstreit mit dem Iran eine friedliche Lösung zu finden, abgewichen und dem aggressiven Kurs Washingtons gefolgt sind. Ein überzeugender Grund hierfür ist nicht zu erkennen. Weder hatte es neue Fakten gegeben, die einen Teheraner Bombenplan belegt hätten, noch war und ist eine Zuspitzung des Konflikts im Interesse der EU. Im Gegenteil, die EU-Staaten, allen voran Deutschland und Frankreich, hatten ihre Wirtschaftsbeziehungen zum Iran, frei von amerikanischer Konkurrenz, weit ausgebaut. Sie gehörten zu den wichtigsten Handelspartnern des Landes. Auch der kulturelle Austausch zwischen dem Iran und den EU-Ländern hatte sich während der Regierungszeit Chatamis erfreulich entwickelt. Entsprechend hatte die EU auch politisch an Einfluss gewonnen.

Zudem hätte ein Erfolg im Atomstreit die internationale Position der EU erheblich gestärkt – und den Nachweis erbracht, dass die EU sowohl ein eigenes außenpolitisches Konzept verfolgt als auch in der Lage ist, kriegerischen Absichten eine friedliche Alternative entgegenzusetzen. Warum haben die EU-Staaten all dies aufs Spiel gesetzt?

Als die EU-Staaten Deutschland, Frankreich und Großbritannien ihre Verhandlungen mit dem Iran begannen, ging es zunächst um einen Kompromiss, bei dem einerseits die Gefahr einer Atommacht Iran ausgeschlossen werden und andererseits Irans Recht auf friedliche Nutzung der Atomenergie gewahrt bleiben sollte. Diese beiden Ziele hätten durch die Vereinbarung schärferer Kontrollen durch die IAEA erreicht werden können. Tatsächlich hatte das EU-Trio in der ersten Phase der Verhandlungen mit Teheran genau diese Strategie verfolgt. Iran wurde aufgefordert, für die Dauer der Verhandlungen sein Atomprogramm vollständig auszusetzen und das Zusatzprotokoll zum Atomwaffensperrvertrag, das unangemeldete Kontrollen der Atomanlagen erlaubt, zu unterzeichnen. Diesen Forderungen war Teheran nach zähen Verhandlungen nachgekommen.

Im Sommer 2004 war die EU dann jedoch von dieser Kompromisslösung abgewichen und hatte stattdessen die unannehmbare Forderung gestellt, Iran solle vollständig und dauerhaft sein Atomprogramm aufgeben. Damit sprachen nun auch die Europäer dem Land ein verbrieftes Recht ab. Natürlich ist es eine grauenhafte Vorstellung, die Atombombe in der Hand der Mullahs zu wissen. Und einiges deutet darauf hin, dass der Iran, trotz ständiger Beteuerungen, die Atomenergie nur friedlich nutzen zu wollen, an dem Bau der Bombe arbeitet. Bewiesen ist es aber nicht.

Die EU musste wissen, dass Teheran diese Maximalforderung niemals würde akzeptieren können – und dass der Konflikt damit gefährlich eskalieren würde. Die iranischen Verhandlungspartner jedenfalls waren düpiert. Die Reformer, die sich stets kompromissbereit gezeigt hatten, standen auf einmal nackt da. Und die Radikalislamisten, die von Anbeginn auf Konfrontation aus waren, konnten das Ruder in die Hand nehmen. Ja, mehr noch: Indem die EU dem Iran ein international anerkanntes Recht absprach, lieferte sie den Radikalislamisten den Vorwand, den Kampf um dieses Recht zu einer nationalen Angelegenheit, zu einer Frage der nationalen Ehre zu erklären und dadurch alle bestehenden Differenzen zwischen den Fraktionen unter den Teppich zu kehren. Von nun an konnte es sich kein iranischer Politiker mehr erlauben, dieses Recht in Frage zu stellen.

Und die EU wurde von nun an zum Gefangenen der USA. Das Scheitern der Verhandlungen zwischen der EU und dem Iran war völlig im Sinne der amerikanischen Strategie. Washington hielt sich weiterhin aus dem diplomatischen Geschehen heraus und ließ die Europäer praktisch ins Messer laufen. Von da an war jeder Schritt der EU ein Schritt weiter in die Sackgasse.

Im Iran hatte inzwischen die heiße Phase des Wahlkampfs für die Präsidentschaftswahl begonnen. Chatamis achtjährige Amtszeit ging zu Ende und damit auch der Versuch der Reformer, den Gottesstaat von oben zu demokratisieren. Es war so gut wie sicher, dass die enttäuschten Wähler nicht ein weiteres Mal einen Kandidaten aus den Reihen der Reformer zum Staatspräsidenten wählen würden. Und es war ebenso sicher, dass die Konservativen alle erlaubten und unerlaubten Mittel einsetzen würden, um nach der Rückeroberung des Parlaments vor einem Jahr auch die Exekutive für sich zu gewinnen und damit die gesamte Staatsmacht zu monopolisieren. Nicht sicher war hingegen, welcher Kandidat der Konservativen die Wahl gewinnen würde. Und eben diese Frage war auch für die Atomverhandlungen nicht ohne Bedeutung. Da das Lager der Konservativen keine Einheit bildete, war es entscheidend, ob ein Kandidat der moderaten Konservativen oder einer aus der Fraktion der Radikalislamisten den Sieg davon tragen würde. Nun waren es die europäischen Verhandlungspartner, die den Fortgang der Gespräche verzögerten, um erst einmal das Ergebnis der Wahlen abzuwarten.

Indes heizten die USA und Israel weiterhin die Stimmung an. Washington beschloss im April 2005 öffentlich, iranische Oppositionsgruppen finanziell zu unterstützen. US-Außenamtssprecher Richard Boucher erklärte am 11. April, alle Gruppen, die sich um eine Demokratisierung des islamischen Gottesstaates bemühen würden, könnten finanzielle Unterstützung erhalten. Das Außenministerium hatte zu diesem Zweck eine Webseite angelegt, auf der sich Interessierte bewerben konnten. »Die Abteilung für Demokratie, Menschenrechte und Arbeit plant Zuschüsse für Bildungseinrichtungen, humanitäre Organisationen sowie Einzelpersonen im Iran, um Demokratie und Menschenrechte voranzubringen«, hieß es auf der Webseite. Laut Angaben von Boucher waren für dieses Projekt »erst einmal« drei Millionen US-Dollar vorgesehen.

Auf der anderen Seite drängte Israel zu einem entschlosseneren Vorgehen gegen den Iran. Ministerpräsident Ariel Scharon erklärte in einem Interview mit der Tageszeitung *Maariv* am 21. April 2005, die Weltgemeinschaft müsse auf einen Regimewechsel im Iran hinarbeiten. Zudem müssten die Forderungen an den Iran ultimativ gestellt, zeitlich befristet und planmäßig erfolgen. Er sei davon überzeugt, »dass Russland und vielleicht sogar China den Amerikanern folgen würden«. Man müsse auf jeden Fall taktisch so vorgehen, dass sich der UN-Sicherheitsrat mit dem Streit um das iranische Atomprogramm befasse, so Scharon kompromisslos.

Alle diese Einlassungen unterliefen die europäisch-iranischen Verhandlungen, weil sie dem EU-Trio praktisch keinen Spielraum mehr ließen. Das wurde deutlich, als sich die Außenminister der drei EU-Länder wenige Wochen vor der iranischen Präsidentschaftswahl erneut mit Hassan Rowhani trafen – und ergebnislos wieder auseinander gingen. Außenminister Fischer erklärte vor der Presse, die Gespräche würden Ende Juli oder Anfang August fortgesetzt. Bis dahin wolle die EU neue Vorschläge vorlegen. Diese sollten in verbindlicher schriftlicher Form der Regierung in Teheran unterbreitet werden. Fischer sprach von sehr schwierigen und komplizierten Verhandlungen. Es sei keine »letzte Frist« gesetzt worden, »aber die unterschiedlichen Positionen zu überbrücken, wird alles andere als einfach werden«. Ziel der EU bleibe »ohne jeden Zweifel«, Iran zum dauerhaften Verzicht auf Urananreicherung zu bewegen. Im Gegenzug biete die EU ein umfassendes Paket von Anreizen bei der wirtschaftlichen und politischen, aber auch der nuklearen Zusammenarbeit.

In Wahrheit hatten die Europäer nicht mehr viel anzubieten. Rowhani äußerte sich diplomatisch. Das Treffen, sagte er, sei von den fünf Verhandlungsrunden seit November zwar das erste gewesen, bei dem die Europäer endlich konkrete, verbindliche und zeitlich definierte Vorschläge gemacht hätten, die EU bewege sich aber »in die falsche Richtung«, wenn sie glaube, mit ihren Angeboten den Iran zum dauerhaften Verzicht auf Urananreicherung bewegen zu können.

»Unsere rote Linie«

Mit der Wahl Ahmadinedschads erreichte der Atomkonflikt einen neuen Höhepunkt. Schon vor seiner Vereidigung stellte der Iran dem EU-Trio ein Ultimatum. Sollten die Europäer bis spätestens 1. August ihre angekündigten Vorschläge nicht vorgelegt haben, werde man die Atomaktivitäten wieder aufnehmen, erklärte der Sprecher des Obersten Nationalen Sicherheitsrats, Ali Aghamohammadi, in Teheran vor der Presse. Dies werde unter Aufsicht der Atombehörde geschehen, fügte er hinzu.

Tatsächlich informierte die iranische Regierung dann am 1. August die IAEA über die Wiederaufnahme der Atomaktivitäten in der Anlage von Isfahan. Dies teilte der Vertreter der iranischen Regierung bei der IAEA, Mohammad Mehdi Achundsadeh, der staatlichen Nachrichtenagentur IRNA mit. Die drei EU-Staaten Deutschland, Frankreich, Großbritannien hätten sich an die getroffenen Vereinbarungen nicht gehalten. Daher sehe sich sein Land gezwungen, die seit mehr als einem Jahr in Isfahan eingestellten Aktivitäten teilweise wieder aufzunehmen.

Diese Wiederaufnahme rief einen scharfen Protest der EU hervor, die den Schritt als klaren Bruch der Pariser Vereinbarung betrachtete. Dennoch legte das EU-Trio am 7. August die angekündigten Vorschläge vor. Darin wurde neben der bekannten Forderung nach einem dauerhaften Verzicht auf sämtliche Aktivitäten des atomaren Brennstoffkreislaufs gefordert, Iran solle sich völkerrechtlich verpflichten, zu keinem Zeitpunkt aus dem internationalen Atomwaffensperrvertrag auszutreten und alle seine Atomanlagen »unter allen Umständen« von der IAEA kontrollieren zu lassen. Dies vorausgesetzt, werde die EU dem Iran den Zugang zum Nuklearbrennstoff auf dem Weltmarkt sichern und im Falle von Engpässen seinen Bedarf aus eigenen Reserven decken. Sie werde ferner die Verhandlungen über ein umfassendes Wirtschafts- und Handelsabkommen mit dem Iran zum Abschluss bringen und das Land beim Aufbau der geplanten Atomanlagen technologisch unterstützen. Auch den Sicherheitsbedürfnissen des Iran solle angemessen Rechnung getragen werden. So enthielt das Angebot eine Sicherheitsgarantie der Nuklearmächte Frankreich und Großbritannien und versprach Unterstützung bei der Lösung regionaler Sicherheitsprobleme sowie bei der Einrichtung einer massenvernichtungswaffenfreien Zone im Nahen und Mittleren Osten.

Teheran, nun nicht mehr in der Rolle des Getriebenen, lehnte rundweg ab. Gholamreza Aghazadeh, Chef der iranischen Atombehörde, bezeichnete die Vorschläge als »eine Erniedrigung des iranischen Volkes«. »Wir haben uns niemals vorstellen können, dass die EU nach anderthalbjährigen Verhandlungen uns solche Vorschläge vorlegt.« Die Vorschläge seien zum Teil »billig und kleinlich«. Den

Europäern sollte nach den langen Verhandlungen klar sein, dass der Iran entschlossen sei, die eigene Atomtechnologie weiterzuentwickeln. Dazu gehöre auch die Anreicherung von Uran. »Das ist unsere rote Linie. Wir wollen den gesamten Brennstoffkreislauf, darauf werden wir um keinen Preis verzichten.«

Indes ernannte die neue Regierung von Ahmadinedschad den ultrakonservativen Ali Laridschani zum neuen Chefunterhändler Irans für Atomangelegenheiten. Der 48-jährige Laridschani hatte schon zuvor entschieden für die Wiederaufnahme der Urananreicherung plädiert und die Reformregierung unter Chatami als »zu weich und zu kompromissbereit« kritisiert. So war die Ablehnung der EU-Vorschläge von vornherein absehbar gewesen. Die Sicherheitsgarantie der Atommächte Frankreich und Großbritannien war sozusagen ein Gratisversprechen; eine solche Garantie gehört zu den Verpflichtungen der Unterzeichner des Atomwaffensperrvertrags. Der Verkauf des atomaren Brennstoffs war ein Angebot, das vor allem der EU einen wirtschaftlichen Vorteil eingebracht hätte. Und ein umfassendes Wirtschafts- und Handelsabkommen, von dem beide Seiten profitieren würden, war bereits vor dem Atomkonflikt in Aussicht gestellt worden. So betrachtet, hatte Teheran tatsächlich Recht: Das Angebot war eine Provokation.

Die radikalislamische Regierung von Ahmadinedschad schien nun entschlossen, auf dem Recht der Urananreicherung unbedingt zu beharren und alle damit verbundenen Risiken in Kauf zu nehmen. Zumal sie damit rechnete, dass die beiden ständigen Mitglieder im UN-Sicherheitsrat, Russland und China, wegen ihrer umfangreichen Wirtschaftsbeziehungen zum Iran Sanktionen gegen das Land ablehnen würden. Und ein militärischer Angriff seitens der USA wurde in Teheran in Anbetracht der Lage im Irak weiterhin für unwahrscheinlich gehalten.

Ins Fahrwasser Washingtons

Nach der Ablehnung der Vorschläge sagte das EU-Trio die Fortsetzung der Gespräche mit Teheran ab. Das Außenministerium in Paris erklärte am 23. August 2005, da der Iran mit der Aufnahme seines Atomprogramms in Isfahan das Pariser Abkommen gebrochen habe, werde es vorläufig keine Verhandlungen mit Teheran mehr geben. Kurz zuvor, am 13. August, hatte US-Präsident Bush in einem Interview mit dem israelischen Fernsehsender *Channel One* erklärt: »Der Einsatz von Gewalt ist die letzte Option für jeden Präsidenten.« Ein Jahr vor dem Irak-Krieg hatte Bush auf einer Pressekonferenz eine ähnliche Formulierung gebraucht: »Alle Optionen sind auf dem Tisch, und ich werde alle Optionen auf dem Tisch behalten.«

Die EU folgte nun den vom Washington erwünschten Weg und legte bei der nächsten IAEA-Gouverneurstagung im September 2005 einen Resolutionsentwurf vor, der eine Einschaltung des UN-Sicherheitsrats zum Ziel hatte. Zunächst einmal sollte der IAEA-Generalsekretär El Baradei einen neuen Bericht vorlegen. Auf der Basis dieses Berichts sollten die 35 Ratsmitglieder dann auf der nächsten Sitzung im November entscheiden, ob und wann der Konflikt dem Weltgremium gemeldet wird. Dieses Vorgehen wurde nun als Resolution verabschiedet, allerdings entgegen der üblichen Praxis durchaus nicht einmütig. Nur 22 der 35 Mitgliedsstaaten stimmten dafür, zwölf Staaten, darunter Russland und China, enthielten sich der Stimme, allein Venezuela stimmte dagegen.

Wie erwartet, zeigte sich Teheran empört. Die Resolution entbehre jeder rechtlichen Grundlage, hieß es in einer offiziellen Stellungnahme. Es liege bis heute kein einziger Beweis dafür vor, dass der Iran die Absicht habe, Nuklearwaffen herzustellen. Für die Attacken gegen den Iran gebe es nur einen einzigen erkennbaren Grund: Staaten, die keine Atomtechnologie besitzen, sollten niemals die Möglichkeit erhalten, selbst den Brennstoff für die friedliche Nutzung der Atomenergie herzustellen. Das sei inakzeptabel. Im iranischen Parlament unterzeichneten daraufhin 180 Abgeordnete ein Schreiben an Staatspräsident Ahmadinedschad, in dem sie die Regierung aufforderten, die Zusammenarbeit mit der IAEA einzuschränken und die ausgesetzte Urananreicherung wieder aufzunehmen. Und am 28. September beschloss das Parlament mit großer Mehrheit, das Zusatzprotokoll zum Atomwaffensperrvertrag zu kündigen und weitere Inspektionen der Atomanlagen zu stoppen.

Die USA sahen sich ganz nah am Ziel. Es galt nun, so rasch wie möglich die neue Position der EU zu festigen und auch Russland und China ins Boot zu holen. Am 14. Oktober 2005 reiste US-Außenministerin Rice nach Paris. Dort erklärte sie gemeinsam mit Frankreichs Präsident Jacques Chirac: »Die Perspektive eines mit Atomwaffen ausgerüsteten Irans ist nicht hinnehmbar.« Anschließend begab sich Rice nach Moskau, konnte dort jedoch keinen Durchbruch erzielen. So beharrte der russische Außenminister Sergej Lawrow auf einer gemeinsamen Pressekonferenz mit Rice am 15. Oktober darauf, dass der Iran wie jedes andere Land, das den Atomwaffensperrvertrag unterzeichnet habe, das Recht auf eine friedliche Nutzung der Atomenergie habe. Es gebe keine Beweise dafür, dass Teheran versuche, sich Nuklearwaffen zu beschaffen. Rice entgegnete, es gehe nicht um Rechte, sondern darum, ob dem Iran zu trauen sei.

Der Versuch Washingtons, den Iran zu dämonisieren, und die Behauptung, das Land arbeite bereits an der Herstellung von Nuklearwaffen, erhielt durch Ahmadinedschads Attacken gegen Israel neue Nahrung. Eine bessere Steilvorlage hätte er den USA und Israel nicht liefern können. Sofort forderte der stellvertretende israelische Ministerpräsident Schimon Peres den Ausschluss Irans aus der UNO. Die Äußerungen Ahmadinedschads kämen »einem Verbrechen gegen die Menschlichkeit« gleich. Es sei unvorstellbar, dass jemand an der Spitze eines UN-Mitgliedsstaates stehe und »zum Völkermord« aufrufe.

Der Druck auf den Iran wurde immer massiver. Die Gefahr von Sanktionen rückte immer näher. Im Iran selbst wurden Stimmen laut, die vor einer Fortsetzung der konfrontativen Politik warnten. Unterschiedliche Stellungnahmen auch innerhalb der Staatsführung deuteten auf heftige Auseinandersetzungen. Zwar waren Widersprüche in der Außen- und Atompolitik der Islamischen Republik nicht neu, sie waren aber seit der Amtsübernahme Ahmadinedschads auffälliger und gravierender geworden.

Allen Attacken Ahmadinedschads zum Trotz, machte Teheran in diesen Wochen erstaunliche Zugeständnisse. Anfang November wurden den IAEA-Inspekteuren plötzlich die Tore der Militäranlage Parchin, bisher ein absolutes Sperrgebiet, geöffnet. Der für den Iran zuständige Chefinspekteur Ollie Heinonen und zwei weitere Inspekteure erhielten Zugang zu der Anlage und durften dort und in der Umgebung Proben entnehmen. Parchin liegt rund dreißig Kilometer südöstlich von Teheran. Die USA und Israel hatten des

Öfteren den Verdacht geäußert, dass in dieser Anlage Uran angereichert werde.

Den Inspekteuren wurde auch erlaubt, iranische Atomexperten zu verhören. Ferner wurden der IAEA bisher geheim gehaltene Unterlagen ausgehändigt. In diesen Unterlagen fanden sich auch, ob beabsichtigt oder aus Versehen, Dokumente, aus denen hervorging, dass der Iran in den achtziger Jahren von pakistanischen Mittelsmännern Anleitungen zum Bau von Gaszentrifugen erhalten hatte, mit denen Uran bis zur Atombombenfähigkeit angereichert werden könnte, sowie Pläne zum Bau von Bestandteilen von Atombomben. Zwar versuchte Teheran, die Bedeutung dieser Unterlagen als »nicht sehr anspruchsvolle und leicht zugängliche Literatur« – so der iranische IAEA-Botschafter Mohammad Mehdi Achundsadeh – herunterzuspielen, wollte die Übergabe dieser Dokumente aber zugleich als Beweis für ein »vollständig transparentes Verhalten gegenüber der IAEA« gewertet sehen.

Was immer der Grund für die Überlassung jener Unterlagen gewesen sein mag, so viel »Transparenz« ließ sich mit den Äußerungen der Radikalislamisten nicht in Einklang bringen. Erstaunlich war auch, dass Teheran drei Tage vor der entscheidenden IAEA-Gouverneursratssitzung im November sogar der Aufforderung nachkam, die umstrittene Atomanlage in Isfahan erneut stillzulegen, wenngleich dies unter dem Gesicht wahrenden Vorwand geschah, die Anlage müsse repariert werden. Auch eine Wiederaufnahme der Verhandlungen mit der EU stand nun plötzlich wieder auf der Tagesordnung.

Alle diese Offerten einerseits und die provokativen und unnachgiebigen Stellungnahmen andererseits waren Elemente einer gut ausgetüftelten Doppelstrategie mit verteilten Rollen. Gleichzeitig versuchten mächtige Kräfte, den von Übereifer strotzenden Staatspräsidenten in die Schranken zu weisen. Denn dieser hatte nicht nur das Land außenpolitisch in eine tiefe Krise gestürzt, sondern mit seinen innenpolitischen, populistischen Maßnahmen auch den Staatsapparat und die Wirtschaft praktisch lahm gelegt.

Die russische Karte

In dieser Phase legte nun auch Moskau einen eigenen Vermittlungsvorschlag vor. Demnach sollte dem Iran gestattet werden, auf seinem Territorium Uran in das gasförmige Uranhexafluorid umzuwandeln und dieses anschließend in Russland anzureichern. Prompt zeigte sich US-Außenministerin Rice »sehr besorgt« über den Vorschlag, der es dem Iran erlauben würde, Vorräte an atomwaffenfähigem UF6 anzulegen. Als der Iran jedoch weiterhin auf seinem Recht beharrte, den gesamten Brennstoffkreislauf im eigenen Land zu produzieren, und es sich damit abzeichnete, dass auch Russland höchstwahrscheinlich mit seiner Vermittlungsinitiative scheitern würde, erklärte US-Präsident Bush zwei Wochen später sein Einverständnis mit dem russischen Vorschlag. Sofort sagten nun auch die Europäer ihre Unterstützung zu.

Wollten die USA das gleiche Szenario, das sie mit der EU durchgespielt hatten, nun mit Russland wiederholen und damit Moskau ihren Kurs aufzwingen? Denn wie zuvor bei den Verhandlungen der EU mit dem Iran war es auch jetzt abzusehen, dass der Iran ablehnen würde. Russland würde also mit seinem Vermittlungsversuch scheitern und sich zwangsläufig der nunmehr amerikanisch-europäischen Position anschließen.

Eine solche Chance wollte sich Washington nicht entgehen lassen und verfolgte wieder die bewährte Doppelstrategie. Einerseits sollten immer neue Nachrichten die Stimmung gegen den Iran anheizen; plötzlich tauchten ein angeblich gestohlener Laptop sowie Baupläne für die Bombe auf, die beweisen sollten, dass der Iran doch den Bau der Bombe plant. Auf der anderen Seite beteuerte die Bush-Regierung weiterhin, die diplomatische Initiative Russlands unterstützen zu wollen.

Erst zwei Tage vor der Sitzung des IAEA-Gouverneursrats ließ US-Außenamtssprecher Sean McCormack dann die Katze aus dem Sack. Es solle zwar zunächst abgewartet werden, »was die Diplomatie in den nächsten Tagen bringt«. Grundsätzlich sei Washington aber weiter der Überzeugung, dass der Fall vor den Weltsicherheitsrat gebracht werden solle. »Wir glauben angesichts des iranischen Verhaltens in der Vergangenheit, dass der Rat eingeschaltet werden sollte«, erklärte McCormack in Washington. »Wir werden uns das

Recht vorbehalten, einen entsprechenden Vorstoß zu einem Zeitpunkt unserer Wahl zu unternehmen.« Folgerichtig meinte ein westlicher Diplomat gegenüber der AFP, die Vereinigten Staaten seien der Ansicht, »dass es sich lohnt, noch mehrere Monate zu warten, um Russland und China auf ihre Seite zu bringen«.

Die Sackgasse

Ungeachtet aller diplomatischen Aktivitäten arbeiteten die USA laut Presseberichten weiterhin an der militärischen Option. Der *Tagesspiegel* berichtete in seiner Ausgabe vom 28. Dezember 2005 unter Berufung auf NATO-Sicherheitskreise, die westlichen Verbündeten seien davon in Kenntnis gesetzt worden, dass Armeeexperten noch einmal die iranischen Anlagen ins Auge fassen sollten, die als Ziel von Militärschlägen in Frage kämen. Wenngleich nicht an eine Invasion gedacht sei, würden einzelne Aktionen wie Luftangriffe nicht ausgeschlossen. Die Planungen hierfür würden gegenwärtig aktualisiert.

Weit offener als in Washington wurde in Tel Aviv über eine militärische Intervention gesprochen. Der israelische Generalstabschef Dan Haluz erklärte die internationalen diplomatischen Bemühungen zur Lösung des Streits um das iranische Atomprogramm bereits für gescheitert. Vor einem Parlamentsausschuss äußerte er die Ansicht, der Iran sei in der Lage, innerhalb von drei Monaten den entscheidenden technischen Durchbruch bei der Entwicklung einer Atombombe zu schaffen. Bis kommenden März werde »der Iran hinsichtlich der technologischen Fähigkeit zur Entwicklung von Nuklearwaffen den Punkt erreichen, von dem es kein Zurück mehr gibt«. Auf die Frage, wie weit Israel gehen würde, um eine Atommacht Iran zu verhindern, sagte Haluz: »2.000 Kilometer, das ist die Entfernung zwischen Tel Aviv und Teheran.«

Während die Drohkulisse gegen den Iran weiter ausgebaut wurde, versuchte Verhandlungsführer Ali Laridschani die Kritiker im eigenen Land von der Richtigkeit der Regierungspolitik bei den Atomverhandlungen zu überzeugen. Auf einer Versammlung der politischen Leiter in der Organisation der Revolutionswächter erklärte er: »Seit dem Sieg der Revolution befinden wir uns mit den

Amerikanern im Streit.« Die USA hätten den Iran immer bedroht. Selbst als der achtjährige Krieg mit dem Irak vorbei gewesen sei und sich die Beziehung Irans zum Westen gebessert habe, habe Washington nicht nur die Sicherheit der Islamischen Republik weiterhin bedroht, sondern auch versucht, den islamischen Staat gesellschaftlich und kulturell zu unterwandern. Auch der Atomstreit müsse in diesem Zusammenhang gesehen werden.

Für den Iran, so Laridschani weiter, gebe es drei unterschiedliche Strategien. Die erste wäre, sich dem Willen des Westens anzupassen. Das sei auch das Ziel der USA. Deshalb hätten sie vor jeder Sitzung der IAEA vermeintlich neue Fakten enthüllt, die den Nachweis erbringen sollten, dass Irans Atomprogramm bedrohlich sei. Daraufhin hätten sie immer neue Forderungen gestellt und immer neue vertrauensbildende Maßnahmen verlangt. Dann sei der Iran bei dem Treffen in Paris aufgefordert worden, die Urananreicherung dauerhaft auszusetzen, und am Ende »sollten wir gänzlich auf die Entwicklung der Atomtechnologie verzichten«, sogar auf die Forschung. Diese Strategie habe sich als falsch erwiesen.

Die zweite Strategie gehe von der Tatsache aus, dass der Iran ein islamischer Staat sei und seine Handlungen allein am Islam auszurichten habe, ohne die Position anderer Staaten zu beachten. Diese Strategie berge allerdings die Gefahr, dass das Land sich isolieren könnte. Denn nicht einmal alle islamische Staaten könnten zu so einem Staat stabile Beziehungen pflegen.

Die dritte Strategie sei, sich an die Prinzipien einer islamischen Staatsordnung zu halten, gleichzeitig jedoch die Positionen anderer Staaten zu berücksichtigen. Eine solche Strategie verlange eine aktive Diplomatie: »Wir müssen zu allen Staaten Beziehungen herstellen, aber diese Beziehungen unseren Vorstellungen und Prinzipien anpassen. Manche Leute sagen, es ist zwar richtig, dass das Atomprogramm zu den Idealen und nationalen Zielen der Islamischen Republik gehört, aber ihr könnt diese Ziele nur auf dem Weg von Verhandlungen erreichen. Wenn jemand nur diese Empfehlung akzeptiert, folgt er in Wahrheit der ersten Strategie.« Dies sei auch die Politik der Islamischen Republik in den vergangenen zweieinhalb Jahren gewesen. Deshalb habe der Westen geglaubt, »uns mit Drohungen und Peitschenhieben zum Rückzug und zur Aufgabe unserer Position zwingen« zu können.

Es gebe aber keinerlei Garantie für den dauerhaften Import des atomaren Brennstoffs aus dem Ausland, fuhr Laridschani fort. »Und wenn in dreißig, vierzig Jahren unsere Energiequellen ausgeschöpft sind, dann werden jene Staaten, die den atomaren Brennstoff produzieren können, ein Kartell bilden und uns sagen, entweder ihr ändert eure Außen- und Kulturpolitik oder ihr bekommt keinen Brennstoff.« Es sei »pure Dummheit«, wenn ein Staat sich freiwillig in die Abhängigkeit begeben würde, selbst wenn es sich um einen befreundeten Staat handele. »Wir werden selbstverständlich weiter an Verhandlungen teilnehmen«, so Laridschani abschließend, »aber nur an Verhandlungen mit dem Ziel, den atomaren Brennstoff im eigenen Land herstellen zu können.« Die ganzen »Aussetzungen« seien völlig unlogisch gewesen. Denn wenn es um Vertrauensbildung gegangen wäre, hätte die Aussetzung der Urananreicherung ausgereicht. »Wozu mussten wir unsere Forschung einstellen? Damit hätte man doch keine Bomben bauen können. Der Westen hat uns in der Vergangenheit anders erlebt. Jetzt müssen sich die Europäer an den neuen Kurs gewöhnen. Das fällt ihnen nicht leicht.«

Der Atomkonflikt erreichte eine neue Eskalationsstufe. Militärische Drohungen und Sanktionsvorschläge mischten sich mit Verhandlungsangeboten und Ratlosigkeit. Am 22. Januar 2006 drohte Israels Verteidigungsminister Schaul Mofas mit einem Militärschlag. Sollten die diplomatischen Bemühungen fehlschlagen, würde Israel, um sich selbst vor Gefahren zu schützen, auf eigene Faust den Iran zur Aufgabe seines Programms zwingen. An den iranischen Präsidenten gerichtet, sagte er: »Sie führen Ihr Land mit einer Ideologie aus Hass, Schrecken und Antisemitismus.« Er, Ahmadinedschad, solle lieber einen Blick auf die Geschichte werfen und feststellen, »was mit Tyrannen wie Ihnen passiert, die versuchen, das jüdische Volk auszulöschen: Sie haben nur Zerstörung über ihr eigenes Volk gebracht.«

Inzwischen hatte auch Frankreichs Präsident Jacques Chirac indirekt mit dem Einsatz von Atomwaffen gedroht. Und der französische Generalstabschef Henri Bentégeat warf dem Iran vor, »äußerst kriegerische Absichten« zu bekunden. Einige Staaten, unter anderem Iran und Nordkorea, hätten damit begonnen, sich mit Massenvernichtungswaffen auszurüsten, »mit Langstreckenraketen, die atomare, chemische oder biologische Köpfe tragen können«.

Die USA und das EU-Trio drängten nun darauf, den UN-Sicherheitsrat einzuschalten. Die drei EU-Staaten setzten auf der Dringlichkeitssitzung der Internationalen Atombehörde am 2. Februar 2006 in Wien eine Resolution durch, mittels derer der IAEA-Generaldirektor El Baradei beauftragt wurde, den Weltsicherheitsrat offiziell über den Konflikt zu unterrichten. Über ein endgültiges Einschalten des Rats sollte auf der nächsten IAEA-Sitzung am 7. März entschieden werden – eine kurze Frist für eine mögliche Lösung.

Die bis dahin verbleibende Zeit nutzten die USA und die EU, um eine klare Front gegen den Iran zu sichern. US-Außenministerin Rice forderte die arabischen Staaten auf, den Iran zu isolieren, falls das Land an seinem Atomprogramm festhalte. »Ich hoffe, dass die Staaten, die besorgt über die Entwicklung sind, auch wirklich bereit sind, den Iranern zu sagen: Wenn ihr diesen Weg weiter beschreitet, werden wir euch isolieren«, sagte Rice in einem Interview mit arabischen Medien vor ihrer Reise nach Ägypten, Saudi Arabien und in die Vereinigten Arabischen Emirate.

Einige Regierungen arabischer Staaten hatten sich bereits besorgt über das iranische Atomprogramm geäußert. Einen Tag vor dem Interview der US-Außenministerin hatte die Regierung der Vereinigten Arabischen Emirate die Sorge geäußert, iranische Atomreaktoren könnten die Umwelt in der Golfregion gefährden. Bei Störungen, die zur radioaktiven Verseuchung der Luft führen, gebe es keinen Schutz für die Menschen in der Region. Andere Golfstaaten hatten öffentlich vom Iran gefordert, auf Atombomben zu verzichten. Hingegen hatte bisher kein einziges arabisches Land das Recht des Iran zur friedlichen Nutzung der Atomenergie in Frage gestellt.

Moskau hoffte immer noch, durch den Vorschlag, den atomaren Brennstoff gemeinsam mit dem Iran in Russland zu produzieren, den Streit beilegen zu können. Teheran hatte den Vorschlag nicht abgelehnt, wohl aber betont, dass selbst eine Zustimmung das Land nicht davon abhalten würde, im eigenen Land Uran anzureichern und die Nukleartechnologie weiterzuentwickeln. Auf dieses Recht werde man unter keinen Umständen verzichten.

Eigentlich gab es für den Iran auch kaum einen Grund, den russischen Vorschlag zu akzeptieren. Denn erstens hatte die Islamische Republik die nationale Unabhängigkeit auf ihre Fahne geschrieben, und zweitens konnte man auf keine guten Erfahrungen mit Russland zurückblicken. Russland, das schon immer bestrebt war, Zugang zu den Gewässern des Persischen Golfs zu bekommen, hatte sich in der Vergangenheit eher durch aggressive denn durch kooperative Politik einen Namen gemacht. Vor dem Zweiten Weltkrieg hatten Russland und Großbritannien den Iran in zwei Einflusssphären geteilt, und während des Zweiten Weltkriegs weilten russische Streitkräfte als Besatzungsmacht im Norden des Landes.

Ein weiterer Grund, warum eine Ablehnung des russischen Vorschlags wahrscheinlich war, bestand darin, dass die iranische Wirtschaft sowohl traditionell als auch aktuell mit allen Adern an den Westen gebunden ist. Mächtige Geistliche, die seit Bestehen der Islamischen Republik zu erheblichem Reichtum gelangt sind, haben ihr Kapital in europäischen Banken deponiert und sind an vielen westlichen Unternehmen beteiligt. Darüber hinaus sollten sie – auch aus Selbsterkenntnis – wissen, dass auf ein autoritäres Regime wie das russische kein Verlass ist. Das hatte Russland beim Bau des iranischen Atomreaktors in Buschihr auch schon hinlänglich unter Beweis gestellt; die Fertigstellung sollte längst erfolgt sein, wird aber immer wieder unter neuem Vorwand von einem auf das andere Jahr verschoben. Es gab also Gründe genug für den Iran, den russischen Vorschlag abzulehnen.

All dies war vermutlich auch in Washington bekannt, weshalb es US-Präsident Bush nicht schwer gefallen sein dürfte, dem russischen Vorschlag seinen Segen zu erteilen. Es könnte eine akzeptable Alternative sein, wenn das für den Iran bestimmte Atommaterial in Russland hergestellt, unter Aufsicht von Inspekteuren der IAEA in den Iran geliefert und der Atommüll dann wieder nach Russland gebracht würde, sagte er am 27. Januar 2006 in Washington. »Ich denke, das ist ein guter Plan.« Dennoch drängte die US-Regierung darauf, unabhängig vom Ausgang der Verhandlungen zwischen Teheran und Moskau, den UN-Sicherheitsrat einzuschalten. »Wir glauben, dass es jetzt Zeit ist, das Thema Iran an den Weltsicherheitsrat zu überweisen«, sagte der Sprecher des US-Außenministeriums Sean McCormack.

Demgegenüber erklärte Chinas Außenminister Li Zhaoxing bei einem Treffen mit Laridschani in Peking am 26. Januar: »Wir sind entschieden gegen Sanktionen oder Sanktionsdrohungen. Das wird die Sache nur komplizierter machen.« Den russischen Vorschlag bezeichnete er als »guten Versuch, den Stillstand der Verhandlungen zu beenden«.

Auf der Suche nach dem verlorenen Ausweg

Im Iran machte sich nun trotz des Versuchs der Regierung, Gelassenheit und Stärke zu demonstrieren und das Land als unangreifbar darzustellen, zunehmend Unruhe breit. Selbst im Parlament, das mehrheitlich von den Islamisten besetzt ist, meldeten sich immer mehr Kritiker zu Wort. Nach einem Bericht des Außenministers Mottaki vor dem Ausschuss für nationale Sicherheit zeigten sich mehrere Abgeordnete unzufrieden. Ausschussmitglied Mahmud Mohammadi sagte nach der Sitzung, in der Außenpolitik sei kein klares Konzept erkennbar, es gebe keine zielgerichtete Strategie. »Wir brauchen Profis.« Die Außenpolitik sei zu einseitig. Es habe wenig Sinn, sich auf Staaten zu konzentrieren, die international nicht so eine große Rolle spielten. Der Iran müsse zu allen Staaten freundschaftliche Beziehungen pflegen und dabei vernünftig und kompromissbereit vorgehen.

Internationale Beobachter rechneten fest damit, dass der IAEA-Gouverneursrat auf seiner Tagung in der zweiten Märzwoche die Iran-Akte an den UN-Sicherheitsrat überweisen würde. Der so genannte Karikaturenstreit hatte in den USA und in Europa die Krisenstimmung weiter angeheizt. Nur ein kleines Fenster war noch offen geblieben: der Vermittlungsvorschlag Russlands.

Die ersten Runden der Verhandlungen zwischen Teheran und Moskau lieferten wenig Anlass zu Hoffnung. Dann die Überraschung: Am 26. Februar 2006 erklärte der Chef der iranischen Atomenergieorganisation, Gholamresa Aghasadeh, auf einer gemeinsamen Pressekonferenz mit seinem russischen Kollegen Sergej Kirijenko in Buschihr, seine Behörde habe sich mit Moskau »im Grundsatz« auf die Schaffung eines Gemeinschaftsunternehmens zur Urananreicherung in Russland geeinigt. Beide Seiten seien zuversichtlich, dass noch vor dem Treffen der Atombehörde am 6. März in Wien eine Lösung gefunden werde.

Diese überraschende Wendung rief Ungläubigkeit hervor, und Skepsis war angebracht. Es war kaum vorstellbar, dass der Iran plötzlich auf sein Recht, den atomaren Brennstoff im eigenen Land zu produzieren, verzichten würde. Ebenso unvorstellbar war, dass sich Washington mit einer solchen Vereinbarung zufrieden geben würde. Denn Russland hatte seinen Vermittlungsvorschlag zuletzt durch ein Zugeständnis an den Iran ergänzt. Ihm solle gestattet werden, zu Forschungszwecken auf niedriger Ebene Uran anzureichern. Den zulässigen Umfang solle die IAEA festlegen, nach der Maßgabe, die Gefahr einer Atomwaffenproduktion im Iran zu minimieren. Dafür solle der Iran andere Teile seines Atomprogramms für eine begrenzte Zeit aussetzen.

Mit diesem Zusatz hätte der Iran leben können – Anfang März hatte Irans Verhandlungsführer Laridschani einen ähnlichen Vorschlag vorgelegt –, sodass man von einer Überweisung des Konflikts an den UN-Sicherheitsrat nun hätte absehen können. IAEA-Generaldirektor EL Baradei äußerte sich entsprechend optimistisch. »Ich habe immer noch Hoffnung, dass ein Abkommen erreicht werden kann«, sagte er am 6. März 2006 vor Journalisten in Wien.

Prompt kam das Nein aus Washington. Ein Sprecher des Außenministeriums, Tom Casey, sagte, er sehe »keine konkreten Vorschläge oder konkrete Ideen«, die die Überweisung an den Sicherheitsrat hinauszögern könnten. »Man kann nicht nur ein bisschen schwanger sein«, betonte Casey mit einem Blick auf mögliche Urananreicherung in kleinem Rahmen auf iranischem Boden.

Um den Plan doch noch zu retten, reiste der russische Außenminister Sergej Lawrow nach Washington. Aber zum allgemeinen Erstaunen eröffnete er nach einem Gespräch mit seiner Kollegin Condoleezza Rice den wartenden Journalisten, ein Kompromiss mit dem Iran sei nicht in Sicht, und ein neuer Vorschlag liege nicht vor. Rice betonte: »Die Position der Vereinigten Staaten ist klar – die Anreicherung von Uran auf iranischem Boden ist nicht akzeptabel.« Sie rechne damit, dass der Fall schon bald an den Weltsicherheitsrat verwiesen werde.

Unmittelbar darauf – als wäre es dramaturgisch abgestimmt – verkündete Präsident Bush bei einem Treffen mit seinem indischen Kollegen Singh in Neu Delhi offiziell den Abschluss der im Sommer 2005 eingeleiteten Verhandlungen zur Kooperation beider Länder im Nuklearbereich. Indien, das bislang den Atomwaffensperrvertrag nicht unterschrieben hat, erklärte sich bereit, einen Teil seiner

Nuklearanlagen unter die Aufsicht der Internationalen Atombehörde zu stellen und sich an den Grundsatz der Nichtverbreitung von Atomwaffen zu halten. Jene Nuklearanlagen hingegen – acht an der Zahl –, die zur Herstellung von Atomwaffen dienen, dürfen – so die Vereinbarung – weiterhin geheim bleiben! Indien erklärte sich bereit, die Trennung zwischen friedlicher und militärischer Nutzung der Anlagen strikt einzuhalten. Im Gegenzug wurde vereinbart, dass die USA Indien atomaren Brennstoff liefern und dem Land Technologie-Transfer zusichern.

Die Arroganz der Macht konnte nicht überboten werden. Während die USA den Iran unter Androhung eines Krieges dazu zwingen wollten, sein Atomprogramm vollständig und dauerhaft auszusetzen, und dem Land nicht einmal erlauben wollten, zu Forschungszwecken Uran anzureichern, sprachen sie Indien nun alle nuklearen Freiheiten zu. Dass hier mit zweierlei Maß gemessen wird und dass der Deal zudem eine eklatante Verletzung des internationalen Atomwaffensperrvertrags darstellt, kümmerte Washington nicht. Ausschlaggebend waren die strategischen und ökonomischen Interessen der USA. Beim selben Treffen wurde unter anderem eine Verdopplung des Handels zwischen beiden Ländern bis 2009 anvisiert, die Lieferung von F-16- und F-18-Kampfflugzeugen vereinbart und weitere Kooperationen in den Bereichen Landwirtschaft, Wissenschaft und Umwelttechnologie beschlossen. Dabei gestand Delhi Washington zu, der Linie der USA bei dem iranischen Atomkonflikt zu folgen und das mit Teheran vereinbarte Projekt einer Gaspipeline auf Eis zu legen. Nur kurze Zeit später, am 7. April 2006, berichtete die schwedische Tageszeitung *Dagens Nyheter* vom größten militärischen Modernisierungsprogramm der USA seit Ende des Kalten Krieges. Demnach plane Washington, im Laufe von etwa 15 Jahren 125 neue atomare Sprengsätze jährlich herzustellen.

Wie sollen, wie können die Menschen im Iran und anderswo diese Widersprüche nachvollziehen?

Ende und Anfang der Politik

Die USA hatten ihr erstes Ziel erreicht. Am 7. März 2006 beschloss der IAEA-Gouverneursrat, die Akte Irans an den UN-Sicherheitsrat zu überweisen. Washington begrüßte die Entscheidung. Der stellvertretende US-Außenminister Nicholas Burns sagte in Washington, er erwarte nun eine »konzentrierte Aktion der UNO«, die den Druck auf den Iran schrittweise erhöhen solle. Burns verwies zudem auf die Möglichkeit »gezielter Sanktionen«, die insbesondere Irans Führung und nicht dessen Volk schaden sollten. Und der US-Botschafter bei der IAEA, Gregory Schulte, ergänzte, die iranische Führung habe einen Monat lang Zeit gehabt, um den Forderungen der IAEA nachzukommen. Sie habe aber »nicht eine davon« erfüllt, so dass immer mehr »bedeutsame Folgen« drohten. Der Diplomat versicherte, Iran habe schon jetzt so viel Uran, dass das Land nach der Anreicherung zehn Atombomben bauen könne.

Indes setzte Washington weitere Hebel zur Destabilisierung und Isolierung des Regimes in Teheran ein. Wie die *Washington Post* in ihrer Ausgabe vom 13. März 2006 berichtete, plane die US-Administration eine verstärkte Unterstützung oppositioneller Strömungen im Iran. Auch sei vorgesehen, zusätzliche Posten im Washingtoner Regierungsapparat sowie an US-Botschaften einzurichten, um genauere Informationen zu sammeln. Präsident George W. Bush, so die *Washington Post* weiter, habe in den vergangenen Monaten außergewöhnlich viel Zeit auf den Iran verwendet. So habe er sich bereits mit dreißig bis vierzig Spezialisten über das Land beraten. Außerdem sei im Außenministerium ein eigenes Iran-Büro geschaffen worden. Künftig würden sich dort zehn statt bisher zwei Experten ausschließlich mit dem Land befassen. In den Vereinigten Arabischen Emiraten sowie in anderen Staaten der Region würden außerdem neue diplomatische Posten eingerichtet, um den Iran zu beobachten. Darüber hinaus habe die US-Regierung ein 75-Millionen-Dollar-Paket beschlossen, um das Radioprogramm in persischer Sprache zu erweitern, regierungsunabhängige Organisationen im Land zu unterstützen und kulturellen Austausch zu fördern.

Eine weitere Möglichkeit, die iranische Staatsführung zu destabilisieren, bot die ethnische Heterogenität der Bevölkerung. Verschiedene Autonomiebewegungen oder separatistische Bestrebungen insbesondere bei Kurden, Asaris, Belutschen und Arabern wurden schon oft in der iranischen Geschichte von Briten, Russen und Amerikanern instrumentalisiert, um auf die Zentralregierung Druck auszuüben. Auch Unruhen in jüngerer Zeit, vor allem in den Provinzen

Chusistan und Belutschistan, stehen bei den Mullahs im Verdacht, vom Ausland gesteuert worden zu sein.

So waren beispielsweise am 24. Januar 2006 in der südiranischen Stadt Ahwas gleichzeitig zwei Bomben detoniert und hatten ein Bankgebäude sowie das Hauptamt für Bodenschätze der Provinz Chusistan fast vollständig zerstört. Nach Angaben der Polizei waren dabei acht Menschen ums Leben gekommen; die Zahl der Verletzten wurde mit 46 angegeben. Bereits im Jahr zuvor war es in der ölreichen Provinz Chusistan, die vorwiegend von Arabisch sprechenden Iranern bewohnt wird, zu Bombenanschlägen gekommen, bei denen im Juni sieben und im Oktober vier Menschen getötet worden waren.

Wo die Drahtzieher solcher Attentate zu suchen waren, stand für das Teheraner Regime außer Frage. So erklärte Innenminister Mostafa Purmohammadi: »Die Anschläge sind von jenseits der Grenze dirigiert worden.« Sein Vorwurf ging an die Adresse der britischen Besatzer im Irak. »Unmittelbar nach dem Anschlag setzte sich ihre Propagandamaschine in Bewegung«, sagte der Minister. »Das zeigt, dass sie über den Anschlag informiert waren.« Die iranische Regierung machte am Tag nach den Bombenexplosionen, am 25. Januar 2006, offiziell Großbritannien für die Anschläge verantwortlich. Britische Soldaten im Irak hätten die Attentäter ausgerüstet und gesteuert, sagte Irans Außenminister Manuchehr Mottaki – ein Vorwurf, der aus London natürlich umgehend zurückgewiesen wurde.

Aber der Verdacht der Iraner fand weitere Nahrung. So wurden am 18. März 2006 bei einem Angriff afghanischer Rebellen auf einen Konvoi zwischen Sabol und Sahedan nahe der Grenze zu Afghanistan und Pakistan 23 Menschen getötet, darunter der Gouverneur von Sahedan. »Es ist klar, dass die beiden Länder [USA und Großbritannien] hinter dem Anschlag stehen«, sagte daraufhin Innenminister Mostafa Purmohammadi. Und als sich wenige Tage später eine Gruppe mit dem Namen »Djondollah« für den Anschlag verantwortlich erklärte, sah sich der Minister bestätigt: »Nach unseren Berichten haben sich amerikanische und britische Sicherheitskräfte mit den Rebellen getroffen und sie gedrängt, die Anschläge zu verüben.« Die USA und Großbritannien wollten Unsicherheit schaffen, indem sie, genau wie im Irak, ethnische und religiöse Spannungen schüren.

Den Propaganda- und Destabilisierungsmaßnahmen »des Westens« hatte das Parlament in Teheran bereits im Januar ein eigenes Programm entgegengesetzt, das der »Entdeckung und Abwehr von Verschwörungen und Einmischungen der USA« dienen sollte. Das Teheraner Parlament bewilligte hierfür 12,5 Millionen Dollar, die zum einen für Propaganda-Kampagnen im In- und Ausland gegen die USA und gegen den »Kulturimperialismus« eingesetzt werden sollen und zum anderen der Deckung von Prozesskosten dienen, die bei Klagen der Islamischen Republik gegen die USA oder gegen US-Firmen anfallen könnten. Das Parlament verpflichtete die Planungsorganisation, alle drei Monate einen Bericht über die Ausgaben und Aktivitäten, die in diesem Rahmen vorgesehen sind, vorzulegen.

Aber es waren nun nicht mehr nur die USA, die gegen die Teheraner Führung Front machten. Der Bush-Regierung war es im Frühjahr 2006 nach vielen Anläufen gelungen, den Konflikt mit dem Iran auf UN-Ebene zu heben. In Teheran löste die Entscheidung, Irans Akte an den UN-Sicherheitsrat zu überweisen, heftige Reaktionen aus. Am 11. März drohte Innenminister Purmohammadi, sollte der Sicherheitsrat Sanktionen gegen Iran beschließen, werde Iran das Öl als Waffe einsetzen. »Wir sind reich an Energieressourcen. Wir kontrollieren die größte und kritischste Energieroute der Welt.«

Doch bereits am nächsten Tag dementierte Außenminister Mottaki die Äußerungen seines Ministerkollegen. Sein Land wolle ein zuverlässiger Öllieferant für Asien bleiben und sei darüber hinaus entschlossen, mit seinem Öl keine Außenpolitik zu betreiben, sagte der Minister, drohte aber seinerseits mit dem Ausstieg aus dem Atomwaffensperrvertrag. Sollte dem Iran das Nutzungsrecht aus dem Atomwaffensperrvertrag verwehrt werden, müsse seine Regierung ihre bisherige Politik überdenken. Am selben Tag erklärte Außenamtssprecher Hamid Resa Assefi, der russische Vorschlag sei für sein Land keine Option mehr.

Nun lag Irans Akte dem UN-Sicherheitsrat vor, doch die fünf Vetomächte, USA, Russland, China, Frankreich und Großbritannien, konnten sich wochenlang nicht einigen. Während die westlichen Mitgliedstaaten auf rasches Handeln und Sanktionen gegen den Iran drängten, weigerten sich Moskau und Peking weiterhin, den Iran zu sehr unter Druck zu setzen. Die Differenzen schienen unüberbrückbar.

Endlich, am 30. März, wurde im Sicherheitsrat eine Einigung erzielt. Die 15 Ratsmitglieder forderten in einer Erklärung den Iran auf, innerhalb von dreißig Tagen sein Atomprogramm vollständig einzustellen. Diese Erklärung war jedoch im Gegensatz zu einer formalen Resolution völkerrechtlich nicht bindend. Ferner enthielt sie keinerlei Androhung von Sanktionen.

Während US-Außenministerin Rice die Erklärung als »wichtigen diplomatischen Schritt« bezeichnete und meinte, der Iran sei »nun stärker isoliert als je zuvor«, erklärte Irans UNO-Botschafter Javad Zarif, sein Land werde sich »keinem internationalen Druck beugen« und nicht das Recht aufgeben, den atomaren Brennstoff zur friedlichen Nutzung herzustellen.

Einen Tag nach der Erklärung des Sicherheitsrats tagten die Außenminister der fünf ständigen Mitglieder gemeinsam mit Deutschlands Außenminister Steinmeier und dem EU-Außenbeauftragten Javier Solana in Berlin, um weitere Schritte zu besprechen. Doch auch dieses Treffen brachte nichts Neues. Mit der Erklärung sei nun ein klares Zeichen gesetzt, sagte Steinmeier auf der abschließenden gemeinsamen Pressekonferenz. »Deshalb sind jetzt entsprechende Signale, und zwar belastbare Signale aus dem Iran erforderlich. Wir hoffen sehr, dass der Iran die bestehende Chance ergreift und sich für eine Wiederaufnahme der Verhandlungen entscheidet.« Andernfalls werde sich das Land in der Staatengemeinschaft weiter isolieren.

Sanktionen oder Krieg?

Nun hatte der Sicherheitsrat Teheran zwar eine Frist von dreißig Tagen gesetzt, es war jedoch längst nicht ausgemacht, welche Maßnahmen getroffen werden sollten, falls der Iran den Forderungen des Rats nicht nachkommen würde. Darüber begann man nun in Kreisen der Diplomaten und Journalisten laut nachzudenken. Zu den bald kursierenden Vorschlägen gehörten neben etwaigen militärischen Maßnahmen umfassende Wirtschaftssanktionen, Ölembargo, Sperrung iranischer Konten im Ausland, Einreiseverbot für iranische Politiker und Wissenschaftler oder der Ausschluss der iranischen Nationalmannschaft von der Fußballweltmeisterschaft.

Aber alle diese Maßnahmen waren zugleich von großer Ambivalenz. Wirtschaftssanktionen gegen den viertgrößten Ölproduzenten der Welt etwa würden zumindest für Europa eher ein Eigentor bedeuten. Der Iran könnte, wie bereits angedroht, seinerseits den Ölhahn zudrehen und versuchen, die Straße von Hormuz am Ausgang des Persischen Golfs für Öltransporter zu stoppen. Die Folge wäre eine schwere Ölkrise und ein enormer Anstieg des Ölpreises. Die iranische Regierung hatte zudem erklärt, sie würde im Fall der Einschaltung des Weltsicherheitsrats ein bereits im November 2005 im Parlament beschlossenes Gesetz erlassen und den Inspekteuren der IAEA den Zugang zu den Nuklearanlagen sperren. Der Mangel an internationaler Kontrolle würde natürlich die Gefahr der Realisierung etwaiger Pläne zum Bau der Atombombe erheblich steigern.

Auf den möglichen Sanktionsvorschlag, iranische Konten im Ausland zu sperren, hatte Teheran bereits im Vorfeld reagiert. Mitte Januar wurden nach unbestätigten Meldungen acht Milliarden Euro iranischen Guthabens aus Europa in ostasiatische Länder transferiert. Und ein Einreiseverbot für ranghohe iranische Politiker würde zumindest Radikale vom Schlage Ahmadinedschads völlig unberührt lassen. Denn mit Ausnahme von wenigen Ländern wie Syrien oder Nordkorea würde zurzeit ohnehin kein Land bereit sein, den iranischen Scharfmacher als Staatsgast zu empfangen.

Sind also militärische Maßnahmen doch der einzige Weg, um den Iran in die Knie zu zwingen? Tatsächlich erscheint die Vorstellung, dass neben Israel-Palästina und dem Irak ein neuer Kriegsschauplatz in der Region eröffnet werden könnte, nicht mehr ganz abwegig. Die Frage, die sich stellt, ist: Kann die internationale Staatengemeinschaft einen weiteren, noch schlimmeren Kriegsschauplatz in der politisch und auch wirtschaftlich sensibelsten Region der Welt verkraften?

Während überall die Sorge umging, verkündete Irans Staatspräsident Ahmadinedschad überraschend am 11. April in der heiligen Stadt Maschad: »Wir gehören von nun an zu den Atommächten der Welt.« Iranischen Wissenschaftlern sei es am 9. April endlich gelungen, Uran bis zu einem Grad anzureichern, der für den vollständigen nuklearen Brennstoffkreislauf erforderlich ist. Dies sei eine »historische Errungenschaft«, das »Ergebnis des Widerstands des iranischen Volkes«. Er beglückwünschte den Revolutionsführer, das iranische Volk, die Märtyrer und die Jugend zu diesem großen Erfolg.

Schon seit Tagen hatten die iranischen Medien angekündigt, der Staatspräsident habe seinem Volk eine »beglückende Nachricht« mitzuteilen. Die Spannung auf die Rede steigerte sich, als Gerüchte in Umlauf kamen, Ahmadinedschad werde bekannt geben, dass der Iran bereits im Besitz der Bombe sei. Doch wenige Stunden vor der zeremoniell vorbereiteten Ankündigung stahl der gerade in Kuwait weilende Ex-Staatspräsident Haschemi Rafsadschani dem Präsidenten die Schau. In einem Interview mit der kuwaitischen Nachrichtenagentur KUNA gab er bekannt, Iran habe 164 Zentrifugen zum Einsatz gebracht und durch Zufuhr von Uranhexaflorid die Schließung des atomaren Brennstoffkreislaufs und die industrielle Produktion erreicht. Rafsandschani ließ es sich freilich nicht nehmen, diese Indiskretion mit einer Ermahnung zu verbinden. »Ich fordere die iranische Verhandlungsdelegation im Atomkonflikt auf, vernünftige Entscheidungen zu treffen, nicht emotional zu handeln und in dem Konflikt Normalität einkehren zu lassen.«

Doch Ahmadinedschad ließ sich die Freude nicht verderben. Während ihm der oberste Geistliche der Provinz, Waez-e Tabasi, und der Oberkommandierende der Streitkräfte, General Firusabadi, rechts und links zur Seite standen und Friedenstauben die mit dem Emblem der Internationalen Atombehörde geschmückte Nationalflagge umkreisten, sagte er: »Feinde können die iranische Nation nicht vom Pfad des Fortschritts abbringen.« Der Iran werde die Anreicherungstechnologie so lange weiter entwickeln, bis die Atomkraftwerke des Landes mit Brennstoff versorgt werden könnten. Dies sei der Wille des iranischen Volkes, und die Regierung werde sich daran halten. Ahmadinedschad betonte, das iranische Atomprogramm werde ausschließlich friedlichen Zwecken dienen. »Für uns bilden Wissenschaft und Glauben eine Einheit, und unser Glauben dient dem Frieden.«

Der Staatschef appellierte an die iranische Bevölkerung, ein Volksfest zu veranstalten und diesen »Nationaltag« mit erhobenem Haupt zu feiern. Bei der Zeremonie, die live vom Fernsehen übertragen wurde, trug eine mit verschiedenen traditionellen Volkstrachten gekleidete Gruppe den »gelben Kuchen« (angereichertes Uran) zum heiligen Schrein. Radio und Fernsehen unterbrachen immer wieder ihre Programme, um, begleitet von Revolutionsliedern, die »beglückende Nachricht« zu verkünden.

Doch in der Bevölkerung war die Stimmung geteilt. Berichte der letzten Tage über einen möglichen militärischen Angriff der USA wurden ernst genommen. Die Ankündigung sei ein Spiel mit dem Feuer, warnten vorsichtig einige Kommentatoren. Aber es schien, dass mit den ständigen Provokationen gerade ein solches Spiel heraufbeschwören sollte. Der Generalsekretär des Obersten Nationalen Sicherheitsrats Laridschani beteuerte, sein Land sei auf alle Eventualitäten vorbereitet und werde auf jede Entscheidung entsprechend reagieren. Und Ahmadinedschad betonte noch einmal: »Der Iran wird nicht um einen Deut von seinem nationalen Recht abweichen. Wir werden mit Klugheit und geballter Kraft den Willen des Volkes durchsetzten.«

Was veranlasste das Regime in Teheran kaum drei Wochen vor Ablauf der Frist, dem Westen so demonstrativ die Stirn zu zeigen? Es gibt drei Möglichkeiten. Entweder wollte die Regierung einlenken und, um das Gesicht nicht zu verlieren, behaupten, es habe sein Ziel erreicht und könne nun für eine gewisse Zeit das Atomprogramm stilllegen. Oder es rechnete damit, dass Russland und China einen härteren Gang des Sicherheitsrates auf jeden Fall verhindern würden. Es kann aber auch sein, dass dieses Regime, das von Konflikten und Provokationen lebt, sogar einen Krieg begrüßen würde.

Am 18. April 2006 trafen sich erneut die Vertreter der fünf Vetomächte plus Deutschlands, diesmal in Moskau, um über das weitere Vorgehen gegen den Iran zu beraten. Doch alle Bemühungen waren vergeblich. Russland und China lehnten Sanktionen gegen den Iran nach wie vor hartnäckig ab. Daraufhin drohte US-Außenministerin Rice, sollte sich der UN-Sicherheitsrat nicht auf ein entschlossenes Vorgehen gegen den Iran einigen können, würde Washington eine »Koalition der Willigen« bilden. Es gebe Länder, die überlegen, welche finanziellen und politischen Schritte in einer solchen Koalition ergriffen werden könnten, sagte Rice. Sie wiederholte die Standardformulierung, wonach alle Optionen einschließlich einer militärischen auf dem Tisch lägen, und fügte hinzu, das Recht auf Selbstverteidigung verlange nicht notwendigerweise eine UN-Resolution. Dabei bezog sie sich auf die Kriege auf dem Balkan und im Irak.

Aus dieser Stellungnahme ging hervor, dass Washington allmählich nicht mehr mit einer Einigung der Veto-Mächte im Sicherheitsrat rechnete und nun, wie damals im Irak-Krieg, mit dem Vorwand der Selbstverteidigung an dem Sicherheitsrat vorbei Aktionen plante.

Eine Woche vor Ablauf der vom UN-Sicherheitsrat festgesetzten Frist traf, wie so oft vor kritischen Sitzungen, eine Verwirrung stiftende Stellungnahme aus Teheran ein. Iran halte eine Einigung auf den russischen Vorschlag für möglich, hieß die neue Botschaft. »Wir haben schon vor längerer Zeit unsere grundsätzliche Zustimmung zu diesem Vorschlag gegeben. Es bleiben aber noch viele technische, juristische und finanzielle Fragen, an denen gearbeitet werden muss«, sagte Irans Botschafter bei der IAEA, Ali-Asghar Soltanieh, am 21. April 2006 auf einer Konferenz in Moskau.

Was Soltanieh sagte, brauchte aber für Ahmadinedschad nicht zu gelten. So ließ der Präsident nur drei Tage später – auf einer Pressekonferenz in Teheran – die Weltöffentlichkeit wissen, der russische Vorschlag stehe nicht mehr zur Debatte. »Russland hat ein Anreicherungsprogramm, wir haben unser eigenes Anreicherungsprogramm, und der Vorschlag stammt von vor sechs Monaten, als der Iran noch kein Anreicherungsprogramm hatte.« Bezüglich der bevorstehenden Sitzung des UN-Sicherheitsrats sagte der Präsident: »Diejenigen, die über Sanktionen reden, würden mehr Schaden davontragen. Es wird nichts passieren, keine Sorge.« Ahmadinedschad stellte auch die Mitgliedschaft Irans in der IAEA in Frage: »Was haben uns mehr als dreißig Jahre Mitgliedschaft gebracht?«, fragte er. »Wenn wir sehen sollten, dass sie unsere Rechte verletzen oder nicht achten – nun, dann werden wir unsere Politik überprüfen.«

Am Vorabend der entscheidenden Sitzung des UN-Sicherheitsrats zeigte sich Teheran entschlossen, den Konfrontationskurs fortzusetzen. Chefunterhändler Laridschani machte deutlich, dass ein Einlenken seines Landes ausgeschlossen sei. Sollte der Rat Sanktionen verhängen, werde Iran seine Beziehung zur Atombehörde abbrechen und im Falle eines militärischen Angriffs sein Programm im Verborgenen weiterführen. »Ein militärisches Vorgehen wird nicht zum Ende des Programms führen«, versicherte Laridschani. Und an die Adresse des Westens gerichtet, ergänzte er: »Wenn sie zu harten Maßnahmen greifen, werden wir das Programm verstecken. Dann werden sie uns möglicherweise Verluste zufügen, aber sie werden selbst verlieren.«

Teheran setzt also das Katz-und-Maus-Spiel fort. Aber die Geduld Washingtons und wohl auch der EU ist am Ende. Sollten Russland und China harte Sanktionen gegen Iran ablehnen, bleibt für die USA nur noch die militärische Lösung. Die Frage ist lediglich, ob Europa bei diesem fragwürdigen Abenteuer dabei sein wird.

Und die Frage ist auch, ob es die Teheraner Führung nicht geradezu auf einen militärischen Konflikt anlegt. Obwohl die Islamisten fest im Sattel sitzen, mehren sich die Anzeichen, dass der Iran vor einem grundlegenden Wandel steht. Diese scheinbare Paradoxie wird nur verstehen, wer bereit ist, sich mit den politischen und gesellschaftlichen Verhältnisse im Iran auseinander zu setzen. Die iranische Gesellschaft und der Gottesstaat bewegen sich in Wahrheit seit Jahren auseinander. Massive Einflussnahme von außen oder gar ein Militärschlag würde die erkennbaren Veränderungstendenzen zunichte machen und – ganz entgegen den vorgeblichen Absichten der USA – eine Öffnung und Demokratisierung des Landes verhindern.

Mit Gott für die Macht – Innenansichten aus der Islamischen Republik

Was macht den Iran – im Unterschied etwa zu Pakistan oder Indien – so gefährlich, dass die USA das Land nunmehr zu ihrem Hauptfeind erklären? Welche Veränderungen haben sich vollzogen, dass aus dem einstmals engsten Verbündeten der USA in der Region ein »Schurkenstaat« geworden ist? Was hat es mit der Islamischen Republik auf sich? Und wodurch und durch wen ist dieser Gottesstaat geprägt? Wie sind seine inneren Machtstrukturen? Um diese Fragen zu beantworten, ist ein kurzer Rückblick auf die Entstehungsgeschichte der Islamischen Republik Iran erforderlich.

Als Ende der siebziger Jahre eine antidiktatorische Bewegung im Iran ihren Aufschwung nahm, hatten die an dieser Bewegung teilhabenden politischen Strömungen keinerlei Konzepte für die Zukunft des Landes vorzuweisen. »Nieder mit dem Schah, nieder mit der Monarchie, nieder mit der Diktatur«, lauteten die allgemeinen Parolen. Was aber dem Schah, der Monarchie, der Diktatur nachfolgen sollte, blieb im Ungefähren. Es wurde versäumt, jene Ziele wieder aufzunehmen und endlich zu verwirklichen, die bereits in der Konstitutionellen Revolution von 1906 proklamiert worden waren: Unabhängigkeit und Demokratie.

Jener erste Versuch, mit der herrschenden asiatischen Despotie und ihren feudalistischen Machtstrukturen endgültig zu brechen und den Sprung vom Dunkel des Mittelalters in die moderne, industrialisierte, aufgeklärte Welt zu vollziehen, war gescheitert, weil der gesellschaftliche Träger der Volkserhebung, die iranische Mittelschicht, noch zu schwach und deren Gegner, die konservative Geistlichkeit und der Hof, mitsamt der ihm hörigen Grundbesitzer, zu stark waren. Das Ergebnis dieses ungleichen Kampfes war eine Neuauflage der absoluten Monarchie. Der damalige Kriegsminister, Reza Khan, der sich selbst die Krone aufs Haupt gesetzt hatte, nahm bei gleichzeitiger Unterdrückung und Niederschlagung aller Bestrebungen nach Unabhängigkeit und Demokratie die unvermeidliche

Industrialisierung und Modernisierung dann selbst in Angriff. Die gesellschaftliche und kulturelle Entwicklung blieb allerdings weit hinter dieser Modernisierung von oben zurück.

Ein solches Zurücklassen der Menschen wiederholte sich nach dem Zweiten Weltkrieg. In dieser zweiten Phase erhielt die Mittelschicht, die durch die eingeleitete Industrialisierung und Modernisierung an Boden gewonnen hatte, unter der Führung des Liberaldemokraten Mohammad Mossadegh für eine kurze Zeit die Macht. Mossadegh selbst stammte zwar aus einer feudalen Familie, engagierte sich aber während seines Studiums in der Schweiz für die Rechte der Bürger und vor allem für die nationale Unabhängigkeit seines Landes. Sein wichtigstes Anliegen war die Nationalisierung der Ölindustrie, die sich bis dahin in britischer Hand befand. Mit Hilfe der von ihm gegründeten Nationalen Front, einem Zusammenschluss liberal und national orientierter Organisationen, gelang ihm 1951 die Übernahme der Regierung, die trotz gravierender Wirtschaftssanktionen die Verstaatlichung der Ölindustrie durchsetzte und die Briten schließlich aus dem Land hinaustrieb. Die USA sahen darin eine Chance, an das iranische Öl zu kommen. Im August 1953 führten sie durch einen CIA-Putsch Mossadeghs Sturz herbei. Danach schloss der Schah mit einem internationalen Konsortium, bei dem die USA und die Briten sich die Beute teilten, einen neuen Vertrag zur Ausbeutung des iranischen Öls. Mossadegh blieb damit bis auf weiteres der einzige demokratische Staatsmann, den die neuere Geschichte Irans aufzuweisen hat.

Erst US-Präsident Bill Clinton und seine Außenministerin Madeleine Albright haben sich später für diesen gewaltsamen Eingriff in die iranische Geschichte, der dem Land eine 25-jährige Diktatur bescherte und den Iran in einen Satellitenstaat der USA verwandelte, offiziell entschuldigt.

Die Geburt der Tragödie aus der Despotie

Der Putsch von 1953 und seine Folgen haben Wunden hinterlassen, die bis heute nicht geheilt sind. Von diesem Ereignis an konzentrierte sich die Macht für viele Jahre in der Hand einer Minderheit, die sich die Verwestlichung des Landes zum Ziel gesetzt hatte. Diese

Minderheit, die sich um den Schah und seinen Hof scharte, bildete den kulturlosesten Haufen, der die iranischen Geschicke je gelenkt hat – kulturlos, weil sie weder mit der iranischen noch mit der westlichen Kultur vertraut war. Sie hatte keine Substanz. Über Nacht, dank des Anstiegs der Ölpreise, von Großgrundbesitzern oder Bazarhändlern zu Großkapitalisten geworden, verhielt sich diese Machtclique wie ein Bauer, der zum ersten Mal eine Großstadt besucht. Sie war gänzlich unproduktiv und bis zum Exzess konsumversessen. Abhängig vom westlichen Ausland, suchte sie dort die Quellen und Vorbilder ihres gesellschaftlichen und privaten Daseins. Je westlicher die Orientierung, umso höher das Prestige. Im Iran produzierte Waren galten als provinziell, iranische Bräuche und Umgangsformen als primitiv. Für die Erhaltung dieser Macht sorgten eine gut funktionierende Geheimpolizei und eine 400.000 Mann starke, mit modernsten Waffen ausgerüstete Armee, aber auch – und das war vermutlich noch wichtiger – die Staaten des Westens, allen voran die USA.

Lange Jahre hindurch herrschte Friedhofsruhe im Land. Dem Herrscher auf dem Pfauenthron und seinem Machtapparat war es gelungen, oppositionelle Organisationen zu liquidieren und jede Kritik im Keim zu ersticken. Die einzige Opposition, die sich noch zu Wort melden konnte, befand sich im Ausland.

Erst Mitte der siebziger Jahre regte sich ein erster Widerstand. Aus dem Untergrund machten sich zwei Organisationen, die »Volksfedajin« und die »Volksmodjahedin«, mit bewaffneten Aktionen bemerkbar. Allerdings rechnete niemand mit einer schnellen und nennenswerten Ausweitung des Widerstands. Und doch mündeten die nun einsetzenden Proteste schon sehr bald in eine Volkserhebung. Den Anfang machte ein Schreiben des verbotenen iranischen Schriftstellerverbands an den damaligen Ministerpräsidenten Howeida. In diesem offenen Brief vom 13. Juni 1977 forderten vierzig namhafte Schriftsteller, das Verbot des Verbandes und die Zensur der Presse, Literatur und Kunst aufzuheben und die Freiheit der Meinungsäußerung sowie das Versammlungsrecht zu garantieren. Eine Woche später forderten ehemalige Führer der von Mossadegh gegründeten Nationalen Front den Schah auf, die seit Jahren suspendierte Verfassung wieder in Kraft zu setzen. Er solle sich, dieser Verfassung entsprechend, nur noch mit repräsentativen Aufgaben begnügen. Drei Wochen später meldeten sich 65 Juristen zu Wort und verlangten die Unabhängigkeit der Justiz. Solchen Protesten schlossen sich nun immer mehr Berufsgruppen und auch die Studenten an.

Plötzlich war in die trostlose Stille Unruhe eingebrochen. Und völlig überraschend verwandelte sich das, was zu Beginn wie ein Schneeball erschien, in eine kraftvolle Lawine. Denn bei den Protesten, die in den nächsten Wochen folgten, ging es nicht nur um Freiheit und politische Partizipation, es ging auch um nationale Identität. Die Etablierung einer vermeintlich europäisch-amerikanischen Plastikkultur hatte zu einer Entfremdung geführt, die die eigene Identität völlig zu zerstören drohte. Die öffentliche Kultur und die Massenmedien hatten mit dem wirklichen Leben der Menschen nichts mehr zu tun. An den iranischen Universitäten konnten nur diejenigen Dozenten oder Professoren werden, die in ausländischen Fachzeitschriften oder Verlagen publiziert hatten. Wurde dieselbe Arbeit in heimischen Zeitschriften veröffentlicht, galt sie als wertlos. In größeren Fabriken, in den Ministerien und natürlich in der Armee und beim Geheimdienst saßen ausländische Berater, die nicht nur das Sagen hatten, sondern auch finanziell weit besser gestellt waren als ihre iranischen Kollegen. Der Iran war regelrecht zu einem Satellitenstaat des Westens geworden.

Die verwestlichten Reichen hatten sich von den Realitäten des Landes, in dem sie herrschten, weit entfernt. Verließen sie ihre goldverzierte, glänzende, saubere Operettenwelt, waren sie Fremde im eigenen Land. Der Aufstand im Iran war ein Aufstand gegen diese Welt, die Revolution war in erster Linie eine Kulturrevolution. Als die Unruhen zunahmen und der Schah in einer Fernsehansprache erklärte, er habe die Botschaft der Revolution vernommen, war es längst zu spät. Eine kleine Minderheit stand einem ganzen Volk gegenüber. Es gab kein Entrinnen mehr, sie musste, obwohl bis an die Zähne bewaffnet, kapitulieren.

Religion und Revolution

Ohne den Versuch, die iranische Gesellschaft mit diktatorischen Mitteln von oben zu modernisieren, wären die Islamisten nie an die

Macht gekommen. Das Schah-Regime hatte alle Voraussetzungen für eine Emanzipation und Demokratisierung der Gesellschaft zerstört. Es gab keine selbständigen Parteien, keine regierungsunabhängigen Gewerkschaften, Verbände und Vereine. Die einzige Kraft, die sich erhalten hatte und weitgehend außerhalb des Machtbereichs des Regimes lag, war der Islam. Aber was hatte der Islam politisch anzubieten? »Nieder mit dem Schahregime, nieder mit der Diktatur«, hallte es überall im Land. Doch wussten die Studenten, die auf dem Campus demonstrierten, die Arbeiter, die in den Fabriken streikten, oder die Slumbewohner, die mit nackter Brust vor die Panzer traten und zum Märtyrertod bereit waren, was danach kommen sollte? Was war die Alternative zur herrschenden Macht?

Die Antwort auf diese Frage lieferte die Revolution von 1978/79, der dritte Akt der historischen Tragödie. Diesmal gelang es tatsächlich, den Hof und seine Günstlinge davonzujagen, und wie aus heiterem Himmel fiel der Geistlichkeit die absolute Macht in den Schoß. Während die Demokraten der Mittelschicht und die gemäßigte wie die radikale Linke verdutzt dem Geschehen zuschauten, begannen die Mullahs, überrascht von dem ihnen unerwartet zuteil gewordenen Glück, ihren Gottesstaat aufzubauen.

Zunächst hatte die allgemeine Parole »Unabhängigkeit, Freiheit« gelautet. Als der Aufstand dann seinen Höhepunkt erreichte und Chomeini und seine islamistischen Anhänger die politische Bühne betraten, riefen die Massen: »Unabhängigkeit, Freiheit, Islamische Republik«. Was man sich darunter vorstellen sollte, wussten vermutlich nur wenige.

In den politischen Analysen der Intellektuellen, die zumeist links orientiert waren, spielte der Islam kaum eine Rolle. Hier tauchten eher Begriffe wie »Klassenkampf«, »Sozialismus« und »proletarische Revolution« auf. In liberalen und nationaldemokratischen Kreisen wiederum wurde von der Fortsetzung des Weges von Mossadegh gesprochen. Erst als die Massen den religiösen Parolen der Geistlichkeit folgten und hunderttausende Frauen, in schwarze Schleier gehüllt, auf den Straßen marschierten, wurde man auf diese gesellschaftliche Kraft aufmerksam. Aber die Euphorie über den Volksaufstand machte alle laizistischen Politiker und Intellektuelle blind. Erst als Chomeini 1978 überraschend in Paris auftauchte, begann man sich über die Rolle der islamischen Geistlichkeit Gedanken zu machen. Es war zu spät, der Zug war längst abgefahren.

Chomeini gelang es, jene schlummernde Kraft wachzurütteln, die bislang von sämtlichen Oppositionellen unbemerkt geblieben war: den Islam. Innerhalb kurzer Zeit wurden fast alle im Land lebenden Mullahs mobilisiert. Sie waren überall, in jeder Stadt, in jedem Dorf präsent und genossen als Schriftgelehrte und Seelsorger das Vertrauen der Menschen. Nun wurden sie in den Dienst der Revolution gestellt. Jeder von ihnen verwandelte sich in einen Parteifunktionär, einen Agitator. Die Moscheen, in die sich kein bewaffneter Soldat oder Polizist hineintraute, wurden zu Parteizentralen umfunktioniert, Millionen Gläubige als Parteimitglieder aktiviert. Bewaffnet mit der islamischen Ideologie und der schiitischen Bereitschaft zum Märtyrertod, wurden sie auf den Kriegsschauplatz geschickt. Gegen diese Kraft war die Armee des Schahs machtlos – und fiel schnell wie ein Kartenhaus in sich zusammen.

Chomeini war das Pendant des Schah-Regimes oder dessen Missgeburt. Während der Schah sein Heil in London und New York suchte, träumte Chomeini von Mekka und Medina. Er stammte aus einer sinisteren Welt, aus einer Zeit, die die Geschichte längst hinter sich gelassen hatte. Der Schah erlebte seine Kindheit und Jugend in einem Schweizer Internat, Chomeini in der Koranschule in Chomein und in der theologischen Hochschule der heiligen Stadt Ghom. Der Schah war ein Spross der privilegierten Minderheit, Chomeini ein Mann des Volkes.

Chomeinis Entschluss, nach Paris zu gehen, hatte alle in Erstaunen versetzt. Auf Wunsch des Schahs hatte Saddam Hussein ihn aus seinem irakischen Exil in Nadjaf ausgewiesen, Kuwait hatte ihm die Einreise verweigert, da hatte sich der Ayatollah kurzerhand für Paris entschieden. Dieser Entschluss des geistlichen Würdenträgers, mitten in der westlich-christlichen Welt seine Zelte aufzuschlagen, dazu noch in einer Stadt, die aus islamischer Sicht als Zentrum der Sünde und der Dekadenz gilt, wurde zunächst von politischen Beobachtern als Fehler bewertet. Aber es sollte sich bald herausstellen, dass dies die wohl klügste Entscheidung war, die Chomeini in dieser Situation hatte treffen können.

Dieser Mullah, der 15 Jahre lang in seinem stillen Kämmerlein im Exil mit sich und seinem Gott allein verbracht hatte, dieser grimmige Greis, der den lieben langen Tag Gebete vor sich hinmurmelte, selten Besuch empfing, fast nie das Haus verließ, stand nun mit einem Schlag im grellen Licht der Fernsehkameras, umgeben von Journalisten aus aller Welt. Nahezu achtzigjährig fühlte sich der Greis auf der politischen Bühne wie neugeboren.

Es war eine Sensation. Keine Werbeagentur der Welt hätte die Propagandakulisse für den Gottesmann besser inszenieren können. Unter einem Apfelbaum im Garten eines Hauses in Neauphle-le-Château saß der geistliche Würdenträger auf einem Perserteppich. Vor ihm knieten Hunderte seiner Jünger. Und der ehrwürdige Alte mit langem weißem Bart, einem schwarzen Turban auf dem Kopf und einem weiten Umhang um die Schultern, schaute über die Köpfe der Menge hinweg zum Himmel und verkündete mit ausgestrecktem Arm den Willen Gottes. Sein Charisma stellte die Ausstrahlung aller seiner Begleiter in den Schatten. Er repräsentierte das Licht, die Weisheit und den Glauben. Er war der große Messias. Aus aller Welt pilgerten Iraner und Muslime aus anderen Ländern nach Neauphle-le-Château, um dem Verkünder einer neuen Menschheitsepoche von Angesicht zu Angesicht gegenüberzustehen, seine Hand zu küssen und seine Befehle zu empfangen. Täglich vor Sonnenaufgang, zur Mittagszeit und nach Sonnenuntergang schritt der Ayatollah in den Garten zum Gebet, und die Pilger folgten ihm. »Allah' o Akbar, Gott ist mächtig«, sagte er und verkündete: »Die Stunde der Gerechtigkeit des Herrn hat für den Schah geschlagen. Dieser kleine Teufel auf dem Pfauenthron hat nur Sünde und Unheil über unser Land gebracht, wie ein Blutegel hat er das Blut unserer Jugend ausgesaugt und damit sich und seine Familie gemästet. Für ihn gibt es kein Erbarmen mehr. Ich bin gekommen, um dies vor aller Welt zu verkünden. Wir werden Millionen unschuldige Seelen von diesem Teufel befreien. All die Erniedrigten, Geknechteten, Ausgebeuteten, Hungernden werden endgültig die Freiheit erringen.«

Die geschickte Inszenierung, die unglaubliche Entschlossenheit des Ayatollah, sein eiserner Wille und die Ruhe und Gelassenheit, mit der er seine Ziele verfolgte – und dabei den Schah wie am ausgestreckten Arm zappeln ließ –, löste allgemeine Bewunderung aus. Auch das Bild, das er von der Zukunft entwarf, und die Versprechungen, die er immer wieder für die Zeit nach dem Sturz des Schahs abgab, brachten die Pessimisten und Skeptiker zum Schweigen.

Er sprach von der Aufhebung jeglicher Zensur, von uneingeschränkter Meinungsfreiheit. Er werde alle Organe, die zur Unterdrückung der Bürger gebildet worden waren, auflösen. Der schiitische Mullah sprach von der Freiheit des Glaubens. Selbst Juden, die durch »Tücke und List des israelischen Geheimdienstes« aus dem Iran getrieben worden seien, sollten in ihre Heimat zurückkehren. Und derselbe Ayatollah, der 15 Jahre zuvor gegen den Schah rebelliert hatte, weil dieser unter anderem den Frauen das Wahlrecht zugesprochen hatte, erklärte in aller Öffentlichkeit, dass in der zukünftigen iranischen Republik Frauen sogar das Amt des Staatspräsidenten übernehmen könnten. Er versicherte, dass alle bestehenden Ungleichheiten zwischen Frauen und Männern beseitigt werden würden.

Tausende, selbst viele Linke, kamen nach Paris, um dem wunderlichen Greis ihre Ehrerbietung zu erweisen. Selbst wenn sie nicht an ihn glaubten, waren sie der Meinung, man müsse ihn unterstützen, da er der Einzige sei, der die Monarchie stürzen könne. Und wenn der Schah erst gestürzt sei, werde Chomeini kein Hindernis für einen politischen Neuanfang bilden – hatte er selbst doch immer wieder verkündet, dass er nicht die politische Führung anstrebe und auch kein anderer Geistlicher ein politisches Amt übernehmen würde.

»Du bist meine Seele, Chomeini«

Am 12. Januar 1979 veröffentlichte Chomeini sein politisches Programm und gab die Bildung eines »Islamischen Revolutionsrats« und einer provisorischen Regierung bekannt – ohne die Mitglieder dieser Regierung namentlich zu benennen. Es sei durchaus möglich – so der Ayatollah –, dass der Schah aus Verzweiflung doch noch einen Militärputsch versuchen werde. Aber er sei sich sicher, dass die Armee ein solches Verbrechen nicht mitmachen würde. Die Armee gehöre dem Volk und das Volk der Armee. Am Schluss seiner Botschaft forderte er dazu auf, die Streiks und Demonstrationen verstärkt fortzusetzen, und fügte abschließend hinzu: »Falls sich euch einer in den Weg stellt, habt ihr das Recht, ihn zu töten.« Dieser letzte Satz passte, trotz der angespannten Lage, nicht so recht zu der Sanftmut, die der Geistliche in Paris auszustrahlen bemüht war.

Auch die Aufforderung an das Volk, »die Hände so lange an die Gurgel des Schahs zu drücken, bis die letzten Zuckungen aufhören«, war eine Formulierung, die man eher einem Henker als einem Heiligen zugeordnet hätte.

Am 16. Januar 1979 verließ der Schah fluchtartig das Land. Er fühle sich seit längerer Zeit müde und brauche Erholung, sagte er bei seiner Abreise am Flughafen. »Jetzt ist es so weit. Ich werde Teheran in Richtung Assuan in Ägypten verlassen.« Dann fasste er seine Gemahlin, Farah Diba, am rechten Arm und schritt langsam zur Maschine, hinter ihm der dürftige Rest seiner Gefolgschaft. Vor der Rolltreppe blieb er einige Minuten lang stehen, dann drehte er sich um, holte ein Taschentuch heraus, wischte seine Tränen ab. Mit trauriger Stimme sagte er zum Generalstabschef: »Können Sie mir eine Hand voll Erde mitbringen?«

Zwei Wochen später, am 1. Februar, begann dann die neue Zeit. Der Gottgesandte, Auserwählte, Schutzengel der Barfüßigen und Habenichtse, der Führer der Revolution kehrte in die Heimat zurück. Es war ein schöner Tag. Eine hellblaue Kuppel überragte die Sechs-Millionen-Stadt Teheran. (Die Einwohnerzahl der Hauptstadt hat sich inzwischen verdoppelt.) Im Norden schauten die schneebedeckten Berge herab auf die ungeheuren Massen, die sich teilweise schon am Vorabend oder während der Nacht auf den Weg gemacht hatten, um Chomeini einen angemessenen Empfang zu bereiten.

Kurz nach neun Uhr morgens wurde die Air-France-Maschine am Himmel gesichtet. »Gott ist mächtig, Chomeini ist unser Führer«, riefen die Massen. Oben in der Maschine gab der Revolutionsführer derweil ein Interview: »Ayatollah, Sie sind 15 Jahre lang in der Verbannung gewesen. Jetzt werden Sie von sechs, sieben Millionen Ihrer Landsleute empfangen. Was empfinden Sie in diesem Augenblick?«, fragte ein Journalist. »Nichts«, antwortete Chomeini.

In Teheran gelandet, führte ihn sein erster, von Menschenmassen gesäumter Weg zum Friedhof Beheschte Zahra, etwa fünfzig Kilometer vom Stadtzentrum entfernt. Dass Chomeini hier seine erste Rede hielt, sollte nicht nur als Dank an die Märtyrer, an die Opfer der Revolution verstanden werden. Die Geste hob zugleich die zentrale Rolle des Märtyrertums im Schiismus hervor. »Wir sind alle deine Soldaten, Chomeini, nur dir gehorchen wir, Chomeini«, rief die Menge.

Würdevoll schritt der Ayatollah zum Podium. Sein Gesicht verriet keinerlei innere Regung. Seine Augen blickten niemanden an, er schaute über die Köpfe der Menge hinweg. Je ruhiger und unbeteiligter er sich verhielt, desto mehr gerieten die Massen außer sich. »Du bist meine Seele, Chomeini«, riefen sie ihm zu, während er sie keines Blickes würdigte. Dann streckte er die Arme hoch. Es war so still, dass man seinen eigenen Atem hören konnte. Endlich begann er zu reden. Zunächst erinnerte er an die Toten und brachte das Publikum zum Weinen. Frauen stießen Klagerufe aus, Männer schlugen sich auf den Kopf. Dann rechnete er mit der Monarchie ab. Schließlich kündigte er an, »die legitime Regierung« zu ernennen.

Die nächsten Tage und Wochen waren vom Siegesglück beherrscht. Jeder erwartete die Erfüllung seiner Wünsche und Träume. Kaum jemand ahnte, was der Revolutionsführer im Schilde führte, obwohl er bereits im irakischen Exil seine Pläne in einem Buch veröffentlicht hatte. Sein Ziel war die Gründung eines islamischen Staats, das heißt die totale Islamisierung des öffentlichen und privaten Lebens. Doch er wollte nicht gleich die Katze aus dem Sack lassen. Also ernannte er den liberal-gemäßigten Mehdi Bazargan zum Ministerpräsidenten. Dass seine Wahl auf Bazargan fiel, der zwar selbst starke religiöse Wurzeln hatte, aber eine demokratisch-liberale Gesellschaft anstrebte, war ein kluger Schachzug, ein Signal zur Beruhigung des Auslands und der breiten Mittelschicht im Innern. Chomeini brauchte eine Frist zum Aufbau des neuen Staates. Während die Regierung Bazargan sich sogleich daran machte, die Scherben des gestürzten Regimes zusammenzukitten, bauten die Islamisten hinter den Kulissen die Instrumente ihrer eigenen Macht auf. Revolutionsgardisten, Revolutionskomitees, Revolutionsgerichte bildeten Parallelorganisationen zur Armee, Polizei und Justiz.

Die islamische Gesellschaft und ihre Feinde

Zwei Wochen nach seiner Ankunft siedelte Chomeini in die heilige Stadt Ghom über. Dort ließ er zum ersten Mal die Maske fallen. Er kündigte die Bildung eines »Ministeriums für moralische Führung« an. »Wir müssen die Unmoral in unserer Gesellschaft ausrotten«, gab er in seiner ersten Rede in Ghom die Richtung vor. »Wir werden die gesamte Presse, den Rundfunk, das Fernsehen, die Kinos von der Unmoral reinigen. Alles muss sich am Islam orientieren. Unsere Ministerien müssen sich in islamische Stützpunkte verwandeln, unsere Gesetze müssen islamische Gesetze sein. Wir werden uns nicht darum kümmern, ob das dem Westen passt oder nicht. Lasst euch nicht durch das Wort Demokratie in die Irre führen. Demokratie ist westlich, und wir lehnen westliche Systeme ab. Das Volk will eine islamische Republik, keine bloße Republik, auch keine demokratische Republik, sondern nur eine islamische Republik.«

Die Rede setzte Zeichen, sie bildete den Auftakt zu inszenierten Massendemonstrationen, die alles anprangerten, was nicht islamisch war. Zur ersten Zielscheibe wurden Frauen, deren Kleidung nicht den moralischen Vorstellungen der Islamisten entsprach. Mit Parolen wie »entweder Schleier oder Schlag auf den Kopf« oder »Schwester, deine Keuschheit ist meine Ehre« zogen Horden von bärtigen Männern und schwarz verschleierten Frauen durch die Straßen. Frauen, die islamische Kleidervorschriften missachteten, wurde Säure ins Gesicht geschüttet.

Es dauerte nicht lange, da gerieten auch Andersdenkende ins Visier. Verlage, Zeitungsredaktionen, Buchhandlungen wurden überfallen und Bücher missliebiger Autoren verbrannt. Eine Lawine der Gewalt war in Bewegung geraten. Fanatisierte Gruppen, die sich Hezbollahis, Parteigänger Gottes, nannten, wurden mit Waffen und uneingeschränkter Macht ausgestattet und auf politische Gegner gehetzt. Diese Gruppen rekrutierten sich hauptsächlich aus Slumbewohnern – jenen Landflüchtigen, die infolge der Bodenreform des Schahs in die Städte gezogen waren, dort keine Arbeit gefunden hatten und nun in den Slums der Vorstädte ihr Dasein fristeten. Sie waren bestens geeignet, um dem fundamentalistischen Regime bei der Durchsetzung seiner Ziele zu helfen. Entwurzelt, vogelfrei, brutal und unwissend, die Bäuche mit nichts anderem gefüllt als mit Wut, waren diese Verdammten der Gesellschaft leicht verführbar. Man musste ihnen nur ein paar schlichte Parolen in die Köpfe setzen, den Rest erledigten sie von allein.

Weitere Unterstützung erhielten die Mullahs von der kommunistischen Partei Irans, der *Tudeh*-Partei, die eng mit der neuen Macht kooperierte. Nach dem Motto »Der Feind meines Feindes [die USA und der Westen] ist mein Freund« stellten die Parteikader den neuen

Machthabern ihre Erfahrungen und ihr Wissen zur Verfügung. Ihre Loyalität ging sogar so weit, dass sie den Mullahs Tausende Regimegegner aus dem eigenen Lager auslieferten, wohl wissend, dass diese in den Gefängnissen gefoltert und hingerichtet werden würden.

Auch die Gründung der *Basidji*-Organisation, einer Art Volksmiliz, ging aus dieser Zusammenarbeit hervor. Diese Organisation, die auf Befehl Chomeinis vom 25. November 1979 gegründet wurde, sollte als Massenorganisation die Revolution bis in die entlegensten Gegenden des Landes tragen und zugleich Informationen sammeln. Nach dem achtjährigen Krieg zwischen Iran und Irak verlor die Organisation an Bedeutung, nahm dann jedoch Ende der neunziger Jahre, mit der Wahl Chatamis zum Staatspräsidenten, einen neuen Aufschwung. Sie wurde als Machtinstrument neu belebt, gegen die Reformer eingesetzt und spielte für das Comeback der Konservativen und bei der Wahl Ahmadinedschads eine wichtige Rolle. Heute sind die *Basidjis* wieder überall präsent, an den Schulen, an Universitäten, in den staatlichen Ämtern, in den Fabriken. Die zum Teil bewaffneten Mitglieder verfolgen im Auftrag der Justiz Oppositionelle, überwachen die Einhaltung islamischer Vorschriften, sprengen Versammlungen oder setzen Verlage und Zeitungsredaktionen in Brand. Die Zahl ihrer Mitglieder wird auf sechs bis acht Millionen geschätzt.

Das krisenabhängige Regime

Ein besonderes Merkmal der Islamischen Republik war von Anbeginn ihre Krisenabhängigkeit. Die prekäre Macht bedurfte einer Stützung von außen, durch äußere Bedrohung. Erstens lenkt eine Krise von wichtigen Problemen ab, zweitens erhöht ein äußerer Feind den inneren Rückhalt. So wurde bereits neun Monate nach der Revolution, als der Siegesrausch allmählich verflogen war und sich der neue islamische Staat als fähig hätte erweisen müssen, die Probleme des Landes zu lösen, die erste größere Krise heraufbeschworen. Am 4. November 1979 kam es zur Besetzung der amerikanischen Botschaft in Teheran und zur Geiselnahme der Botschaftsangehörigen. Regierungschef Bazargan und sein Außenminister Ebrahim Yazdi, die sich gerade im Ausland aufhielten, wurden der

Kollaboration mit dem Westen bezichtigt und drei Tage nach der Botschaftsbesetzung abgesetzt. Ihre Aufgaben übernahm von nun an der Revolutionsrat. Chomeini schürte derweil das Feuer und stellte sich uneingeschränkt hinter die Geiselnehmer. Deren Aktion, eine direkte Kampfansage an die USA, sei eine zweite Revolution – und noch wichtiger als die erste. Auch viele linke Organisationen begrüßten den vermeintlichen Kampf gegen den Imperialismus.

Jetzt ging es nicht mehr gegen den Schah und seine Diktatur, es ging gegen die USA und gegen den Westen insgesamt. Dieser Kampf wurde von nun an zum substanziellen Bestandteil der islamistischen Ideologie. Endlich waren die Weichen gestellt. Bazargan hatte seine Dienste getan, er konnte gehen. Einer offiziellen Machtübernahme der Geistlichkeit stand nichts mehr im Weg. Der Revolutionsrat trat aus seiner Anonymität heraus, 13 Personen wurden als Ratsmitglieder der Öffentlichkeit vorgestellt. Das Versprechen Chomeinis, kein Geistlicher werde ein Staatsamt übernehmen, war damit aufgehoben. Wichtige Ämter wie das Innen- und Justizministerium wurden von Mullahs übernommen.

Die USA versuchten zunächst, das Problem auf diplomatischem Weg zu lösen. Als dies nicht fruchtete, sperrten sie iranisches Guthaben – geschätzt auf 13 Milliarden Dollar – bei amerikanischen Banken. Darüber hinaus beschloss Washington Wirtschaftssanktionen. Schließlich verkündete Präsident Jimmy Carter am 8. April 1980 in einer Fernsehansprache den Abbruch der diplomatischen Beziehungen zum Iran. (All diese Maßnahmen sind bis heute in Kraft.) Und die Mullahs hatten Glück: Eine Befreiungsaktion der Amerikaner mit Militärhubschraubern scheiterte wegen technischer Fehler. Acht tote Piloten, drei zerstörte Hubschrauber und eine C-130-Maschine blieben bei der Blitzaktion zurück – ein desaströser Schlag für die USA und eine Gabe Gottes für die neuen Herrscher im Iran.

Überhaupt meinte es das Schicksal immer wieder gut mit den Mullahs. Am 12. September 1980 erteilte der irakische Staatspräsident Saddam Hussein, aufgerüstet von den USA und einigen Staaten Westeuropas, seinen Streitkräften den Befehl zu einem Großangriff gegen den Iran. Saddam Hussein hoffte, die ölreiche Provinz Chusistan, die sich in der Nachbarschaft Iraks befindet und mehrheitlich von arabischstämmigen Iranern bewohnt wird, in Besitz nehmen zu können. Zunächst wurden einige Städte im Westen und Süden, danach sogar die Hauptstadt Teheran bombardiert. Für Chomeini kam dieser Krieg wie gerufen, »ein Geschenk des Himmels«. Der irakische Angriff wirkte im Inneren wie ein neuerlicher Mobilisierungsschub, und er ließ zudem die Märtyrerideologie der Islamisten nun voll zum Zuge kommen. »Krieg, Krieg, bis zum Sieg«, hallte es über das ganze Land.

Die äußere Bedrohung bot zugleich Gelegenheit, nun auch den inneren Feind noch entschiedener zu bekämpfen. Dieser Kampf, der selbst die Gemäßigten innerhalb des islamischen Lagers nicht verschonte, trieb das Land an den Rand eines Bürgerkriegs. Täglich fanden Hunderte von Hinrichtungen statt. Staatsterror, Krieg und Widerstand erzeugten eine Atmosphäre unbeschreiblicher Angst.

Als die irakischen Streitkräfte ihren Blitzangriff gegen das Nachbarland starteten, vermochte kaum jemand vorauszusehen, dass dieser Angriff in einen achtjährigen Krieg münden würde. Dieser erste Golfkrieg war ein sinnloser Zermürbungskrieg, überladen mit Emotionen, eingehüllt in ideologischem Nebel, in islamischem Fundamentalismus, arabischem Nationalismus, in Märtyrertum und Vaterlandsverteidigung. Über die Zahl der Toten gibt es keine genauen Statistiken. Beide Regime gingen mit Menschenleben großzügig um. Schätzungen besagen, dass es auf beiden Seiten über eine Million Tote gegeben habe, darunter Zehntausende von Kindern, die auf iranischer Seite als Minenauslöser in der vordersten Reihe der Kriegsfront eingesetzt worden waren. Nach acht Jahren waren beide Länder völlig am Boden – und schlossen auf internationalen Druck hin einen Waffenstillstand.

Nach dem Krieg erweckte Iran den Eindruck eines großen Friedhofs. Es gab kaum eine Familie, die keine Opfer zu beklagen hatte, sei es durch den Krieg oder durch Folterungen und Hinrichtungen in den Gefängnissen. Noch am Ausgang des Krieges erreichte der Terror nach innen seinen Höhepunkt. Die Aktivitäten der oppositionellen Volksmodjahedin, ihre Terroranschläge im Inland und ihre Zusammenarbeit mit den irakischen Baathisten im Nachbarland ließ Chomeini mit einem Massenmord in den Gefängnissen beantworten. Ein von ihm ernanntes dreiköpfiges Gremium – bestehend aus dem klerikalen Richter Nayeri, dem Teheraner Staatsanwalt Eschraghi und dem Vertreter des Informationsministeriums Purmohammadi (heute Innenminister im Kabinett Ahmadinedschad) – erhielt den Auftrag, alle »Abtrünnigen« zu bestrafen. Den Feinden des Islam solle kein Erbarmen zuteil werden, heißt es in der Order. Das Gremium solle »revolutionäre Wut und Rache des islamischen Staates gegen diese Feinde richten und damit Gottes Zufriedenheit erlangen«. Der Befehl wurde gründlich ausgeführt. Gefangene, deren Frömmigkeit das Gremium bezweifelte, wurden in Prozessen, die nur wenige Minuten dauerten, zum Tode verurteilt und sofort hingerichtet. Auf diese Weise wurden innerhalb weniger Monate mehrere tausend Gefangene exekutiert. Der designierte Nachfolger Chomeinis, Ayatollah Montazeri, der diese Hinrichtungen kritisierte, fiel in Ungnade. Er erhielt Hausarrest und wurde jahrelang von der Außenwelt isoliert. (Erst 2003 wurde der Arrest aufgehoben. Heute zählt Montazeri zu den schärfsten Kritikern der herrschenden Macht.)

Chomeini wurde bewusst, dass die steigende Unzufriedenheit seinen Rückhalt im Volk erheblich geschwächt hatte. Kurz vor seinem Tod, 1989, versuchte er noch einmal, den Islam als Hebel der Mobilisierung einzusetzen. Mit dem Todesurteil gegen den indisch-britischen Schriftsteller Salman Rushdie appellierte er an das Volk, den Islam gegen die Welt der Ungläubigen, gegen das Verderben zu verteidigen. Aber die Mobilisierung wollte nicht mehr recht gelingen. Schon längst hatte die Mehrheit der Bevölkerung, die zu Beginn der Revolution fest hinter ihm gestanden hatte, den Glauben an ihn verloren. Selbst viele Gläubige aus dem islamischen Lager hatten ihm den Rücken gekehrt.

Chomeinis Erben

Als Chomeini starb, traten zwei Männer sein Erbe an: Ali Chamenei und Haschemi Rafsandschani; Chamenei wurde Revolutionsführer und Rafsandschani Staatspräsident. Über die Art und Weise, wie Chamenei das unerwartete Glück zuteil wurde, der erste Mann im Staat zu werden, gibt es unzählige Gerüchte. Chomeinis Testament, in dem er ihn zu seinem Nachfolger vorgeschlagen habe, sei gefälscht worden, wird erzählt. Oder Verschwörungen und Intrigen, verbunden mit geheimen Vereinbarungen, hätten zu dieser Machtaufteilung zwischen den beiden Männern geführt.

Derlei Spekulationen entzündeten sich vor allem an der Schwäche, am mangelnden Format Chameneis. Denn obwohl der Revolutionsführer, formal betrachtet, weitaus mehr Macht besitzt als der Staatspräsident, war Rafsandschani eindeutig der Stärkere, Profiliertere und auch Bekanntere von den beiden.

Ali Akbar Haschemi Rafsandschani, der im Volksmund die graue Eminenz genannt wird, war fast zwei Jahrzehnte lang neben und nach Chomeini wohl der mächtigste Mann im schiitischen Gottesstaat. Bis zur Wahl Chatamis im Jahre 1997 liefen fast alle Fäden bei ihm zusammen. Erst danach verlor er allmählich an Einfluss. Und doch kommt auch noch gegenwärtig kaum jemand an ihm vorbei.

Der Mann mit den kleinen, stechenden, schlauen Augen und dem spärlichen Bartwuchs ist der Einzige aus dem engsten Kreis um den verstorbenen Revolutionsführer Chomeini, der bis heute alle Gefahren und Machtkämpfe weitgehend ungeschoren überstanden hat. Und er selbst ist dabei alles andere als zimperlich gewesen. Als 1980 bei einem Sprengstoffattentat auf eine Versammlung der Islamischen Republikpartei fast neunzig Personen ums Leben kamen, darunter zahlreiche Parlamentsabgeordnete, Minister, Staatssekretäre, war Rafsandschani, Mitglied des Parteivorstands, wie durch ein Wunder unverletzt geblieben. Er hatte wenige Minuten vor der Detonation das Gebäude verlassen, ohne dafür später einen plausiblen Grund angeben zu können. Das gab Anlass zu zahlreichen Gerüchten und Spekulationen, denn bei dem Anschlag waren einige seiner wichtigsten Rivalen ums Leben gekommen. Auch mit zahlreichen anderen Mordattentaten im In- und Ausland wurde und wird sein Name immer wieder in Verbindung gebracht. Sogar der plötzliche Tod von Chomeinis Sohn Ahmad wird ihm angelastet. Und ein Berliner Gericht sah es als erwiesen an, dass er zu den Auftraggebern des Attentats von 1992 im Berliner Lokal Mykonos gehörte, bei dem vier iranische Dissidenten ermordet wurden. Seitdem hat er sich im europäischen Ausland nicht mehr blicken lassen.

Rafsandschani stammt aus der Provinz. Der stets mit weißem Turban und schwarzem Umhang auftretende Geistliche wurde im August 1934 in Bahreman, nahe der südiranischen, am Rand der Wüste gelegenen Stadt Rafsandschan geboren. Sein Vater baute dort auf eigenen Feldern Pistazien an. Unter seinen neun Geschwistern war er der Einzige, der sich der Theologie zuwandte. Ende der fünfziger Jahre zog er in die heilige Stadt Ghom und ging bei Ayatollah Chomeini in die Lehre. Als dieser 1964 verbannt und in den Irak abgeschoben wurde, schloss sich Rafsandschani einem Netz von religiösen Aktivisten an, um gegen das Schah-Regime zu kämpfen. Öffentlich aktenkundig wurde er erstmals bei seiner Verhaftung. Als er nach drei Jahren Haft entlassen wurde, setzte er seine Aktivitäten im Untergrund fort. Er war vorwiegend für die Beschaffung von Finanzmitteln zuständig und wurde deshalb »Chomeinis Bankier« genannt.

Nach Chomeinis Machtübernahme im Februar 1979 war er Mitglied des Revolutionsrats. Wenige Monate später wurde er Innenminister, danach Parlamentspräsident und während des Krieges gegen den Irak zugleich Beauftragter des Revolutionsführers für die Führung der Streitkräfte. Obwohl sich der Irak bereits nach sechs Monaten zu einem Waffenstillstand bereit zeigte, hatte er für die Fortsetzung des Krieges plädiert. 1989 wurde er mit 94,5 Prozent der Stimmen zum Staatspräsident gewählt, 1993 für weitere vier Jahre in seinem Amt bestätigt.

Rafsandschani hat es von vornherein verstanden, alle Schalthebel der Macht nach und nach mit ihm getreuen Gefolgsleuten zu besetzen. Auch wirtschaftlich konnte er beachtliche Erfolge erzielen. Der Geistliche, der nach eigenen Angaben bereits mit 14 Jahren den Entschluss gefasst hatte, in die heilige Stadt Ghom zu ziehen und nur noch Gott zu dienen, besitzt inzwischen ein Vermögen, das auf mehr als eine Milliarde Dollar geschätzt wird. Er ist der größte Pistazienexporteur Irans. Ihm und seiner Familie gehören mehrere Touristenzentren im In- und Ausland. Sein ältester Sohn Mohsen baut die Teheraner Untergrund-Bahn, sein zweiter Sohn Mehdi ist im Erdgas- und Erdölgeschäft, sein jüngster Sohn besitzt große Weideländer, seine beiden Töchter Faezeh und Fatemeh sind im In- und Ausland im Immobilienbereich tätig. Vettern und Kusinen, Neffen und Nichten besitzen bedeutende Anteile der inländischen Autoindustrie, des Exports von Pistazien und Zafran, des Imports von Fahrzeugen, Papier und Maschinen. Weite Teile des iranischen Schwarzmarkts werden vom Rafsandschani-Clan beherrscht.

Sein politischer Standort ist schwer auszumachen. Der gerissene Demagoge und gewiefte Taktiker lässt sich nie in die Karten schauen.

Er ist wie ein Fisch, der nicht zu greifen ist, ein Pragmatiker, wenn es um den Erhalt seiner eigenen Macht und die Durchsetzung der eigenen Interessen geht, ein fundamentalistischer Ideologe, wenn er seine Feinde bekämpft, und ein Reformer, wenn er seine Basis schwinden sieht. Er beschwört Krisen herauf, um anschließend als Retter seine Dienste anzubieten. Kurz, er ist überaus wendig. Während des iranisch-irakischen Krieges beispielsweise beschimpfte er die USA und Israel als große und kleine Teufel, hatte aber gleichzeitig gar kein Problem damit, mit denselben Teufeln Waffengeschäfte zu machen. Bei der so genannten Iran-Contra-Affäre, bei der die USA mit den Einnahmen aus geheimen Waffenverkäufen an den Iran die Contras in Nicaragua unterstützten, war er der wichtigste Partner Washingtons auf iranischer Seite.

Als sich die US-Regierung unter Bill Clinton um eine Normalisierung der Beziehungen bemühte und erste Kontakte zur Regierung Chatami zu knüpfen versuchte, schürte Rafsandschani wiederum durch Intrigen das Feuer der Feindschaft. »Die Amerikaner sind dumm«, sagte er. »Sonst würden sie mit jenen verhandeln, die in diesem Land das Sagen haben.« Anfang Februar 2005 antwortete er in einem Interview mit *USA Today* auf die Frage, ob er der einzige Politiker Irans sei, der die Konflikte mit den USA lösen könne: »Nicht der einzige, aber einer von den wenigen.«

Bei seiner Amtsübernahme hatte Rafsandschani vollmundig angekündigt, die Wirtschaft stärker zu privatisieren. Der Staat solle sich künftig auf langfristige Aufbauprojekte konzentrieren. Außenpolitisch wolle er die langjährige Isolation beenden und die Tore des Landes öffnen. Und auch in der Kulturpolitik werde er frischen Wind bringen und verkrustete Strukturen aufbrechen. Alle diese schönen Vorsätze blieben jedoch Makulatur. Nicht allein, weil er damit den Widerstand der Konservativen, deren Kreisen er selbst angehörte, provozierte. Ihm fehlte überhaupt der Mut zum Risiko. Sein Opportunismus, die Sorge um die eigene Zukunft, hinderten ihn daran, seine Einsichten und Erkenntnisse auch umzusetzen. Allen Bekundungen zur Privatisierung der staatlichen Unternehmen und zur Verkleinerung des Staatsapparats zum Trotz vergrößerte sich der Staatshaushalt in seiner ersten Amtsperiode um das Sechsfache, und die Zahl der beim Staat Beschäftigten kletterte von 1,1 Millionen auf 1,5 Millionen.

Auch die an Rafsandschani geknüpften Liberalisierungshoffnungen wurden enttäuscht. All seine Versprechungen, das Volk stärker an den politischen Entscheidungen teilhaben zu lassen, Berufsverbänden, Vereinen und politischen Organisationen mehr Handlungsfreiräume zu gewähren sowie die Zensur der Presse auf ein Mindestmaß zu reduzieren, blieben uneingelöst. Zwar waren zu Beginn seiner Amtszeit leichte Verbesserungen zu verzeichnen – so kam eine ganze Reihe von Wochen- und Monatszeitschriften neu auf den Markt, die rigorose Buchzensur wurde gelockert, und einige Kulturinstitute wurden eröffnet –, aber schon bald machte die Regierung wieder eine Kehrtwende: Die Staatsgewalt wurde gegen Andersdenkende reaktiviert, Terrorkommandos wurden zur Liquidierung von Oppositionellen im In- und Ausland eingesetzt. Zu den bekanntesten Opfern gehörte Schahpur Bachtiar, der letzte Regierungschef unter dem Schah. Er wurde in seiner Wohnung in Paris brutal ermordet.

Diese terroristischen Aktivitäten verbreiteten im Inland eine Atmosphäre der Angst, und außenpolitisch kamen sie einer Katastrophe gleich. Das Mykonos-Attentat beispielsweise, das nach Überzeugung eines Gerichts im Auftrag der iranischen Staatsführung durchgeführt worden war, führte zu einer kurzfristigen Stilllegung der diplomatischen Beziehungen sämtlicher EU-Staaten zum Iran. Da der Gottesstaat in seiner Gesamtheit längst noch nicht bereit war, die international gängigen Rechte und Gepflogenheiten zu akzeptieren, mussten alle Versuche der Regierung Rafsandschani, die außenpolitischen Beziehungen Irans zu normalisieren, nicht zuletzt um ausländische Investoren ins Land zu locken, scheitern. So blieb auch in der Ära Rafsandschani der islamische Gottesstaat international weitgehend isoliert.

Der einem gewissen Pragmatismus durchaus zugeneigte Rafsandschani stieß immer wieder an die Grenzen des von Chomeini mit seiner eigenen tätigen Mithilfe aufgebauten Gottesstaates, der für politisches Handeln nur äußerst enge Spielräume zulässt. Als Präsident hat er selbst hautnah erfahren, dass eine gewählte Regierung in der Islamischen Republik Iran nur dann agieren kann, wenn sie sich im Einklang mit den »eigentlichen« Machtzentren des Landes befindet, wenn sie sich der Herrschaft der Geistlichkeit unterwirft.

Die Herrschaft der Gottesmänner

Schon die Bezeichnung »Islamische Republik« markiert den Widerspruch, in dem der Gottesstaat von Beginn an verfangen war. Eine Republik basiert auf dem Willen des Volkes, ein islamischer Staat hingegen richtet sich nach den Worten Gottes im Koran, nach den Anweisungen des Propheten Mohammed und seiner Nachfolger, der Imame. Derselbe Widerspruch zeigt sich in der Verfassung der Islamischen Republik. Einerseits schreibt sie ein direkt vom Volk gewähltes Parlament, eine Direktwahl des Staatspräsidenten sowie Gewaltenteilung, das heißt zum Beispiel die Unabhängigkeit der Justiz, vor. Andererseits wird die Direktwahl dadurch eingeschränkt, dass ein »Wächterrat« über die Eignung der Kandidaten entscheiden und die Wahlen überwachen soll.

> Der Wächterrat
>
> Der Wächterrat, bestehend aus zwölf Mitgliedern, hatte ursprünglich die Aufgabe, die Übereinstimmung der vom Parlament verabschiedeten Gesetze mit den Grundsätzen des Islam zu prüfen. Jedes Gesetz bedurfte seiner Zustimmung. Damit war der Wächterrat in der Lage, sämtliche Beschlüsse des Parlaments zurückzuweisen. Inzwischen ist die Macht des Wächterrats noch erheblich ausgeweitet worden. Heute kann er auf jede Wahl direkt Einfluss nehmen, indem er befugt ist, die »Eignung« eines jeden Bewerbers zu überprüfen. Wer dieser Überprüfung nicht standhält, wird nicht zugelassen. Damit sind alle Wahlen in der Islamischen Republik nur mehr eine Farce. Der Wächterrat ist praktisch der verlängerte Arm des Revolutionsführers. Die Hälfte der Mitglieder dieses Gremiums ernennt er selbst, die sechs anderen werden vom Justizchef vorgeschlagen, der seinerseits direkt vom Revolutionsführer ernannt wird.

Und damit nicht genug. Die Verfassung hebelt sich selbst – und damit auch alle republikanischen Grundsätze – vollends dadurch aus, dass sie die absolute Herrschaft der Geistlichkeit, *welayat-e faghieh* genannt, über alle Gewalten stellt. Der erste Mann des Staates, der immer noch als »Revolutionsführer« bezeichnet wird, obwohl die Revolution mehr als ein Vierteljahrhundert zurückliegt, genießt die uneingeschränkte Macht. Er kann jedes vom Parlament verabschiedete Gesetz und jede Entscheidung der Regierung zurückweisen. Er ist damit über alle gewählten Instanzen weisungsbefugt.

Eine weitere wichtige Instanz ist der »Rat zur Feststellung der Interessen der Staatsordnung«, kurz *Schlichterrat* genannt. Auch die Mitglieder dieses Rates werden vom Revolutionsführer ernannt. Bis 2005 hatte der Schlichterrat die Aufgabe, bei Konflikten zwischen dem Parlament und dem Wächterrat zu vermitteln. Er konnte und kann aber auch – so absurd das klingt – selbst Gesetze erlassen, die lediglich der Zustimmung des Revolutionsführers bedürfen. Letztlich steht der Schlichterrat damit über dem Parlament, über der Regierung und über der Justiz, kann also nach Belieben jede Entscheidung dieser Instanzen revidieren.

Oberster Rat der Nationalen Sicherheit

In diesem 1989 gegründeten Rat ist fast die gesamte Staatsführung versammelt: Staatspräsident, Parlamentspräsident, Justizchef, die Oberkommandierenden der Streitkräfte und der Revolutionswächter, zwei Vertreter des Revolutionsführers, der Beauftragte der Regierung für Haushalt und Planung, Außenminister, Innenminister und Informationsminister. In diesem Kreis werden alle wichtigen innen- und außenpolitischen Fragen entschieden. So hat der Oberste Rat der Nationalen Sicherheit beispielsweise auch in allen Fragen der iranischen Atompolitik das letzte Wort.

Die Konzentration der Macht auf Instanzen, die nicht vom Volk gewählt, sondern von einem absoluten geistlichen Herrscher ernannt werden, zeigt, dass es sich bei der Islamischen Republik tatsächlich um eine Theokratie, einen Gottesstaat, handelt und dass die Bezeichnung »Republik« nichts als Blendwerk darstellt, das aber in Wahrheit niemanden mehr zu blenden imstande ist.

Der Widerspruch zwischen Schein und Sein, zwischen einer absolutistisch regierten, religiösen Despotie und einem aufgesetzten republikanischen Gehabe nagt seit Bestehen der Islamischen Republik an der Substanz des Staates. Das Ergebnis ist nicht nur eine große Spaltung zwischen der Staatsführung und der Bevölkerung, sondern auch eine zunehmende Zersplitterung innerhalb des islamischen Lagers.

Expertenversammlung
Dieses Gremium, dessen 86 Mitglieder ausschließlich Geistliche sind, ist für die Wahl und Abwahl des Revolutionsführers zuständig. Die Expertenversammlung wird zwar formal alle acht Jahre vom Volk gewählt, doch können sich nur Bewerber zur Wahl stellen, die entweder vom Revolutionsführer vorgeschlagen werden oder die Eignungsprüfung durch den Wächterrat erfolgreich bestanden haben. Da es unter diesen Umständen kaum vorstellbar ist, dass der Revolutionsführer vor seinem natürlichen Tod abgesetzt wird, wird diesem Gremium nur wenig Aufmerksamkeit geschenkt.

Zu den wichtigsten Merkmalen des Gottesstaates gehört, dass er mit seiner Gründung die Gesellschaft praktisch dauerhaft in zwei Lager teilte. Auf der einen Seite befand sich nun das islamische Lager und auf der anderen Seite der Rest der Gesellschaft – Liberale, Linke, Nationalisten, religiöse und ethnische Minderheiten. Zwischen diesen Lagern gibt es bis heute eine dicke, undurchlässige Mauer. Man spricht ganz offiziell von den »Eigenen«, womit das islamische Lager gemeint ist, und den »Nichteigenen«. Die »Eigenen« sind all jene, die durch ihre familiäre, kulturelle und geistige Herkunft sowie durch ihr Verhalten, ihre Äußerungen und Ansichten belegen können, dass sie an das System des *welayat-e faghieh*, an die absolute Herrschaft der Geistlichkeit glauben. Die »Nichteigenen« bleiben aus dieser Gemeinschaft und damit auch von allen wichtigen Funktionen ausgeschlossen. Es ist undenkbar, dass jemand, der nicht zum islamischen Lager gehört, einen Ministerposten übernimmt oder als Abgeordneter ins Parlament gewählt wird.

Allerdings gibt es auch innerhalb des islamischen Lagers, innerhalb dieser geschlossenen Gesellschaft, wiederum einen erstaunlichen Pluralismus. Das Lager umfasst eine Vielfalt von politischen und geistigen Strömungen, die miteinander rivalisieren und sich zum Teil aufs Bitterste bekämpfen. Lebhafte Parlamentsdebatten sowie eine Unzahl von Zeitungen, Zeitschriften und Websites zeugen von dieser erstaunlichen Vielfalt, die eine Streitkultur hervorgebracht hat, wie sie zu Zeiten des Schahs undenkbar gewesen wäre. Darauf verweisen die Islamisten auch gern, wenn der Islamischen Republik eine Missachtung des Rechts auf freie Meinungsäußerung attestiert wird. Tatsächlich kann dieses Recht aber nur von den

»Eigenen« in Anspruch genommen werden – und letztlich auch nur von denjenigen in den Reihen der »Eigenen«, die über eine ausreichend starke Position verfügen.

Ein Grund für diese komplizierte Heterogenität der Macht liegt sicherlich darin, dass die neue Staatsführung nicht aus einem Militärputsch, sondern aus einer Revolution hervorgegangen ist. Es wäre kaum möglich gewesen, alle Kräfte und Gruppen, die an dem Volksaufstand gegen die Diktatur beteiligt gewesen waren, sogleich in die Schranken zu weisen, schon gar nicht solche Kräfte, die sich zum islamischen Lager zählten. Zwar setzte mit der Zeit eine zunehmende Ausgrenzung ein – vor allem der nicht-islamistischen Bevölkerungsteile. Dennoch blieb die Heterogenität innerhalb des islamischen Lagers bis in die jüngste Vergangenheit erhalten. Erst seit kurzem streben die neuen Radikalislamisten eine Monopolisierung der Macht an.

Die schiitische Tradition

Die komplexen und verzwickten Machtkonstellationen sind aber zweifellos auch in der Tradition des Schiismus begründet. Bis zur Ausrufung der Islamischen Republik war der schiitische Islam gleichsam basisdemokratisch organisiert. Wer Geistlicher werden wollte, musste *talaba* (Forscher, Sucher) werden und sich anschließend den Gläubigen stellen. Zunächst besuchte man als Talaba mehrere Jahre eine *howzeh elmiyeh*, eine theologische Hochschule, und durchlief dort verschiedene Stufen und Disziplinen des Studiums. Eine Aufnahmeprüfung gab es ebenso wenig wie Zwischenprüfungen, eine Abschlussprüfung oder gar ein Diplom.

Das Studium begann mit dem Erlernen der klassischen arabischen Grammatik und Syntax – also der Schriftsprache, wie sie zu Zeiten Mohammeds benutzt wurde – sowie dem Lesen und Schreiben von einfachen Texten. Von Beginn an gingen lernen und lehren ineinander über. Was der Student in einem Semester lernte, konnte und sollte er im nächsten Semester selbst lehren. Er kündigte, wie alle anderen Schriftgelehrten, einen Kurs an, den er an einem beliebigen Ort abhalten konnte – in der Moschee, an irgendeiner Schule oder manchmal sogar an der Ecke einer ruhigen Straße. Wenn ein unbekannter Talaba einen Kurs anbot, begaben sich ein paar Neugierige in seinen Unterricht. Befanden sie ihn für gut, blieben sie, andernfalls wurde der Kurs wegen Mangel an Besuchern eingestellt. Dieses System ersetzte die Prüfungen.

Die erste Stufe des Studiums, *moghaddamat* (Vorbereitungen) genannt, dauerte gewöhnlich fünf bis zehn Jahre. In der zweiten Stufe, *sat'h* (Oberfläche), erhielten die Studenten dann an Hand von klassischen Texten grundlegende Kenntnisse in *fegh* (Rechtslehre) und *osul* (Prinzipien). In der dritten Stufe schließlich, *charej* (außen), die von unbegrenzter Dauer war, wurden der Koran und die religiösen Überlieferungen interpretiert. Hierbei wurden keine Bücher mehr benutzt, auch keine Manuskripte. Das war nicht Vorschrift, sondern Ehrensache. Die Studenten waren geradezu aufgefordert, die Ansichten ihrer Lehrer – oftmals berühmte Ayatollahs – zu kritisieren, und je gründlicher und schärfer sie dies taten, desto mehr gewannen sie an Ansehen. Die Diskussionen wurden manchmal so heftig geführt, dass sie in böse Beschimpfungen und Flüche ausarteten. Da keine Prüfungen stattfanden und der Lehrer keine Noten vergeben konnte, war er gezwungen, seine Autorität durch bessere Argumente und größeres Wissen unter Beweis zu stellen. Niemand besaß hier eine Macht qua Amt oder Rang.

Das ganze System der theologischen Hochschule beruhte auf Freiheit und Freiwilligkeit. Die einzigen Kontrollinstanzen waren die Lehrer, die Studenten selbst und die Gläubigen. Der Staat hatte hier keinerlei Einfluss. Finanziert wurden die Hochschulen durch religiöse Abgaben, zu denen jeder Gläubige nach dem Koran verpflichtet ist – jeder Muslim soll ein Fünftel seines Einkommens zur Unterstützung der Armen, der Nachkommen des Propheten und zur Unterhaltung religiöser Einrichtungen zur Verfügung stellen. Den entsprechenden Betrag erhielt ein von den Gläubigen ausgewählter Geistlicher, ein *marja-e-taghli* (wörtlich: Quell der Nachahmung). Was dieser mit dem ihm anvertrauten Geld anstellte, wem es zugute kam, war allein dem jeweiligen Geistlichen überlassen. Eine staatliche oder private Kontrolle darüber gab es nicht.

Auch für die religiöse Rangordnung gab es keine festgelegten Bestimmungen. Über Rang und Einfluss eines Schriftgelehrten entschieden ausschließlich die Gläubigen. Weder gab es eine Zentralinstanz, wie den Papst in der katholischen Kirche, noch irgendwelche Zwischeninstanzen oder Institutionen.

Seit dem Verschwinden des 12. Imam, des letzten legitimen Nachfolgers Mohammeds, und dem Tod seiner vier Stellvertreter, die nacheinander noch weitere siebzig Jahre die Schiiten als Oberhaupt regierten – der letzte starb im Jahr 940 –, sollte es bis zur prophezeiten Rückkehr des verborgenen Imam Mahdi[2] keine weiteren Führer mehr geben. Jeder Schriftgelehrte, jeder, der glaubte, genügend Kenntnisse über den Koran zu besitzen, gleichgültig, ob er eine entsprechende Ausbildung vorweisen konnte oder nicht, durfte

Wie wird man Ayatollah?

Jedes Jahr wurden die theologischen Schulen für einige Monate geschlossen, vor allem während des Trauermonats Moharram, in dem der islamischen Märtyrer gedacht wird. Während dieser Zeit hatten sich die Mullahs gewissermaßen praktisch zu bewähren – jeder Prediger wird *mullah* oder *achund* genannt. Die älteren und bekannteren unter ihnen hatten ihren festen Sitz in einer der großen Städte, die Jüngeren zogen zunächst in die Residenz der Großayatollahs oder warteten in den Schulen, bis sie von Dorfbewohnern eingeladen wurden, für sie zu predigen und sich um ihre Angelegenheiten zu kümmern. Diejenigen Mullahs, die die Dorfbewohner zufrieden stellten, wurden gebeten, im nächsten Jahr wieder zu kommen. Andere mussten auf neue Einladungen warten. Wer begehrt war, stieg schließlich in den Rang eines Stadtpredigers auf. Bis dahin trug er den Titel *saghat al eslam* oder *hojjat al eslam*. Wurde er in einer Stadt bekannt und wurden seine Ansichten von einer größeren Anzahl von Gläubigen geteilt, dann wurde er nach und nach von immer mehr Gläubigen mit dem Titel *ayatollah* versehen.

[2] Mahdi (wörtlich »der Rechtgeleitete«) ist im schiitischen Islam der von den Gläubigen erwartete Imam, der vor dem Jüngsten Gericht das Recht wiederherstellt und die Gemeinschaft bis zum Anbruch der Endzeit anführt. Da die Identität des Mahdi nicht eindeutig bestimmt ist, wurden immer wieder Imame in der Nachfolge Mohammeds zum Mahdi erklärt – so z. B. der 12. Imam, dessen Tod viele seiner Anhänger in Zweifel zogen; er sei nicht gestorben, sondern lediglich »entrückt«, verschwunden, hielte sich im Verborgenen auf, um am Ende der Zeiten als Heilsstifter zurückzukehren.

um Gläubige werben, ihnen die Worte des Propheten erklären und den rechten Weg weisen. Über seine Glaubwürdigkeit, seine Kompetenz und das Ausmaß seiner Autorität entschieden allein die Gläubigen.

Trotz aller Egalität gab es dennoch so etwas wie eine informelle Rangordnung. In der ersten Zeit nach den zwölf Imamen hatten sämtliche Geistliche nur einen einzigen Titel: *saghat al eslam* (Vertrauter des Islam). Dies war die unterste Stufe in der Hierarchie der Geistlichkeit. Danach folgten *hojjat al eslam* (Beweis des Islam), ayatollah (Zeichen Gottes) und *ayatolla ozma* (größtes Zeichen Gottes). Die Entscheidung darüber, wer welchen Titel tragen darf, wurde aber von keiner Institution gefällt. Auch untereinander ordneten sich die Mullahs nicht hierarchisch ein, sie nannten sich alle gegenseitig *hojjat al eslam.* Es waren stets die Gläubigen, die einem Geistlichen den ihm gebührenden Titel zuwiesen.

Selbstverständlich gab es unter den Mullahs, vor allem unter den Ayatollahs, immer auch Rivalitäten, insbesondere wenn sie in derselben Stadt residierten. Sie konkurrierten um die Gunst der Gläubigen, denn je mehr Anhänger ein Ayatollah fand, desto mehr Abgaben erhielt er, und desto mehr Schüler, Arme und Hilfsbedürftige waren auf seine Unterstützung angewiesen. Für die Gläubigen war das Urteil »ihres« Ayatollahs entscheidend. Waren sie mit seinen Stellungnahmen nicht einverstanden, war ihnen freigestellt, eine andere »Instanz« zu suchen. Ein Ayatollah, der sich zu wenig um die Angelegenheiten seiner Nachahmer kümmerte, in wichtigen Fragen falsche Entscheidungen traf oder sich politisch zu sehr an der herrschenden Macht orientierte, konnte leicht Schiffbruch erleiden.

Dieses System, das man als basisdemokratisch bezeichnen könnte, machte ein institutionelles Arrangement des Schiismus mit der politischen Macht schwierig. »Unordnung ist unsere Ordnung« – so beschrieb der bekannte Schriftgelehrte Seyed Abolhassan Esfahani einmal das für ihn auffälligste Merkmal des Schiismus. Zwar gab es immer einzelne oder Gruppen von Schriftgelehrten, die mit der herrschenden Macht zusammenarbeiteten, aber ebenso welche, die sich in Opposition befanden oder sich neutral verhielten. Da es keine einheitlich geschlossene Institution wie die Kirche gab, konnte auch die Position zur herrschenden Macht nicht zentral festgelegt werden. Darüber hinaus ist jede staatliche Macht für die Schiiten eine unrechtmäßige Okkupation, die mit der Wiederkehr des verborgenen Imam Mahdi sofort aufzuheben ist.

Dieses System blieb bis zur Gründung der Islamischen Republik bestehen. Erst Chomeinis Anspruch auf die weltliche Macht und die Einführung des Systems der Herrschaft der Geistlichkeit hat die Tradition in Frage gestellt und unter Geistlichen und Gläubigen zu scharfen Kontroversen geführt. Chomeini vermochte sich jedoch durchzusetzen und konnte zumindest mit Teilen der Geistlichkeit einen Kompromiss schließen. Danach wurden die theologischen Hochschulen unter die Kontrolle eines staatlichen Gremiums von Geistlichen gestellt.

Sieht man von einzelnen Großayatollahs ab, die Chomeini und sein Nachfolger nicht integrieren konnten, sind inzwischen nahezu sämtliche religiöse Einrichtungen praktisch verstaatlicht worden, sodass Staat und Religion nicht nur ideologisch, sondern auch institutionell eine Einheit bilden und das alte, »basisdemokratische« System nicht mehr existent ist. Die Ausbildung ist nun genau geregelt, es gibt Prüfungen, und in der Berufsausübung werden Geistliche wie staatliche Angestellte behandelt. Wer sich weigert und auf seiner Selbständigkeit besteht, bekommt keine Arbeit und kein Geld. Wer sich hingegen dem Staat gegenüber loyal verhält, erhält Privilegien. Zahlreiche Stellen in der Regierung, in der staatlichen Verwaltung, in der Justiz, an Schulen, Universitäten und im Kulturbetrieb, sogar beim Militär und bei der Polizei sind inzwischen von Geistlichen besetzt.

Trotz dieses gewaltsamen Bruchs mit der Tradition und der erfolgten Verstaatlichung der religiösen Einrichtungen hat aber das alte System auch in der Islamischen Republik deutliche Spuren hinterlassen. Und diese Spuren haben dazu geführt, dass der Gottesstaat erhebliche Unterschiede zu »normalen«, zentralistisch geführten Diktaturen, wie der Schah-Diktatur oder den Diktaturen Lateinamerikas, aufweist. Dieser Staat hat seine Macht nie richtig etablieren können, obwohl er über genügend Organe verfügt, die die Staatsgewalt ausüben, und obwohl es ihm gelungen ist, die organisierte Opposition so gut wie vollständig auszuschalten. Die Instabilität des Iran rührt daher, dass es innerhalb der Staatsordnung verschiedene Machtzentren gibt, die miteinander rivalisieren und sich gegenseitig blockieren. Selbst der Revolutionsführer, der laut Verfassung mit nahezu unbegrenzter Macht ausgestattet ist, kann nicht allein über diese Macht verfügen.

Verdeckte Machtzentren

Neben den staatlichen Instanzen wird die Islamische Republik zum einen von mächtigen Stiftungen getragen, die einen großen Teil der iranischen Wirtschaft kontrollieren, und zum anderen von politisch-ideologischen Organisationen, die auf politische Entscheidungen Einfluss nehmen können. Die so genannten Stiftungen lassen sich mit denen in Europa nicht vergleichen. Sie bekommen Spenden sowie staatliche Gelder, erfüllen mehr oder weniger ihren sozialen Auftrag, betreiben aber gleichzeitig vielfältige Geschäfte, ohne für die dabei erzielten Gewinne Steuern abzuführen. Eine Kontrolle findet nicht statt. Die politische Macht steht hier ganz im Zeichen wirtschaftlicher Interessen.

Die politisch-ideologischen Organisationen wiederum sind ebenfalls eine nicht zu unterschätzende, zumeist staatstragende Macht. Politische Parteien im klassischen Sinne gibt es im Iran nicht, auch wenn manche Organisationen sich als Partei bezeichnen. Die einzige Partei in der neueren Geschichte Irans, die diese Bezeichnung verdiente, war die kommunistische *Tudeh*-Partei, die nach dem Vorbild kommunistischer Parteien in der ganzen Welt zentralistisch und hierarchisch organisiert war. Ansonsten gab und gibt es wechselnde Fronten, Bündnisse oder politische Gruppen, aber keine programmatisch konturierte und transparent organisierte Partei.

Kämpfende Geistlichkeit
Unter diesem Namen versammeln sich traditionell orientierte, konservative Geistliche. Diese Organisation bildete vor allem in den ersten zwei Jahrzehnten nach der Revolution eines der mächtigsten Machtzentren des Landes. Seit dem Vormarsch der radikalen Fundamentalisten hat sie zwar als Gruppe an Einfluss verloren, aber einzelne Mitglieder, die zum Teil auch dem Revolutionsführer nahe stehen, verfügen bis heute über eine beachtliche Hausmacht – wie zum Beispiel der frühere Staatspräsident und jetzige Chef des »Schlichtungsrats« Ali Akbar Haschemi Rafsandschani oder der frühere Parlamentspräsident Nategh Nuri.

Politische Organisationen außerhalb des islamischen Lagers existieren nicht mehr. In den ersten Jahren der Revolution wurden sämtliche Oppositionsgruppen liquidiert und ihre aktiven Mitglieder hingerichtet – sofern sie nicht ins Ausland geflüchtet waren. Die einzige Organisation, die am Rande der Legalität existiert und, obwohl sie sich zur Verfassung der Islamischen Republik bekennt, als oppositionell eingestuft wird, ist die vom ehemaligen Ministerpräsidenten Mehdi Bazargan gegründete *Nehzat-e Azadi* (Freiheitsbewegung). Der inzwischen verstorbene Bazargan strebte einen liberalen islamischen Staat an, eine »Demokratische Islamische Republik«. Die Freiheitsbewegung wird nun angeführt vom damaligen Außenminister der Regierung Bazargan, Ebrahim Yazdi, sie hat aber keinerlei Einfluss auf politische Entscheidungen. Ihre Kandidaten zu den Parlamentswahlen wurden stets vom Wächterrat als ungeeignet zurückgewiesen, und auch außerhalb des islamischen Lagers verfügt sie nur über wenig Rückhalt.

Versammlung Kämpfender Geistlicher
Hierbei handelt es sich um eine linke Abspaltung von den *Kämpfenden Geistlichen*. Mit dem Versprechen, den Gottesstaat zu reformieren und zu liberalisieren, gelang es dieser Gruppe Mitte der neunziger Jahre, gemeinsam mit anderen reformwilligen Organisationen, nennenswerte Bevölkerungsteile zu mobilisieren und überraschend aus den Präsidentschaftswahlen 1997 als Sieger hervorzugehen. Diese Wahl leitete die achtjährige Regierungszeit Chatamis ein. Auch Mehdi Karrubi, der frühere Parlamentspräsident, gehört dieser Gruppe an.

Die großen Stiftungen bilden neben einigen islamistischen Vereinigungen das von außen schwer einseh- und einschätzbare Machtzentrum des Landes. Die erste Stiftung, die kurz nach der Machtübernahme der Mullahs gegründet wurde, war *bonyad-e mostazafan* (Stiftung für Arme und Hilfsbedürftige). Sie steht unter direkter Aufsicht des Revolutionsführers und ist nur ihm gegenüber rechenschaftspflichtig. Ihr Stiftungskapital stammt aus den enteigneten Vermögen der Schahfamilie und ihres engsten Umfeldes. Die Stiftung verfügt über zahlreiche Produktionseinheiten, Kultureinrichtungen, Bau- und Dienstleistungsfirmen, darunter rund 1.500 größere Unternehmen mit 700.000 Arbeitern und Angestellten.

Die wohl reichste und mächtigste Stiftung im Land ist die *Astan-e Ghods-e Razawi* (Weggefährten des Heiligen Reza). Sie verwaltet alle Güter, die für den Heiligen Imam Reza, den achten Nachfolger des Propheten Ali, gestiftet werden, und gleicht einem Wirtschaftsimperium. Sie ist bei weitem die größte Grundbesitzerin des Iran. Bereits 1993 wurde ihr Grund- und Bodenbesitz auf 7.515 Quadratkilometer geschätzt; das ist etwa die dreifache Fläche des Saarlands. Mehr als 90 Prozent der landwirtschaftlichen Nutzfläche der Provinz Chorasan befindet sich im Besitz der Stiftung. Der Wert dieses Grundbesitzes wird auf 20 Milliarden Dollar geschätzt.

Der Leiter dieser Stiftung, Ayatollah Abbas Waez-e Tabasi, wurde vom Revolutionsführer ernannt. Er ist zugleich der Beauftragte des Revolutionsführers für die Provinz Chorasan und Mitglied der Expertenversammlung. Damit gehört er zu den einflussreichsten grauen Eminenzen des Gottesstaates. Manche politische Beobachter sind der Meinung, dass Tabasis Einfluss sogar den des Revolutionsführers übersteigt.

Hezb-e motalefeh-e eslami (Partei der islamischen Koalition)
Der Ursprung dieser extrem rechten Gruppierung geht auf eine iranische Abzweigung der Muslimbrüder zurück. Diese Abzweigung, die sich den Namen *fedaijan-e eslam* (bereit, sich für den Islam zu opfern) gegeben hatte, war durch zahlreiche Attentate gegen hohe Amtsträger des Schah-Regimes berühmt geworden. Vier Ministerpräsidenten, ein Minister und der populäre Publizist Ahmad Kasrawi waren solchen Anschlägen zum Opfer gefallen. 1963 schloss ein Teil dieser terroristischen Vereinigung mit einer islamistischen Gruppe ein Bündnis und gründete die »Partei der islamischen Koalition«. Auch diese Koalition setzte neben ihrer Propagandatätigkeit für die Rückkehr »zum wahren Islam« die Attentate fort. Zumindest der Mord an Ministerpräsidenten Ali Mansur geht auf ihre Rechnung. Seit der Gründung der Islamischen Republik bildet sie eines der wichtigsten Machtzentren des Gottesstaats, und sie verfügt über paramilitärische Organisationen, die bei der Bekämpfung von Oppositionellen eingesetzt werden.

Die religiösen Stiftungen im Iran, vor allem die größten unter ihnen, ähneln sizilianischen Mafia-Organisationen. Sie verfügen jeweils über gigantische Unternehmen, beherrschen den Markt, insbesondere den Schwarzmarkt, der innerhalb der iranischen Wirtschaft eine wichtige Rolle spielt. Teile der Grenz- und Hafenanlagen werden von ihnen kontrolliert, sodass sie Unmengen von Schmuggelwaren zollfrei auf den iranischen Markt bringen oder aus dem Iran ins Ausland schmuggeln können. Auch am Ölgeschäft, am Waffenimport und am Drogenhandel sind sie beteiligt. Dieser starken wirtschaftlichen Position entspricht ihr Einfluss in der Politik. Sie sitzen an den Schalthebeln der Macht und sind an wichtigen Entscheidungen stets beteiligt. Sie besitzen eigene Schlägertruppen, paramilitärische Organisationen und Geheimdienste. Ideologisch stehen sie auf Seiten der Konservativen und sind gegen jede Art von Reform. Das hindert sie jedoch nicht daran, untereinander zu konkurrieren und mit erlaubten wie unerlaubten Mitteln gegeneinander zu kämpfen.

Die Verquickung von geistlicher, politischer und ökonomischer Macht im Iran ist weit fortgeschritten und kulminiert in einer Gruppierung, in der sich viele Geistliche versammeln, die ansonsten in unterschiedlichen Stiftungen oder Organisationen aktiv sind. Es handelt sich um das »*Zentrale Sekretariat der Freitagsprediger*«, das unmittelbar dem Revolutionsführer untersteht. Hier werden für das Freitagsgebet, bei dem sich die Massen der Gläubigen Woche für Woche in jeder Stadt und in jedem Dorf versammeln, die zu verkündenden Botschaften festgelegt. Das »Sekretariat« hat also eine direkt mobilisierende Funktion. Beim Freitagsgebet werden die Richtlinien der Außen- und Innenpolitik, der Kultur- und Sozialpolitik verkündet sowie zu aktuellen Fragen, wie zum Beispiel dem Atomkonflikt, Stellung genommen. Selten wagt ein Politiker von diesen Richtlinien abzuweichen. Deshalb gehören Prediger, vor allem in der Hauptstadt, zu den einflussreichsten Geistlichen im Gottesstaat.

Politik und Islam

Die politisch gegenwärtig bedeutsamste Gruppierung bilden die so genannten *abadgaran* (die Aufbauenden), eine Untergruppe der sich vor rund zehn Jahren gegründeten *djamiat-e isargaran* (Vereinigung der Opferbereiten). Diese Organisation hatte sich unmittelbar nach dem Wahlsieg Chatamis, als Reaktion auf das Erstarken der Reformkräfte, im Jahre 1997 formiert. Neben dem ideologisch-religiösen Kampf führen die »Opferbereiten« auch dezidiert einen Generationenkampf und versuchen, die jüngeren Glaubenskrieger gegen die grauen Eminenzen, die sie nicht zu Unrecht als korrupt, machtgierig und verdorben bezeichnen, zu mobilisieren. Bei den letzten Parlamentswahlen im Jahr 2004 konnte die Vereinigung die Mehrheit der Sitze erobern. Nach Angaben der Tageszeitung Schargh gehören neunzig Abgeordnete dieser Gruppe an, fünfzig weitere zählen zu ihren Sympathisanten.

Als Untergruppe dieser Vereinigung ist im Zuge der Kommunalwahlen von 2003 erstmals die *Etelaf-e abadgaran* (Koalition der Aufbauenden) aufgetreten und konnte auf Anhieb sämtliche Sitze im Teheraner Stadtrat erobern. Der Grund für diesen überraschenden Wahlsieg lag in der äußerst niedrigen Wahlbeteiligung der von den Reformern enttäuschten Wähler. Nach ihrem Sieg, der auch zur Wahl Ahmadinedschads zum Teheraner Bürgermeister führte, erhielten die Abadgaran großen Zulauf, sodass sie auch bei den Parlamentswahlen im darauf folgenden Jahr den Sieg davontragen konnte. Und im Juli 2005 schließlich konnten sie ihren Kandidaten, Mahmud Ahmadinedschad, zum Gewinn bei den Präsidentschaftswahlen verhelfen.

Die Gruppe rekrutiert sich hauptsächlich aus Revolutionswächtern, Mitgliedern der Geheimdienste und der Basidji-Milizen. Entsprechend wird sie im Volksmund auch »Garnisonen-Partei« genannt. Inzwischen zählen aber auch immer mehr Akademiker zu ihren Mitgliedern, zumeist islamistisch orientierte Techniker und Ingenieure, die sich durch ihre Mitgliedschaft in der mächtig gewordenen Organisation Karrierevorteile erhoffen. Tatsächlich hat Ahmadinedschad nach seiner Machtübernahme im August 2005 nahezu sämtliche hohe Posten in Regierung und Staatsverwaltung mit Mitgliedern und Sympathisanten dieser Gruppe neu besetzt.

Was Abadgaran insgesamt von anderen konservativen, auch radikalen Islamisten ideologisch unterscheidet, ist die unbedingte Überzeugung, dass der verborgene Imam Mahdi bald zurückkehren, einen islamischen Weltstaat errichten und überall auf Erden für Gerechtigkeit sorgen wird. Und um diese Rückkehr vorzubereiten, müsse der gegenwärtige islamische Staat von allem, was unislamisch ist, gereinigt werden. Unter der Parole »Ein Islam, ein Staat, ein Führer« verfolgt die Gruppe das Ziel, alles Republikanische, eben alle verderblichen Einflüsse der westlichen Dekadenz, sowohl aus der Verfassung als auch aus der Staatsordnung zu entfernen. Daher benutzen die Abadgaran statt der offiziellen Bezeichnung »Islamische Republik« immer nur den Begriff »Islamischer Staat«. Davon lässt sich nicht einmal Regierungschef Ahmadinedschad abbringen, der nach dem Revolutionsführer der zweite Repräsentant des Staates ist.

Auffallend ist, dass die »Opferbereiten« und ihre Untergruppierungen zwar entschieden die Rückkehr zu den Gründungszeiten des Gottesstaates und zu den Ideen Chomeinis anstreben, dass sie sich aber zugleich – wenn auch nicht ganz offen, so doch für jedermann spürbar – gegen die Macht der Geistlichen richten. Die einzige Ausnahme bildet der Revolutionsführer, dessen Macht uneingeschränkt und unantastbar bleiben soll. Aber seit Ahmadinedschads Amtsübernahme ist zu beobachten, dass die Mullahs aus vielen Staatsämtern verdrängt werden und zunehmend an Einfluss verlieren. Noch ist nicht abzusehen, welche Folgen diese Art der »Säkularisierung« für den Gottesstaat haben wird.

Was wir im Iran zurzeit beobachten können, ist nicht nur ein Kampf um den rechten Glauben – wie es ihn seit Bestehen der Islamischen Republik gibt –, sondern auch ein Kampf der Generationen. Bis in die jüngste Vergangenheit hatten die Angehörigen jener Generation den Ton angegeben, die zur Zeit der Revolution zu den engsten Kampfgefährten Chomeinis gehört hatten. Diese Männer (Frauen von Rang und Namen sind nicht dabei) haben inzwischen ein hohes Alter erreicht. Sie sind reich und sesshaft und mit wachsendem Alter zumeist moderater geworden.

Nicht so die Generationen nach ihnen. Während die Älteren an den Schalthebeln der Macht saßen und immer mehr Reichtum für sich anhäuften, mussten die Jüngeren die Hauptlast tragen. Sie waren diejenigen, die zu Beginn der Revolution die Demonstrationen und Kundgebungen organisierten, diejenigen, die während des achtjährigen Krieges gegen den Irak an vorderster Front kämpften, diejenigen, die sich um die Niederschlagung oppositioneller Gruppen kümmerten – mit einem Wort, sie waren diejenigen, die die Drecksarbeit verrichteten, während die älteren Herren die Früchte ernteten. Als nun die Reformer zunächst 1997 die Präsidentschaftswahl und im Jahr 2000 die Parlamentswahlen gewannen, war es mit der

Duldsamkeit der Jüngeren zu Ende. Sie sahen ihre Ideale verletzt und fühlten sich von jenen Herren, an die sie geglaubt und denen sie gedient hatten, betrogen. Also beschlossen sie, eigene Organisationen zu gründen und die Ideale der Revolution neu zu beleben.

Als Vorbild diente ihnen die *Hezbollah* (Partei Gottes), die im Zuge der Revolution gegründet worden war. Diese Organisation hatte sich die totale Islamisierung der Gesellschaft zur Aufgabe gemacht. Ihre Schlägertruppen setzten Kultureinrichtungen, Verlage, Buchhandlungen, denen sie Verwestlichung vorwarfen, in Brand, sie zwangen Frauen zu islamischer Kleidung und machten Jagd auf alle Oppositionellen.

Auch die neuen Zusammenschlüsse, wie die Abadgaran, halten die Anwendung von Gewalt gegen »verderbliche Elemente« für gerecht und unverzichtbar. Zu ihren Glaubenssätzen gehört: »Sieg durch Verbreitung von Angst«. Sie treten für eine staatlich geführte Wirtschaft ein, predigen Feindschaft gegen den Westen, insbesondere gegen die USA und Israel, und möchten die islamische Revolution auch in andere Länder exportieren. Bei den letzten Präsidentschaftswahlen warben alle diese Gruppen für Ahmadinedschad, betonten jedoch ihre politische und organisatorische Unabhängigkeit. Bei den Unruhen wegen des so genannten Karikaturenstreits gehörten sie zu den Initiatoren.

Die Eminenz in Ghom

Das ideologische Haupt dieser neueren Gruppierungen, das zugleich als Ziehvater Ahmadinedschads gilt, ist Ayatollah Mesbah Yazdi. Er stammt aus der berühmt-berüchtigten *Haghani*-Schule, die bereits vor der Revolution als eine tragende Säule des islamischen Fundamentalismus wirkte. Ihre Mission war es, den traditionellen Islam zu pflegen und ihn vor Erneuerungsversuchen zu schützen. Viele Angehörige dieser Schule haben nach der Revolution in der Islamischen Republik Schlüsselpositionen übernommen. Auch einige Mitglieder der Regierung Ahmadinedschads sind daraus hervorgegangen.

Heute hat Yazdi seinen Sitz in der heiligen Stadt Ghom und ist Leiter des Lehr- und Forschungsinstituts *Imam Chomeini.* Dieses aus Staatsgeldern finanzierte Institut bildet das ideologische Zentrum der Radikalislamisten. Viele Beobachter im Iran vertreten die Ansicht, dass Ahmadinedschad und die meisten seiner Regierungsmitglieder Marionetten seien, deren Fäden bei Yazdi zusammenlaufen. Der Regierungschef wurde sogar schon mehrfach im Parlament kritisiert, weil er zu oft, fast jede Woche einmal, nach Ghom pilgere, um Yazdi zu treffen.

Ayatollah Yazdi ist der vielleicht radikalste Verfechter eines reinen, von republikanischen Elementen gesäuberten Gottesstaates. Während einer Predigt in Ghom erklärte er: »Die Republik ist nur eine Schale, die damals bei der Gründung der Islamischen Republik in die Bezeichnung des neuen Staates aufgenommen wurde. Diese Schale ist nicht echt, sie ist bar jeden Inhalts.« Der geistliche Herrscher könne dem Volk befehlen, eine bestimmte Person zum Staatspräsidenten zu wählen. Entscheidend sei nur sein Wille, nicht der Wille des Volkes.

Nur die islamische Staatsordnung, so Yazdi, sei vollkommen, sie beinhalte die Unabhängigkeit und die größtmögliche Freiheit. Alle anderen Begriffe würden den Anschein erwecken, als gebe es neben der islamischen Staatsordnung noch andere anzustrebende Ziele oder als sei die islamische Staatsordnung nicht vollkommen genug und müsse durch andere Elemente ergänzt werden. Eine solche Einstellung wäre eine Beleidigung des Willens Gottes und eine Beleidigung Chomeinis, der den Willen Gottes ausgeführt habe. »Nein, es gibt nichts anderes als den islamischen Staat.«

»Manche Leute, die von einer verderblichen [westlichen] Kultur beeinflusst worden sind«, macht der Ayatollah deutlich, »sprechen von zwei sich ergänzenden Systemen. Andere sind noch dreister und sagen, sollten die beiden Systeme einander widersprechen, müssen wir der Republik den Vorzug geben. Diese Leute haben vom Islam keine Ahnung.« Chomeini habe den Begriff »Republik« nur aufgenommen, um sich gegen die Monarchie zu wenden. Eine Republik, das heißt eine westliche Staatsordnung, in der Demokratie herrscht und alles nach Lust und Laune des Volkes bestimmt wird, habe Chomeini niemals gewollt. »Freiheit heißt für uns, Freiheit von jenen Mächten, die uns unterdrücken wollen, nicht Freiheit von dem Willen Gottes, vom Glauben und der Vernunft.«

Yazdis Thesen waren nie unumstritten. Nicht nur die Reformer, sondern auch Teile der Konservativen sahen sich zum Widerspruch veranlasst, da eine Entwicklung, wie sie von Yazdi und seinen Anhängern gefordert wird, den Gottesstaat nicht nur international, sondern auch gegenüber der Bevölkerung völlig isolieren würde. Doch trotz aller Einwände befinden sich die Islamisten auf dem Vormarsch. So konnten sie 2003 die meisten Kommunen, 2004 das Parlament und 2005 die Regierung erobern und sind damit ihrem Ziel, die gesamte Staatsmacht zu monopolisieren, ein gutes Stück näher gekommen. Denn ihrer Ansicht nach ist die Entwicklung zu einem reinen islamischen Staat noch längst nicht abgeschlossen. Vor allem die Ära Rafsandschani, in der eine Öffnung nach außen und ein wirtschaftlicher Aufschwung im Inneren stattfanden, bezeichnen die Islamisten ebenso wie die Reform-Periode in der Ära Chatami als »Abweichung vom richtigen Weg«. Beide Perioden, die ihrer Ansicht nach »unter dem verderblichen Einfluss des Westens« standen, hätten den Gottesstaat auf Irrwege geführt. Erst mit der Wahl Ahmadinedschads sei die Zeit gekommen, in der die Ziele der Revolution und die Ideen Chomeinis realisiert werden könnten.

Im Streit um den »richtigen« Weg haben die Islamisten im Februar 2006 einen weiteren wichtigen Sieg errungen. Nach zum Teil erbitterten Kontroversen verabschiedete die Expertenversammlung auf Druck der Rechten eine Resolution, in der es unter anderem heißt, das System der Herrschaft der Geistlichkeit habe sich etabliert: »Die Erfahrung unseres Staates zeigt, dass gerade durch diese Instanz die Verteidigung unseres Staates, die Verwirklichung islamischer Ideale, die nationale Solidarität und der Widerstand gegen teuflische Mächte [des Westens] gesichert werden.« Aus demselben Grund stehe das Volk hinter diesem »Bollwerk«, das »unsere nationale Identität und unsere Ehre« symbolisiere. Das Volk sei entschlossen, sich der »segensreichen Führung des Ayatollah Chamenei zu fügen« und, ohne Opfer zu scheuen, seine Anweisungen zu befolgen. Der Resolution war ein hitziges Wortgefecht zwischen dem erzkonservativen Ayatollah Ali Meschkini und Ayatollah Mesbah Yazdi vorausgegangen. Während Meschkini für eine ausgewogene Balance zwischen der religiösen Staatsführung und den vom Volk gewählten Instanzen eintrat, vertrat Yazdi den Standpunkt, die Richtlinien der Staatsführung kämen von Gott und würden durch den Revolutionsführer verkündet.

Eine derart absolute Herrschaft des religiösen Führers ist aber in Wahrheit eine ernste Bedrohung für die Existenz des Gottesstaates, der seine bisherige Stabilität gewissermaßen einer instabilen Ausgangslage verdankt. Der Pluralismus im islamischen Lager gewährte stets die Möglichkeit zum Wettbewerb und zu einem Wechsel der Machtkonstellation. Selbst Gruppen, die an den Rand gedrängt worden waren, konnten auf bessere Zeiten hoffen. Ein Monopol der Macht hingegen macht solchem Wettbewerb ein Ende und die rivalisierenden Verbündeten damit zu Gegnern, zu Feinden. Das aber wird den Gottesstaat über kurz oder lang zerstören. Denn im Unterschied zu einer Militärdiktatur ist der Gottesstaat auf eine breite Basis im Volk angewiesen. Er würde seine Legitimation verlieren, sobald er mit Gewalt gegen Gläubige oder religiöse Instanzen vorgeht. Dass sich die Islamische Republik bis heute halten konnte, hat sie nicht zuletzt dem in ihr herrschenden Pluralismus zu verdanken. Eine Alleinherrschaft der Radikalislamisten, das heißt ein Monopol der Macht in der Hand einer Minderheit, wird zwangsläufig zu ihrem Untergang führen.

Mit der Wahl Ahmadinedschads sind die Abadgaran einem derartigen Machtmonopol bereits gefährlich nahe gekommen. Und im Rückblick spricht vieles dafür, dass sie ihre Machtübernahme langfristig geplant und konsequent ins Werk gesetzt haben. Die Präsidentschaftswahlen von 2005 waren mithin der Endpunkt eines schleichenden, über viele Jahre ablaufenden Putsches der Radikalislamisten, die dabei von der Schwäche und dem Scheitern der reformorientierten Kräfte im Iran profitieren konnten.

Putschisten kontra Reformer – Aufstieg und Fall eines Gottesstaates

In der zweiten Hälfte der neunziger Jahre waren innerhalb und außerhalb des Iran Hoffnungen aufgekeimt. Enge und Alltag im Gottesstaat hatten reform- und zivilgesellschaftlich orientierte Strömungen stark gemacht. Ein immer größer werdender Teil der Bevölkerung forderte nun offen den Wandel. Eine erste, weithin sichtbare Folge dieses Veränderungsklimas war die Wahl Chatamis im Jahre 1997. Getragen von einer sich ausdifferenzierenden iranischen Zivilgesellschaft übernahm Chatami sein Amt. Aber Chatami war kein Revolutionär, sondern blieb letztlich immer ein, wenn auch liberal denkender Vertreter der herrschenden Geistlichkeit. Er bekannte sich zu der Verfassung der Islamischen Republik, deren Substanz das System der absoluten Herrschaft der Geistlichkeit war. Doch gleichzeitig – und das war das Interessante an dieser Figur – verkörperte er den Widerspruch dieses Systems, den Widerspruch, der nach all den Jahren zur Reife gelangt war, den Widerspruch zwischen Gottesstaat und Republik.

Chatami wollte einerseits den Gottesstaat bewahren und andererseits eine zivile, pluralistische Gesellschaft aufbauen. Diese paradoxe Zielsetzung stellte für ihn und für den Staat, den er regieren sollte, eine tägliche Zerreißprobe dar. Man konnte diesen Präsidenten weder mit den reaktionären Islamisten in einen Topf werfen, noch ließ er sich unter die säkularen Demokraten einreihen, die die Trennung von Religion und Staat als unabdingbare Voraussetzung einer zivilen Gesellschaft betrachteten. Die Zwickmühle, in der Chatami steckte, wurde in jeder seiner Handlungen offenbar. Zwar sprach er einmal, vor einer Versammlung von Studenten, von einem »islamischen Faschismus«, der dem Staat und dem Islam größeren Schaden zufüge als all die wirklichen und vermeintlichen äußeren und inneren Feinde. Aber er ließ die Wurzel des Übels, die absolute Herrschaft der Geistlichkeit, unangetastet. So kam es, dass er der Wucht der seitens der Islamisten freigesetzten Gewalt nichts als schöne Reden entgegenzusetzen vermochte.

Mit der Wahl Chatamis begann ein qualvoller, blutiger Prozess, der, historisch betrachtet, weitaus wichtiger war als die Bewegung, die zum Sturz der Monarchie geführt hatte. Völlig unabhängig von den Zielen der Reformer um den Präsidenten und ebenso unabhängig von der politischen Entwicklung, die schließlich zur Monopolisierung der Macht durch die Radikalislamisten geführt hat, ging es jetzt erstmals ganz offen um die Reform des Islam und dessen Trennung vom Staat, um die Neugeburt eines säkularen Staates, um den Sprung von der Tradition in die Moderne. Das waren auch die Ziele der iranischen Zivilgesellschaft und der mehr als zwanzig Millionen Bürgerinnen und Bürger, die Chatami gewählt hatten. Aber diese Ziele stellten den Gottesstaat zur Disposition.

Das Versprechen der Freiheit

Betrachtete man die damalige politische Bühne Irans, sah man auf der einen Seite Islamisten diverser Schattierungen, die mit aller Gewalt den Prozess, der zum Zerfall des Gottesstaates führen könnte, aufhalten wollten, und auf der anderen Seite die Mehrheit des Volkes, die nach Freiheit verlangte. Dazwischen stand ein machtloser Staatspräsident, der beiden Seiten gerecht zu werden versuchte und damit notwendig scheitern musste.

Chatami wollte den Gottesstaat bewahren, aber solange er an der Macht war, beschleunigte er den Zerfallsprozess eben dieses Staates; genau darin besteht sein historischer Verdienst. Die Islamisten legten ihm ständig Steine in den Weg, stellten ihm Fallen, er stolperte, fiel hin, stand wieder auf und lief in kleinen Schritten weiter. Aber diese kleinen Schritte konnten den Präsidenten nicht weit bringen. Schaut man auf den Weg, den er in seiner achtjährigen Amtszeit zurückgelegt hat, wird man kaum Handfestes finden. Und doch wurde der Iran unter Chatami zu einem anderen Land. Die Atmosphäre war weit offener, freier geworden, die Angst vor den Schergen des Regimes ließ nach, man war nun überzeugt, dass der Gottesstaat nicht von ewiger Dauer sein würde. Man konnte die Machthaber in der Presse kritisieren und auf Massenversammlungen an den Pranger stellen.

Es bleibt ein Rätsel, wie es dazu gekommen war, dass Millionen ohne Absprache zur Wahl gegangen und ihre Stimme für Chatami abgegeben hatten. Und nun war jeder stolz darauf, dass er seinen Beitrag zum Wandel geleistet hatte. Es war einer von jenen seltenen historischen Augenblicken, in denen das Volk die eigene Kraft spürt und sich bewusst wird, dass es seinen Willen durchsetzen kann, wenn es dazu entschlossen ist.

Die Islamisten waren über den völlig unerwarteten Sieg Chatamis schockiert. Hatte doch der Revolutionsführer persönlich entgegen aller Gepflogenheiten den Gläubigen die Wahl des erzkonservativen Gegenkandidaten, Nategh Nuri, empfohlen, für den auch die staatlichen Medien und einflussreiche Instanzen geworben hatten. Nun merkten die Konservativen, dass sie sich ihrer Sache allzu sicher gewesen waren, und sie erkannten, dass sie ihren Machtapparat, die Revolutionswächter, die Basidjis, die paramilitärischen Truppen, den Geheimdienst und die Justiz künftig besser würden organisieren müssen. Aber solche Organisation brauchte Zeit, und diese Zeit hätten die Reformer, die nun die Exekutive in der Hand hielten, nutzen können. Sie hätten den Weg für die Bildung von Parteien frei machen, die unabhängige Presse stärken, regierungsunabhängige Organisationen und Verbände ebenso wie freie Gewerkschaften fördern müssen. Sie hätten das Monopol der Rechten über die Wirtschaft und Finanzen brechen müssen, um endlich den Kampf gegen die Armut erfolgreich führen zu können. Und last but not least hätten sie die seit der Gründung der Islamischen Republik bestehende Mauer zwischen dem islamischen Lager und dem Rest der Gesellschaft, zwischen »Eigenen« und »Nichteigenen« niederreißen müssen. Aber all dies lag Chatami und den Reformern fern – und so erhielten die Islamisten die Gelegenheit, ihre Kräfte neu zu sammeln und zum Gegenschlag auszuholen.

Als Staatspräsident hatte Chatami zudem nur eine geringe Macht. Ihm gegenüber standen der Revolutionsführer, der Wächterrat, die Justiz, das Parlament und all die anderen Instanzen, die ihm jederzeit den Weg versperren konnten. Die einzige Kraft, derer er sich hätte bedienen können, waren die Millionen seiner Wähler. Diesen bedeutenden Rückhalt wollte er jedoch nicht für seine Ziele mobilisieren. Befürchtete er ein Blutvergießen, einen Bürgerkrieg, vielleicht gar einen Aufstand, der den Gottesstaat hinweggefegt hätte? Wie auch immer, er begnügte sich mit schönen Reden.

Der Aufstand der Mächtigen

Chatami war nur etwas mehr als ein Jahr im Amt, da schlugen die Islamisten zum ersten Mal zu. Am 21. November 1998 überfielen Beamte des Geheimdienstes das Haus des Dissidentenehepaars Parvaneh und Darjusch Foruhar und töteten beide durch Dutzende Messerstiche. Darjusch Foruhar war Vorsitzender der Iran-Partei, die seit den fünfziger Jahren im Rahmen der von Mossadegh gegründeten Nationalfront für Demokratie und Unabhängigkeit kämpfte. Seine Frau Parvaneh arbeitete mit demselben Engagement eng an seiner Seite. Und dieser Anschlag war nur ein Glied in einer Kette von Mordattentaten, die sich bis in den Dezember hinein ereigneten. Dabei wurden außer dem Ehepaar Foruhar auch die beiden Schriftsteller Mohammad Ali Mochtari und Djafar Pujandeh sowie der Übersetzer Madjid Scharif ermordet. Diese als »Kettenmorde« bekannt gewordenen Attentate stellten den Höhepunkt einer Reihe von Attentaten dar, die am 29. März 1998 mit dem brutalen Mord an Kazem Sami, dem Gesundheitsminister unter Bazargan, begannen und denen in der Folge zahlreiche Schriftsteller, Intellektuelle, Journalisten, sunnitische und christliche Geistliche zum Opfer fielen. Schon im August 1996 war ein Attentat gegen gleich 21 Schriftsteller geplant gewesen, die gemeinsam mit einem Bus zu einem Kongress nach Armenien fahren wollten. Der Fahrer des Busses hatte den Auftrag, beim Passieren eines Passes selbst herauszuspringen und den Bus ins Tal stürzen zu lassen. Der Plan scheiterte, weil einige Insassen in letzter Minute darauf aufmerksam wurden. Der Busfahrer wurde später als Täter auch bei den Kettenmorden eingesetzt.

Die Kettenmorde von 1998 sollten eine Warnung sein. Sie sollten beweisen, dass sich die Zeiten trotz Chatami nicht geändert hatten. Für die iranische Zivilgesellschaft waren sie ein unbeschreiblicher Schock. Und wieder flammte kurzzeitig Hoffnung auf, als etwas geschah, was bis dahin undenkbar gewesen war: In einer Rede an das

Volk versprach Chatami, er werde alles daransetzen, die Morde aufzuklären. Tatsächlich räumte daraufhin nach wenigen Wochen das Informationsministerium in einer offiziellen Erklärung ein, einige seiner »irregeleiteten« Angestellten hätten die Morde geplant und ausgeführt – ein unglaublicher Vorgang; wann hatte jemals in der Geschichte eine Diktatur zugegeben, Dissidenten ermordet zu haben? Dieses Eingeständnis zeigte, wie stark der Druck von unten war und wie verunsichert die Machthaber waren.

Dieser erste große Schlag der Islamisten erzielte nicht die erwünschte Wirkung. Im Gegenteil, das Entsetzen über die Verbrechen und das darauf folgende Eingeständnis des Informationsministeriums ermutigte die Zivilgesellschaft zu größerem Engagement. Daher holten die Islamisten acht Monate später zum nächsten Schlag aus. Zunächst wurde die kritische Tageszeitung *Salam* verboten, und als daraufhin Studenten gegen das Verbot protestierten, wurde ihre Demonstration brutal niedergeschlagen. Ein Student kam dabei ums Leben, zahlreiche Studenten wurden verhaftet. Die Lage drohte zu eskalieren, es folgten die größten Unruhen seit dem Ende des Krieges gegen den Irak. Und in dieser Situation stellte sich Chatami auf die Seite des Systems. Er verurteilte die Studentenausschreitungen und sprach von Verschwörungen, die gegen den Gottesstaat gerichtet seien. Diese Distanzierung von den Studenten war der erste große Fehler in seiner Amtszeit, ein Fehler, der nicht nur bei den Studenten Enttäuschung auslöste und den Islamisten die Gewissheit einbrachte, dass der Präsident eine frontale Auseinandersetzung nicht wagen werde.

Dennoch gelang es den Reformern, auch bei den Parlamentswahlen im März 2000 die absolute Mehrheit der Sitze zu erringen. Nun waren Regierung und Parlament in der Hand der Reformer, nun wollte das Volk endlich Taten sehen. Aber es geschah nichts. Der erste Reformversuch des Parlaments scheiterte an einem Dekret des Revolutionsführers. Er wies den Parlamentspräsidenten an, die Gesetzesvorlage zu einer Reform des Pressegesetzes von der Tagesordnung zu streichen. Statt Widerstand zu leisten, beugten sich die Abgeordneten dem Willen des geistlichen Oberhaupts. Von da an wurde fast jedes Gesetz, das grundlegende Änderungen zum Ziel hatte, vom Wächterrat abgelehnt und damit jedes Reformvorhaben blockiert.

Und die Islamisten setzten konsequent nach. Sie waren entschlossen, nicht nur jegliche Reform zu verhindern, sondern die Zivilgesellschaft, die ihnen zu Recht als größere Gefahr erschien, in die Schranken zu weisen. So nahmen sie eine von der Heinrich-Böll-Stiftung unmittelbar nach den Wahlen in Berlin veranstaltete Iran-Konferenz zum Anlass, um einen massiven Angriff gegen die Presse, die in der Tat die Speerspitze der Zivilgesellschaft bildete, zu starten. Die Konferenz, zu der 17 engagierte Geistliche, Schriftsteller, Journalisten eingeladen waren, hatte zum Ziel, die Reformer innerhalb und außerhalb des islamischen Lagers in einen Dialog zu bringen. Ein solcher Dialog war für einen Reformkurs im Iran unverzichtbar – was auch die Islamisten wussten, weshalb sie alles daransetzten, solche bedrohlichen Annäherungen zu sabotieren. Eine kleine Gruppe, unter der sich auch Beauftragte des iranischen Geheimdienstes befanden, versuchte, die Konferenz zu sprengen. Die Provokateure beschimpften die geladenen Gäste aus dem Iran. Eine Frau zog sich halb, ein Mann völlig aus. Diese aus der Sicht von Muslimen unsittliche Demonstration sollte die Gäste aus dem islamischen Lager daran hindern, an der Diskussion teilzunehmen.

Zugleich nahmen die Islamisten die in Berlin inszenierten Vorfälle zum Vorwand, um massiv gegen die Reformbewegung im Iran vorzugehen. Sämtliche Teilnehmer der Konferenz wurden nach ihrer Rückkehr in den Iran gerichtlich verfolgt, einige wurden zu mehrjährigen Haftstrafen verurteilt. Die staatlichen Rundfunk- und Fernsehsender sowie die rechte Presse sprachen von westlicher Unterwanderung des Gottesstaates. Bezahlte Intellektuelle, Künstler, Schriftsteller und Journalisten seien dabei, die islamische Kultur durch Verbreitung westlicher Unmoral zu zersetzen.

Die Kampagne bildete den Auftakt zu einer massiven Aktion gegen die unabhängige Presse. Innerhalb von wenigen Monaten wurden die wichtigsten unabhängigen Zeitungen und Zeitschriften verboten sowie zahlreiche Journalisten und Verleger in Haft genommen. Die Justiz, die nun gänzlich Hand in Hand mit den Islamisten arbeitete, richtete ihre Pfeile auch gegen das Parlament. Abgeordnete, die sich kritisch über die Zeitungsverbote und Festnahmen äußerten, wurden ungeachtet ihrer parlamentarischen Immunität vorübergehend festgenommen.

Scheitern der Reform von oben

Die erste Amtsperiode Chatamis neigte sich dem Ende zu. Die Rechten erhöhten den Druck. Chatami sollte entweder auf seine nochmalige Kandidatur oder auf die Durchführung grundlegender Reformen verzichten. Aber Chatami wollte nicht kapitulieren. Obwohl eher Philosoph als Politiker, entschloss er sich zu einer erneuten Kandidatur und gewann noch einmal mit überwältigender Mehrheit die Wahl. Natürlich waren viele Wähler enttäuscht, aber offensichtlich wollte ihm die Mehrheit noch einmal eine Chance geben. Hätte man die Lage genau analysiert, wäre man wohl schon damals zu dem Schluss gelangt, dass die nächsten vier Jahre verlorene Jahre sein würden. Denn es lag nicht allein an Chatami, dass es nicht vorwärts ging. Die Reformer insgesamt hatten kein klares Konzept. Zudem war das Sammelbecken, das sie unter der Bezeichnung *Front 2. Khordad* (das Datum, an dem Chatami zum ersten Mal die Wahl gewonnen hatte) gebildet hatten, äußerst heterogen. Es waren Gruppen und Personen dabei, die eher dem Lager der Konservativen zugerechnet werden mussten.

Die einzige Aussage der Reformer, die als Hinweis auf ein allgemeines Konzept hätte aufgefasst werden können, war der Vorsatz, zunächst die politischen Strukturen zu reformieren und die Reform erst später auf die Wirtschaft auszudehnen. Das Ergebnis dieser Strategie war desaströs. Einerseits konnten keine grundsätzlichen Veränderungen in der Politik erzielt werden, weil die Rechten alle Wege blockiert hatten, andererseits wurde die Wirtschaft nahezu völlig vernachlässigt und dieses wichtige Feld praktisch den Rechten überlassen – eine Steilvorlage für die Islamisten, die nun Milliarden des Volkseigentums (nicht zuletzt aus den Öleinnahmen) zur Reorganisierung und Mobilisierung ihrer Kräfte verwenden und ihre Macht immer weiter ausbauen konnten. Die Strategie »erst die Politik, dann die Wirtschaft« führte demnach dazu, dass nicht die vom Volk gewählten Organe und nicht die Autorität der Gesetze gestärkt wurden, sondern die vom Revolutionsführer ernannten Instanzen, die militärischen und paramilitärischen Kräfte und nicht zuletzt die mafiösen Wirtschaftsgiganten, das heißt mit einem Wort: die Willkür.

Solange die Konservativen die Regierung geführt hatten, waren die verschiedenen Instanzen gewissermaßen ausbalanciert gewesen.

Doch als die Reformer die Regierung übernahmen, verlagerte sich das Schwergewicht zugunsten der Kräfte, die außerhalb der Regierung standen. Damit wurde die Regierung zunehmend überflüssig. Das bekamen die Reformer auch bei jeder Gelegenheit zu spüren. Jeder ausländische Gast, der den Iran besuchte, musste feststellen, dass für ernsthafte Verhandlungen nicht die Regierung, sondern andere Gremien zuständig waren. Die gesamte Außenpolitik wie auch die Atompolitik wurde im Grunde auch zu Chatamis Zeiten weiterhin von den Islamisten bestimmt.

Die Vernachlässigung der Wirtschaft hatte außerdem zur Folge, dass die Reformer sich immer weiter von den Nöten der Menschen entfernten, vor allem von den armen Schichten, die die Islamisten nun konsequent für sich mobilisierten. So kam es, wie es kommen musste. Die Enttäuschung über die Reformbewegung wuchs von Tag zu Tag. Chatami hielt weiterhin schöne Reden und beklagte sich darüber, dass man ihn alle 14 Tage mit einer neuen, künstlich erzeugten Krise konfrontiere. Gelegentlich, wenn ihm der Kragen platzte, drohte er, er werde das Volk über die Vorgänge hinter den Kulissen informieren; aber dazu fehlte ihm offenbar der Mut, zumal er, wie es aus seinem Umkreis verlautete, einen Putsch der militanten Islamisten befürchten musste. Offensichtlich ahnte er nicht, dass dieser Putsch bereits vorbereitet wurde – kein offener, sondern ein von langer Hand geplanter, schleichender Putsch, ausgeführt von den Revolutionswächtern, den Geheimdiensten, der Milizenorganisation der Basidjis.

Der Putsch wird vorbereitet

Zur ersten Nagelprobe kam es bei den landesweiten Kommunalwahlen im Februar 2003. Es war erst das zweite Mal, dass im Iran Kommunalwahlen durchgeführt wurden. Denn obwohl von der Verfassung vorgeschrieben, war es der Staatsführung lange Zeit unter immer neuen Vorwänden gelungen, diese Wahlen auszusetzen. Erst mit dem Beginn der Reformbewegung und der Eroberung der Parlamentsmehrheit durch die Reformer war dieser Teil der Verfassung endlich in die Praxis umgesetzt worden. So wurden 1999 mit großer Begeisterung landesweit Stadt- und Gemeinderäte gewählt.

Die Reformer feierten diese Wahl, die für sie zu einem großen Erfolg wurde, als einen wichtigen Schritt zur Demokratie.

Und nun, vier Jahre später, was für ein Debakel! Zwar hatten sämtliche Prognosen eine niedrige Wahlbeteiligung vorausgesagt, aber dass diese derart katastrophal ausfallen würde, hatte sich kaum jemand vorstellen können. Am schlimmsten war es in der Hauptstadt und in den Großstädten, ausgerechnet dort also, wo die Zivilgesellschaft am stärksten vertreten ist. In Teheran lag die Wahlbeteiligung bei 14 Prozent. Die größten Verluste mussten die Reformer einstecken. Im Gegensatz zu den vorherigen Wahlen, bei denen sie einen triumphalen Sieg errungen hatten, waren sie nun am Ende in keinem der wichtigen Stadt- und Gemeinderäte mehr vertreten.

Diese Kommunalwahlen von 2003 stellen in der Entwicklung der iranischen Gesellschaft eine Wende dar. Einerseits markieren sie zweifellos eine große Enttäuschung. Andererseits lassen sie sich zugleich als wichtige Etappe im Emanzipationsprozess des Volkes bezeichnen. Zwar hatten viele Iraner bald nach der Revolution von 1979 gemerkt, dass der Hut, den ihnen die Mullahs aufgesetzt hatten, ein falscher Hut war. Es dauerte aber fast zwanzig Jahre, bis sie in der Auseinandersetzung mit der eigenen Geschichte, Religion und Kultur allmählich zu der Erkenntnis gelangten, dass man ohne die Beseitigung despotischer und undemokratischer Strukturen nicht zu Freiheit, Demokratie und Menschenrechten gelangen kann.

Die Revolution hatte zum Sturz des Schah-Regimes geführt, sie hatte aber die Substanz der Diktatur unberührt gelassen. Als die Schah-Anhänger an die Wand gestellt und ohne Prozess abgeknallt wurden, als den Geheimdienstlern die Gedärme herausgerissen wurden, als den Frauen die islamische Kleidung aufgezwungen und Kindern und Jugendlichen die islamische Ideologie eingehämmert wurden, hatte sich kein nennenswerter Widerstand geregt. Das Volk ließ auch einen achtjährigen Krieg gegen den Nachbarstaat Irak über sich ergehen, es hat Massenhinrichtungen und Steinigungen geduldet und dauerhafte Bevormundung im öffentlichen und privaten Leben durch selbst ernannte Stellvertreter Gottes hingenommen. Aber irgendwann begann die Verweigerung, die immer größere Kreise erfasste. So galt das Nein bei den Kommunalwahlen nicht allein den Konservativen, es war auch nicht nur Ausdruck der Enttäuschung über die Reformer, es war ein Nein gegen das gesamte

System. Der Versuch der Reformer, den Gottesstaat von oben zu reformieren, war gescheitert, die Ära Chatami praktisch zu Ende. Aber auch die Konservativen hatten keinen Grund zur Freude, denn die Wahl offenbarte, dass ihre Basis auf weniger als zehn Prozent geschrumpft war. Nun mussten die Herrscher des Gottesstaates schauen, wie sie praktisch ohne das Volk regieren konnten.

Diese allgemeine Ungewissheit über die Zukunft des Landes wurde zudem durch den Irak-Krieg und die Besetzung des Nachbarlandes durch die USA und deren Alliierte erheblich verstärkt. Teheran hatte, wie selten in der Geschichte der Islamischen Republik, diplomatisch klug gehandelt. Einerseits hatte die Regierung zwar entschieden gegen den Angriff protestiert, andererseits aber zugleich durchblicken lassen, dass aus Teheraner Sicht gegen den Sturz Saddam Husseins nichts einzuwenden sei. So zeigte sich die iranische Regierung, ähnlich wie im Afghanistan-Krieg, auch während der Invasion gegen Irak bereit, mit dem »großen Satan« USA zu kooperieren. In mehreren Geheimverhandlungen wurden militärische und Sicherheitsfragen erörtert. Teheran sicherte den Alliierten zu, gefährdeten Piloten bei möglichen Notlandungen Schutz und Zuflucht zu gewähren, und versprach darüber hinaus, seinen Einfluss sowohl bei den irakischen Schiiten als auch bei den im irakischen Kurdistan angesiedelten islamischen Gruppen geltend zu machen, um möglichen Konflikten mit den Besatzern vorzubeugen. Die USA stimmten daraufhin sogar einer indirekten militärischen Einmischung Irans im Norden Iraks zu. Zwei Wochen vor Kriegsausbruch marschierten einige tausend Milizen der Badr-Brigade aus dem Iran in den Norden Iraks ein. Die Brigade, deren Mitglieder im Iran ausgebildet wurden, bildete den militärischen Arm des »Höchsten Rates des Islamischen Revolution Iraks« (SCIRI), die im Iran gegründet worden war und deren Führer sich bereits seit 1980 dort aufhielten. Kurz vor dem Ausbruch der Kampfhandlungen schloss Iran seine Grenzen zum Irak und erklärte später sogar, es werde führende Mitglieder des Regimes in Bagdad, die möglicherweise in den Iran flüchten würden, festnehmen und vor Gericht stellen. Die Islamische Republik Iran gehörte auch zu jenen Ländern, die sogleich nach seiner Bildung den von den USA eingesetzten provisorischen Regierungsrat des Irak offiziell anerkannten.

Es ist fraglich, ob die Strategen im Weißen Haus und im Pentagon tatsächlich vorausgesehen haben, dass sie mit dem Krieg gegen den Irak den Herrschern in Teheran einen großen Dienst erweisen würden. Denn durch ihren Einmarsch haben sie einerseits die wichtigsten Feinde Irans in der Region, Saddam Hussein und die Baath-Partei, davongejagt und andererseits den Schiiten zur Machtübernahme verholfen, was den Einfluss Irans in der Region erheblich stärken sollte.

Das Wohlverhalten Irans hatte in den ersten Wochen des Irak-Krieges Washington vorübergehend verstummen lassen. Doch die nachfolgenden Ereignisse, die antiamerikanische Stimmung insbesondere unter den irakischen Schiiten, die zum Teil die Gründung eines islamischen Staats nach iranischem Vorbild anstrebten, und die Annahme, dass Iran bei der Erzeugung dieser Stimmung nicht ganz unbeteiligt gewesen sei, führte bald zu erneuten verbalen Attacken aus dem Weißen Haus und dem Pentagon.

Die USA machten keinen Hehl daraus, dass sie nach dem Einmarsch in den Irak alle Hebel in Bewegung setzen würden, um auch im Iran einschneidende Veränderungen, sogar einen Regimewechsel herbeizuführen. Washington werde die Einmischung Irans in die Angelegenheiten Iraks nicht dulden, sagten Bush, Powell und Rumsfeld übereinstimmend. Außerdem warfen sie dem Iran eine Zusammenarbeit mit der Terrororganisation Al Qaida sowie die Unterstützung militanter Organisationen im Nahen Osten vor. Und schließlich entbrannte der Streit um das iranische Atomprogramm, und der Druck aus Washington nahm stetig zu.

In Teheran wurden diese Drohungen ernst genommen. Die moderateren Kräfte, auch jene bei den Konservativen, schlugen deshalb zunächst vor, die USA nicht zu provozieren und Wege zu suchen, um die diplomatischen Beziehungen zu den Vereinigten Staaten, die seit 1979 abgebrochen waren, wieder aufzunehmen. Radikale Konservative meinten hingegen, die USA würden einen militärischen Angriff gegen den Iran nicht riskieren. Zudem biete der Regimewechsel im Irak die Chance, den Einfluss Irans nicht nur dort, sondern in der gesamten Region zu stärken und aus dieser Position heraus jede Gefahr der Einflussnahme der USA zu bannen.

Die aus dieser Polarisierung der Positionen resultierende Orientierungslosigkeit verstärkte die Unsicherheit in der Bevölkerung erheblich, so weit, dass Teile der Bevölkerung eine »Hilfe« von außen herbeiwünschten. Es gab sogar nicht wenige Menschen im Iran, die glaubten, ein Regimewechsel stünde unmittelbar bevor. Das Land befand sich in einer Krise, und anstatt energisch zu handeln, rief Präsident Chatami wieder einmal nur zur Mäßigung auf. »Die einzige Rettung unseres Landes besteht darin, dass sich alle Fraktionen mäßigen und sich an die Verfassung halten.« Den Konservativen warf Chatami vor, das Parlament durch ihre Blockadepolitik lahm gelegt und damit die Entwicklung des Landes verhindert zu haben. Das Ergebnis sei eine bittere Resignation, die sich vor allem unter Jugendlichen ausbreite. »Diese Jugendlichen richten ihre Hoffnung auf das Ausland. Darüber dürfte sich niemand freuen.«

Doch solche Appelle nahm niemand mehr ernst. Stattdessen war eine Hand voll gut organisierter und vernetzter Islamisten, die Abadgaran, längst subversiv tätig geworden.

Rückeroberung des Parlaments

Bei den Parlamentswahlen im Februar 2004 wollten die Konservativen auf Nummer sicher gehen. Der Wächterrat schloss ohne Nennung von konkreten Gründen mehr als 2.000 Bewerber als ungeeignet aus. Die meisten von ihnen zählten zu den Reformern, darunter sogar solche, die in der vergangenen Wahlperiode zugelassen worden und weiterhin als Abgeordnete tätig waren. Mit der massiven Ablehnung von unliebsamen Bewerbern konnte der Wächterrat sicherstellen, dass in manchen Wahlbezirken ausschließlich Konservative zur Wahl standen und damit von vornherein 170 der 290 Sitze im Parlament für die Konservativen reserviert waren.

Gegen diese Willkür, die sogar für den islamischen Gottesstaat einmalig war, protestierten 125 Parlamentsabgeordnete mit einem wochenlangen Streik. Als ihre Forderung, alle Bewerber, denen nichts Konkretes vorzuwerfen war, zuzulassen, abgelehnt wurde, legten sie ihr Mandat nieder. Über hundert hohe Regierungsbeamte und Provinzgouverneure drohten mit Rücktritt. Selbst das Innenministerium drohte mit der Aussetzung der Wahlen. Doch die Islamisten zeigten sich unbeeindruckt.

Um die derart manipulierte Wahl nicht zur Farce werden zu lassen, hämmerten Fernsehen und Rundfunk den Wählern wochenlang ein, dass das Wahlrecht ein Geschenk Gottes sei und es sündhaft wäre, wenn man davon keinen Gebrauch machen würde. Revolutionsführer Ali Chamenei und mit ihm die ganze Schar Turban tragender Prediger verkündeten bis in die entlegensten Gegenden des Landes, der Urnengang sei eine religiöse Pflicht, der alle Gläubigen nachzukommen hätten. Gerüchte wurden gestreut, um dem Wahlvolk Angst einzujagen. Studenten, die keinen Wahlstempel im Ausweis hätten, würden die Zulassung zu Universitäten und Hochschulen verlieren, hieß es. Und Angestellte, die nicht zur Wahl gingen, müssten mit Sanktionen oder gar ihrer Entlassung rechnen.

Mohammad Reza Chatami, Bruder des Präsidenten, Vizepräsident des Parlaments und Vorsitzender der reformorientierten Partei *Moscharekat*, der übrigens ebenfalls zu den Abgelehnten gehörte, behauptete, dass zwei Millionen gefälschte Ausweise unter den Anhängern der Islamisten verteilt worden seien, damit diese mehrmals wählen konnten. Tatsächlich wurde, wie die staatliche Nachrichtenagentur IRNA berichtete, in der nordiranischen Stadt Dorud am Wahltag ein Mann festgenommen, der 51 manipulierte Personalausweise bei sich trug. Zwei Tage vor der Wahl wurden die beiden wichtigsten reformorientierten Tageszeitungen *Schargh* und *Yas-e No* verboten. Diese beiden Zeitungen, die zu den wenigen liberalen Blättern gehörten, die bis dahin von der Verbotswelle verschont geblieben waren, hatten ausführlich über die Auseinandersetzungen im Vorfeld der Wahlen und den Streik der Abgeordneten berichtet. »Wer einen parlamentarischen Coup plant, muss die freie Presse zum Schweigen bringen«, kommentierte der *Yas-e No*-Kolumnist Hamid Reza Djalaipur das Verbot.

Die absolute Mehrheit war den Islamisten von vornherein sicher, spannend war nur die Wahlbeteiligung. Sie lag nach offiziellen Angaben bei 50,3 Prozent. Glücklich über den gelungenen kalten Staatsstreich verkündete der Wächterrat triumphierend die Abkehr vom Reformkurs der vergangenen Jahre. Das Parlament werde nach dem Ausscheiden der meisten Reformer eine Neuausrichtung erfahren. Es werde sich »künftig auf die Stärkung des Islam, die Lösung der Probleme des Volkes und die Durchsetzung von Glauben und Moral im öffentlichen Leben konzentrieren«. Das neue Parlament werde, »geleitet von religiöser Überzeugung, die nationale Autorität und Sicherheit« des Gottesstaates stärken.

Das neue Parlament konstituierte sich am 27. Mai. Mehr als 200 der 290 Sitze wurden von den Konservativen besetzt, die nunmehr entsprechend selbstbewusst auftraten. Revolutionsführer Chamenei zeigte sich zufrieden und deutete das Wahlergebnis als ein eindeutiges Votum für den Gottesstaat. Die Wähler hätten eine weise Entscheidung getroffen. Denn die wahre Demokratie stamme aus der Substanz des islamischen Glaubens und nicht aus westlichem Gedankengut. Der Islam lege großen Wert auf die Würde der Individuen und trete dafür ein, dass diese ihr Schicksal selbst bestimmen und ihre eigene Gesellschaft gestalten. Völlig zu Unrecht werde das System der Herrschaft der Geistlichkeit von Feinden der Islamischen Republik als despotisch denunziert. Das Oberhaupt im Gottesstaat sei kein Despot, es führe die Rolle eines »Architekten des Staates« aus und habe die Aufgabe, Irrwege der Gesellschaft nach rechts oder links zu verhindern.

Auch der frühere Informationsminister Ali Fallahian, der für zahlreiche Mordattentate verantwortlich ist, meldete sich nach dem »großen Sieg« der Konservativen wieder zu Wort. Das wichtigste Thema, das derzeit von den »Propagandisten der Sünde und des Verderbens, das heißt von Säkularisten« auf die Tagesordnung gesetzt werde, sei die irrige Auffassung, dass der Iran sich in einer Übergangsphase von der Tradition in die Moderne befinde. »Man will uns weismachen, dass sich die Menschen mit der Entwicklung der Wissenschaft immer weiter vom Glauben und der Tradition entfernen, um sich schließlich davon zu verabschieden«, sagte Fallahian bei einer Gedenkfeier für die Opfer des iranisch-irakischen Krieges. Die Verderber meinten, dass der Glaube nur eine Angelegenheit der Individuen sei und in der Gesellschaft und Politik nichts zu suchen habe. In der Tat habe der Westen genau diesen Prozess durchgemacht, und »wir sehen, was dabei herausgekommen ist«. Die westlichen Strategen merkten jetzt, dass sie sich auf die moderne Wissenschaft nicht verlassen können, dass die Wissenschaften wie Inseln seien, die immer wieder von der Flut überschwemmt würden. Daher beginne man im Westen, wieder die Kirchen für Gläubige zu öffnen, die Jugend aufzurufen, in den Schoß der Kirche zurückzukehren. Heute sei der Westen auf die Ratschläge der Islamischen Republik angewiesen und nicht umgekehrt, erklärte der ehemalige Informationsminister.

Den neuen Aktivitäten der Rechten hatten die Reformer nicht viel mehr als Worte entgegenzusetzen. Während eines Kongresses der *Moscharekat*-Partei im Juli 2004 beschwor der Parteivorsitzende Mohammad Reza Chatami noch einmal die Notwendigkeit eines Reformkurses. Nach dem achtjährigen Krieg gegen den Irak habe es in der politischen Landschaft Irans zwei Tendenzen gegeben: Während der Staat seine Macht ausbauen und alles unter die eigene Kontrolle bringen wollte, strebten vor allem Jugendliche nach Erneuerung, nach Freiheit, Gerechtigkeit und einem anderen Lebensstil. In dieser Lage sei es, um Gefahren von der gesamten Gesellschaft abzuwenden, notwendig gewesen, einen Mittelweg einzuschlagen, mit dem Ziel, einerseits die Staatsmacht zu bremsen und andererseits Utopien und radikale Forderungen mit der Realität in Einklang zu bringen. Die *Moscharekat*-Partei habe den Versuch unternommen, zwischen dem Staat und dem Volk Brücken zu bauen. Der Partei sei es bewusst gewesen, dass die Übergangsphase von einem autoritären Staat zu einer freien, demokratischen Gesellschaft sehr lang und schwer sein werde.

Iran habe keine andere Wahl als die Demokratie, und der beste Weg dahin seien Reformen, sagte Chatami. Und solche Reformen seien mit dem Glauben sehr wohl zu vereinbaren. »Unserer Ansicht nach ist der religiöse Staat demokratisch, weil die Mehrheit der Muslime diesen Staat befürwortet«, sagte er. »Zugleich sind wir davon überzeugt, dass religiöse und politische Institutionen unabhängig sein müssen, was nicht mit der Trennung von Religion und Politik gleichzusetzen ist.« Man müsse zwischen Religion und religiösen Institutionen unterscheiden. Für die Konservativen seien diese beiden Begriffe identisch, was dazu führe, dass sie die Institutionen für ihre politischen Ziele instrumentalisieren. Der Missbrauch religiöser Institutionen müsse untersagt werden. Wenn Geistliche sich politisch betätigen und eine eigene Partei gründen wollen, seien sie denselben Bedingungen unterworfen wie andere Parteien. Es sei durchaus möglich, im Rahmen der Verfassung der Islamischen Republik zu einer demokratischen Gesellschaft zu gelangen, meinte Chatami. Vielleicht gäbe es auch andere Möglichkeiten, doch dieser Weg sei ein Weg, für den man den geringsten Preis zahlen müsse. Iran habe sowohl kulturell als auch wirtschaftlich das Potenzial zur Freiheit, sozialem Wohlstand und Demokratie, sagte Chatami abschließend. Der Weg zu diesem Ziel sei lang und voller Hindernisse. Doch seine Partei werde den Realitäten Rechnung tragen und jede Möglichkeit ergreifen, um den Prozess zu beschleunigen.

Die Rede Chatamis war von Vorsicht und übereifrigem Pragmatismus geprägt. Wenige Monate zuvor hatte man weit radikalere Worte von ihm vernehmen können. Was er nun auf dem Kongress ankündigte, war im Grunde nichts anderes als die Beschwörung der gescheiterten Strategie der vergangenen Jahre. Die *Moscharekat*-Partei schien immer noch auf die Einsicht und Vernunft der Rechten setzen zu wollen. Sie war offensichtlich nicht gewillt, zur Kenntnis zu nehmen, dass die Konservativen schon in den wenigen Monaten nach ihrem zweifelhaften Sieg im Parlament kräftig dabei waren, das wenige, was die Reformer in den letzten Jahren erreicht hatten, wieder rückgängig zu machen.

Und die Islamisten rüsteten sich bereits zur nächsten Etappe, sie bereiteten sich längst auf die für den 17. Juni angesetzten Präsidentschaftswahlen vor. Allen Beteiligten war von vornherein klar, dass die Konservativen entschlossen waren, nun auch diese letzte Bastion der Staatsmacht zurückzuerobern. Aber wer die Debatten im neuen Parlament verfolgte, konnte feststellen, dass im Lager der Konservativen keine Einheit herrschte. Moderate Konservative, Pragmatiker, Traditionalisten und radikale Islamisten gerieten immer wieder offen in Streit. Zwar waren sich alle diese Strömungen darin einig, dass an der Ordnung des Gottesstaates nicht gerüttelt werden dürfe, aber sobald sie sich konkreten Bereichen wie der Wirtschaft, Kultur oder Außenpolitik zuwandten, tauchten unüberbrückbare Differenzen auf. Zu diesen grundsätzlichen Differenzen kamen noch persönliche Rivalitäten und Gruppenkämpfe hinzu, sodass sich die Konservativen bis zum Wahltag weder auf einen gemeinsamen Kandidaten noch auf ein Konzept einigen konnten.

Noch desolater war der Zustand allerdings bei den Reformern. Ihr Hauptproblem bestand darin, dass einige ihrer führenden Köpfe, trotz der völligen Chancenlosigkeit, irgendetwas von oben bewirken zu können, sich nicht von der Macht losreißen wollten. Das Ergebnis war, dass das Lager der Reformer immer mehr auseinander fiel. Einige schlossen sich der außerparlamentarischen Opposition an und riefen zum Wahlboykott auf, andere begaben sich in die Warteposition und wurden passiv.

Erklärung 565

Anfang März 2005 wandten sich 565 Intellektuelle, Professoren, Studenten, Schriftsteller und Journalisten, darunter auch einige namhafte Reformer, mit einer Erklärung an die Öffentlichkeit. Diese »Erklärung 565« wurde von vielen Oppositionellen als Neubeginn einer sich formierenden radikalen Reformbewegung eingeschätzt. Sie zeichnete sich dadurch aus, dass sie sich im Gegensatz zu den meisten Stellungnahmen oppositioneller Gruppen nicht mit allgemeiner Kritik begnügte, sondern konkret auf die wirtschaftliche, soziale und politische Krise hinwies.

Die Unterzeichner stellten fest, dass die bisherige Reformbewegung gescheitert sei, dass es ohne grundlegende, strukturelle Reformen, die auf der Allgemeinen Erklärung der Menschenrechte und der Charta der Vereinten Nationen basieren, weder soziale Gerechtigkeit noch Freiheit und Demokratie geben könne. Sie forderten die Machthaber auf, sich endlich dem Willen des Volkes zu beugen und bei der bevorstehenden Präsidentschaftswahl im Juni freie Wahlen zu garantieren. »Während die Machthaber und ihre ernannten Handlanger versuchen, das Volk mit dem Vorspiel zu den Staatspräsidentenwahlen zu beschäftigen, befindet sich unser Land politisch, sozial, kulturell und wirtschaftlich in einer der tiefsten Krisen seiner Geschichte. Die Konflikt erzeugende Außenpolitik Irans hat dazu geführt, dass zurzeit die Interessen unseres Landes von allen Seiten bedroht werden.« Eine Außenpolitik, die dem Land nur Feinde verschaffe, sei kontraproduktiv. »Es wird versucht, Irans berechtigte Teilnahme an internationalen Organisationen wie die Mitgliedschaft in der Welthandelsorganisation (WTO) zu verhindern. Alles wird darangesetzt, dass der Iran nicht den Vorsitz der OPEC übernimmt. Airbus-Flugzeuge und Ersatzteile für Boeing-Maschinen sollen nicht an den Iran verkauft werden. International ist eine Atmosphäre des Misstrauens gegen den Wunsch Irans auf Aneignung der Atomtechnologie erzeugt worden. Das alles ist nur ein kleiner Teil der Verletzungen, die auf internationaler Ebene den Interessen unseres Landes zugefügt werden.«

Anschließend zogen die Unterzeichner auch eine desaströse innenpolitische Bilanz: »Die jahrzehntelange Missachtung unserer Geschichte, Kultur und Zivilisation haben die Massen unseres Volkes, insbesondere Jugendliche, von der Liebe zum eigenen Land weit entfernt. Ohne Hoffnung auf eine bessere Zukunft, verfallen sie der Resignation. Ein beachtlicher Teil von ihnen begibt sich ins moralische Verderben und in die Drogensucht, sucht Zuflucht in Illusionen und flüchtet vor sich selbst und den Realitäten. Der Drogenkonsum steigt, die Schlägereien auf den Straßen werden immer häufiger. Mehr als fünf Millionen Akten über private Konflikte, Besitzklagen und kriminelle Delikte liegen bei den Gerichten. Allein in den vergangenen sechs Monaten wurden 164.000 Verkehrstote und Verletzte, zahlreiche Selbstmorde unter den Schülern in Teheran und mehrere tausend Selbstmorde bei jungen Frauen und Männern im ganzen Land registriert. Mehr als hunderttausend Menschen befinden sich in langfristiger Haft. Über sechzig Prozent unter ihnen sind drogensüchtig und leiden unter verschiedenen Krankheiten. Es gibt mehr als elf Millionen Drogenabhängige und mehrere Zehntausend Aidsinfizierte. Die Anzahl der Obdachlosen, die die Nächte in Kartons verbringen, sowie die Anzahl der Straßenkinder haben stark zugenommen. Der Warenschmuggel hat in diesem Jahr die Grenze von 15 Milliarden Dollar erreicht. Kapital und Fachkräfte fliehen ins Ausland. Ein Fünftel der arbeitsfähigen Bevölkerung ist arbeitslos, darunter ein Drittel der Menschen zwischen zwanzig und 35 Jahren. Am stärksten sind studierte Frauen in den Städten von der Arbeitslosigkeit betroffen. Viele junge Männer und Frauen können wegen Arbeitslosigkeit und Armut nicht heiraten, was dazu führt, dass zahlreiche Frauen dauerhaft ledig bleiben und ins Verderben getrieben werden. Mindestens ein Viertel der Dörfer sind infolge der Landflucht menschenleer. Der moralische Verfall, insbesondere bei Neureichen und in den Kreisen um die Machthaber, ist beängstigend. Frauen und junge Männer werden ins Ausland verkauft. Diebstahl, Messerstechereien, Mord und Vergewaltigungen häufen sich […] Der Warenschmuggel hat sich vervierfacht. Gewinnsüchtige, zerstörerische, unproduktive Investitionen sind in Prunkbauten und im Handel getätigt worden. Die monopolisierte, konkurrenzlose Produktion von Fahrzeugen hat in den Städten eine stickige Luft erzeugt. Diese Wirtschaftspolitik hat rund fünfzig Prozent der Bevölkerung unter die Armutsgrenze getrieben, die Inflation rapide steigen lassen und dazu geführt, dass sich große Reichtümer in den Händen einer kleinen

Minderheit [weniger als zwei Prozent der Bevölkerung] angehäuft haben.«

Die Erfahrungen der letzten acht Jahre hätten gezeigt, so die Unterzeichner weiter, dass die vom Volk gewünschten Reformen unter den gegebenen Umständen nicht durchgesetzt werden können. »Selbst wenn das Volk die Möglichkeit hätte, frei zu wählen und mit Millionen Stimmen einen Staatspräsidenten wählen würde, ja sogar dazu noch ein Parlament wählen könnte, das den Präsidenten unterstützen würde, selbst dann könnte der Staatspräsident keine andere Funktion ausüben als die Rolle eines ›Dienstleistenden‹ für die Machtzentren und die von ihnen ernannten Institutionen.«

»Wir Unterzeichner betrachten den einzigen Ausweg darin, dass wir uns dem Willen des Volkes beugen. Wir fordern, dass die Struktur der Staatsmacht, die Verwaltung des Landes und die internationalen Beziehungen, ohne undemokratischen Missbrauch der Verfassung, wie in allen fortschrittlichen Staaten der Welt, auf der Grundlage der Allgemeinen Erklärung der Menschenrechte, der Charta der Vereinten Nationen und deren Zusatzprotokollen und unter Berücksichtigung unserer nationalen Interessen neu konzipiert werden. Wenn es gelingt, auf dieser Grundlage ein demokratisches System und die Herrschaft des Volkes zu etablieren, dann werden kompetente Menschen gewählt werden, dann wird jeder sich bereitwillig in den Dienst des Volkes stellen, und ein kreatives und erfolgreiches Wirtschaftssystem wird auf der Grundlage der sozialen Gerechtigkeit und mit dem Ziel der dauerhaften Entwicklung unser Volk aus der drohenden Krise befreien.«

Der Vorschlag, den Staat und seinen Institutionen auf der Grundlage der Menschenrechte und der Charta der Vereinten Nationen und nicht der islamischen Grundsätze aufzubauen, zeigte deutlich die Tendenz der iranischen Zivilgesellschaft, die den Zielen eines islamischen Gottesstaates zuwiderlief. Tatsächlich stand der Iran schon seit geraumer Zeit an einem Scheideweg zwischen einem säkularen, demokratischen Staat und dem islamischen Gottesstaat. In der Ära Chatami herrschte eine Pattsituation. Wären die Präsidentschaftswahlen im Juni 2005 frei gewesen, hätte sich das Volk gegen den Gottesstaat entschieden. Aber die Wahlen waren nicht frei, sondern eine Farce.

»Ein abgekartetes Spiel«

Wiederum hatte der Wächterrat mehr als tausend registrierte Bewerber abgelehnt. Zugelassen wurden lediglich sechs Kandidaten: Ali Laridschani, früherer Leiter der staatlichen Rundfunk- und Fernsehanstalten, Mohsen Rezai, ehemaliger Kommandant der Revolutionswächter, Mohammad Ghalibaf, bis vor kurzem Polizeipräsident von Teheran, Mahmud Ahmadinedschad, Teheraner Bürgermeister, Mehdi Karrubi, ehemaliger Parlamentspräsident, und Haschemi Rafsandschani, Ex-Staatspräsident. Die ersten vier gehörten dem Lager der Radikalislamisten bzw. Konservativen an. Karrubi zählte ebenfalls zu den Konservativen, hatte jedoch in den letzten Jahren gelegentlich die Reformer unterstützt. Rafsandschani versuchte sich über die Fronten zu stellen, gehörte jedoch ebenfalls dem Lager der Konservativen an.

Zu den abgelehnten Bewerbern gehörten sämtliche Kandidaten der Reformer sowie 93 Frauen, darunter die ehemalige Parlamentsabgeordnete und prominente Frauenrechtlerin Aazam Taleghani. Auch Ex-Außenminister Ebrahim Yazdi, einziger Kandidat der »Freiheitsbewegung«, die als halblegale Opposition geduldet wird, wurde zurückgewiesen. Besondere Empörung rief die Ablehnung des Kandidaten der größten Organisation der Reformer, der *Moscharekat*-Partei, Mostafa Moin, hervor. Der ehemalige Kultusminister war in drei Legislaturperioden Abgeordneter im Parlament und lange Jahre Minister gewesen.

Die massive Ablehnung der Bewerber bestätigte die befürchtete Absicht der Islamisten zur totalen Monopolisierung der Macht. Das wollten die Reformer nicht hinnehmen. Unmittelbar nach der Zurückweisung ihres Spitzenkandidaten Moin forderten sie vom Wächterrat, seine Entscheidung zu revidieren, andernfalls würden sie zum Wahlboykott aufrufen. Dies war das letzte Druckmittel, das die Reformer in der Hand hatten. Denn gerade bei den Präsidentschaftswahlen legten die Konservativen besonderen Wert auf eine hohe Wahlbeteiligung. Sie sollte vor allem dem Ausland demonstrieren, dass das Volk hinter dem Regime steht und bereit sein würde, jeder Bedrohung von außen Widerstand zu leisten.

Tatsächlich wies Revolutionsführer Chamenei einen Tag nach der Entscheidung des Wächterrats das Gremium an, bei zwei Bewerbern, Mostafa Moin und dem Leiter des Amtes für Leibeserziehung, Mehr Alizadeh, die Ablehnung noch einmal zu überprüfen. Es sei »wünschenswert«, dass alle Menschen mit ihren jeweilig unterschiedlichen Überzeugungen die Möglichkeit hätten, an der Wahl teilzunehmen, schrieb der Revolutionsführer. Der Wächterrat folgte der Anweisung und genehmigte die Teilnahme der beiden Bewerber. »Nach Erhalt Ihres Schreibens hat der Wächterrat in einer Sondersitzung entschieden, Ihrer Anweisung Folge zu leisten und die Eignung der Bewerber Moin und Alizadeh zu bestätigen«, heißt es in dem Antwortschreiben des Wächterrats an den Revolutionsführer. Eine Begründung, warum die beiden Kandidaten zunächst als ungeeignet eingestuft und nach wenigen Tagen doch zugelassen wurden, gab es nicht.

Diese Vorgänge, die der bekannte Reformer Said Hadjarian als »ein abgekartetes Spiel« bezeichnete, brachten Moin in eine Zwickmühle. Er, der immer wieder betont hatte, dass er jede Schützenhilfe ablehne und einzig und allein den Weg des Gesetzes akzeptiere, konnte es nur schwer hinnehmen, dass seine Zulassung durch eine Intervention des Revolutionsführers ermöglicht worden war. Konsequenterweise hätte er auf die Kandidatur verzichten müssen. Auf der anderen Seite hatten die Reformer um Moin und auch er selbst immer wieder betont, dass sie jede Gelegenheit und Möglichkeit nutzen würden, um ein Machtmonopol der Konservativen zu verhindern. Mit dem Verzicht auf die Kandidatur hätte Moin von vornherein den Konservativen das Feld geräumt. Dieses Argument war für die Reformer typisch. Sie unterlagen der Illusion, dass sie doch noch etwas ändern und den Zug, der bereits in voller Fahrt war, aufhalten könnten. Es kam ihnen nicht in den Sinn, dass sie mit ihrer Teilnahme das Vorgehen der Konservativen und die Wahlmanipulationen legitimieren und sich zudem noch weiter von der Zivilgesellschaft entfernen würden.

Unter den nun acht Kandidaten räumten die meisten Beobachter Ex-Staatspräsident Haschemi Rafsandschani, der sich acht Jahre nach dem Ende seiner Amtszeit erneut zur Wahl gestellt hatte, die größten Chancen ein. Er hatte lange gezögert oder den Anschein des Zögerns erweckt. Monatelang ließ sich der siebzigjährige Geistliche von seinen Anhängern bitten, noch einmal die Zügel in die Hand zu nehmen. Er lehnte zunächst ab. Er wolle jüngere Kräfte heranlassen, sagte er, fügte aber stets hinzu, das Land stecke außen- und innenpolitisch in einer tiefen Krise und bedürfe einer starken Führung. Sollte sich kein geeigneter Bewerber finden, der die Probleme meistern könne, werde er sich wohl am Ende für das Vaterland und den Islam opfern müssen. In einer am 9. Mai veröffentlichten Erklärung an das iranische Volk schrieb er schließlich, die Entscheidung, noch einmal für das Amt des Staatspräsidenten zu kandidieren, gehöre zu den schwersten in seiner bisherigen politischen Laufbahn. Große Zweifel hätten ihn geplagt. Doch schließlich »haben die Hoffnungen die Zweifel besiegt«. Er beklagte den tiefen Unfrieden zwischen den Fraktionen, die die »wertvollen Kräfte der Revolution in die Isolation treiben« könnten, und warnte vor Gefahren, die von innen und außen den islamischen Gottesstaat bedrohen.

Tatsächlich befand sich die Islamische Republik in einem desolaten Zustand. Außenpolitisch waren die Verhandlungen um das iranische Atomprogramm und um ein umfassendes Wirtschafts- und Handelsabkommen zwischen Iran und der EU in die Sackgasse geraten. Innenpolitisch drohten hohe Arbeitslosigkeit und Inflation den Herrschenden die Zügel aus den Händen zu reißen. Die Unzufriedenheit im Volk war enorm.

Rafsandschani verfügte über lange Erfahrungen. Als engster Vertrauter Chomeinis hatte er die Islamische Republik seit ihrem Bestehen mitgelenkt. Auch deshalb war und ist er immer noch der am meisten verhasste Politiker im Land, denn es ist bekannt, dass er zur Erhaltung der Macht keine Verbrechen scheut, dass er brutal und korrupt ist, dass er bei Attentaten gegen Dissidenten als Drahtzieher mitgewirkt hatte. Dennoch dachten viele, der Pragmatiker und gewiefte Taktiker könnte die Wirtschaft ankurbeln, die außenpolitischen Konflikte lösen, vor allem die Beziehungen zu den USA normalisieren, und es verhindern, dass die Exekutive in die Hand fanatischer Islamisten fällt.

Laut seinem Programm wollte Rafsandschani die Tore des Landes weit für ausländisches Kapital öffnen, wichtige staatliche Unternehmen privatisieren und dem Privatkapital alle denkbaren Vergünstigungen zukommen lassen. Unter dem Motto: »Alle miteinander zum Stolz Irans arbeiten« sollte der Wirtschaft neuer Schwung verliehen werden. Die Jugend sollte gefördert, die Freiheit der Presse und der Meinungsäußerung gesichert, und politische Aktivisten sollten zur Gründung freier Parteien ermuntert werden. Unter seiner Regierung sollte die Privatsphäre gesichert und für den Staat unantastbar werden. Frauen sollten mehr Rechte bekommen, in der Wirtschaft und in der Politik mehr Verantwortung übernehmen und an wichtigsten Entscheidungen beteiligt werden. Ob dieses Programm tatsächlich auf neuen Einsichten und Erkenntnisse beruhte und der Saulus von einst sich nun zum Paulus verwandelt hatte, wird unbeantwortet bleiben, denn Rafsandschani erhielt zwar bei der ersten Wahl die meisten Stimmen, verlor aber bei der Stichwahl gegen Ahmadinedschad.

Das Machtmonopol

Ahmadinedschad hielt sich in der ersten Runde des Wahlkampfs mehr oder weniger im Hintergrund. Während die anderen sechs Kandidaten – einer der Kandidaten, Mohsen Rezai, hatte schon vor der Wahl seine Bewerbung zurückgezogen – einen erstaunlich modernen Wahlkampf führten und mit Plakaten und Werbeslogans sowie durch Wahlversammlungen und Presseerklärungen um Stimmen warben, war von Ahmadinedschad wenig zu hören. Umso verwunderlicher war, dass er nach Angaben des Wächterrats den zweithöchsten Stimmenanteil erhielt.

Allerdings gab es gegen die Wahl, gegen Manipulationen und Betrügereien, massive Proteste, und diese waren so heftig, dass der Wächterrat sie nicht ignorieren konnte. Kein Geringerer als der frühere Parlamentspräsident, Mehdi Karrubi, der selbst als Kandidat aufgetreten war und den dritten Platz belegt hatte, behauptete am Tag nach der Wahl, er könne nachweisen, dass in den letzten Stunden etwa eine Million Stimmzettel zugunsten von Ahmadinedschad in die Urnen geworfen worden seien. Zudem hätten manche Wähler bis zu zehn Mal ihre Stimme abgegeben. Auch der Kandidat der Reformer, Mostafa Moin, sowie Haschemi Rafsandschani sprachen von eindeutigen Wahlmanipulationen.

Der Wächterrat sah sich gezwungen, auf die massive Kritik zu reagieren. Er wies das Innenministerium an, die Auszählung der Stimmzettel in Teheran und drei weiteren Großstädten zu wiederholen. Noch bevor das Ergebnis der »Nachzählung« jedoch bekannt gegeben wurde, erklärte der Wächterrat, die Wahl sei korrekt verlaufen!

Ein Sprecher des Ministeriums, Chanchani, erklärte daraufhin am 21. Juni in Anwesenheit von in- und ausländischen Journalisten, es habe Wahlmanipulationen zugunsten eines bestimmten Kandidaten gegeben. Er habe »eindeutige und genaue Informationen« über gewisse Personen und Organisationen, die im Vorfeld der Präsidentschaftswahl auf die Wahlen manipulativ eingewirkt hätten. Sein Ministerium sei zwar bemüht, solche Manipulationen und Betrügereien beim zweiten Wahlgang zu verhindern, aber er müsse gestehen, dass dem Ministerium dazu die nötige Macht und Kraft fehlten. Um welche Kräfte es sich dabei handelte, sagte Chanchani nicht, er nannte auch keine Namen, forderte jedoch die Justizabteilung der Streitkräfte auf, gegen die Personen und Organisationen entsprechende Schritte zu unternehmen und die Öffentlichkeit darüber zu informieren.

Chanchani teilte mit, dass der Justizminister, der Informationsminister und der Innenminister eine Kommission gebildet hätten, die den Vorwürfen nachgehen sollte. Dieser Kommission lägen die Namen von betreffenden Personen und Organisationen vor, die während des Wahlkampfs landesweit ein Netz organisiert hätten, um andere Kandidaten zu denunzieren. »Millionen Flugblätter« seien verteilt worden. Allein das Informationsministerium habe fünf Millionen solcher Flugblätter beschlagnahmt. Die Justiz sei über alle Details, über »das Netz, dessen Wurzeln und Auftraggeber« informiert worden. »Es kann sein, dass das Informationsministerium aus Rücksicht auf die Staatsräson die Namen der Hauptinitiatoren nicht veröffentlichen will«, sagte Chanchani. Er selbst sei jedoch der Meinung, dass man zumindest die Aktivisten, die innerhalb des Netzes tätig waren, nennen sollte.

Aber wer hätte in dieser Situation so viel Mut aufbringen können, um den schleichenden Putsch, der von den Islamisten im Wächterrat gedeckt und vom Revolutionsführer unterstützt wurde, noch aufzuhalten? Viele merkten erst jetzt, wie die Putschisten ihren Sieg von langer Hand geplant hatten. Jetzt sollte nur noch gerettet werden, was zu retten war. Rafsandschani sei das kleinere Übel, meinten viele und scharten sich um ihn. Es war schon eine merkwürdige Situation, dass auch jene Reformer, die noch wenige Jahre zuvor

Rafsandschani als ihren größten Feind bezeichnet und seinen Einzug ins Parlament verhindert hatten, jetzt auf einmal für ihn warben. Aber auch diese Mühe war vergeblich, der Putsch ließ sich nicht mehr aufhalten.

Vier Tage nach der Stichwahl erklärte der Wächterrat Ahmadinedschad zum eindeutigen Wahlsieger. Die Wahl sei korrekt verlaufen, es habe keinerlei Unregelmäßigkeiten gegeben, teilte der Rat am 29. Juni mit. Demnach hätten 61 Prozent der Wahlberechtigten an der Wahl teilgenommen. Von den 27,8 Millionen gültigen Stimmen seien 61,8 Prozent auf Ahmadinedschad entfallen. Sein Konkurrent Rafsandschani habe nur 37 Prozent der Stimmen erhalten.

Es war ein Alptraum. Niemand hatte mit einem Sieg des ultrarechten Flügels der Konservativen gerechnet, auch nicht damit, dass Haschemi Rafsandschani, der allgemein als Favorit gehandelt wurde, eine so erbärmliche Niederlage erleiden würde. Legte man die Wahlen der letzten Jahre zugrunde, verfügten die Konservativen insgesamt über fünf bis acht Millionen Stimmen. Ahmadinedschad hatte aber bei der Stichwahl mehr als 17 Millionen Stimmen bekommen, ein Wunder, das nicht allein mit dem sicherlich zutreffenden Hinweis auf massive Wahlmanipulationen zu erklären war. Den Putschisten war es gelungen, vor allem die sozial Benachteiligten mit Hilfe von wenigen Parolen zu mobilisieren.

Ahmadinedschad war in die Rolle eines Bettlerkönigs, eines Robin Hood geschlüpft. Mit einer radikalen Kampfansage an die korrupte Obrigkeit, an jene, die sich auf Kosten der Volksmassen bereichert hätten, schürte er Hass- und Rachegefühle. Warum, fragte er, sollen jene, die die Revolution gemacht, im Krieg ihr Leben riskiert und die Folgen getragen haben, am Hungertuch nagen, während andere in Reichtum schwelgen. Damit zielte er direkt gegen seinen Rivalen Rafsandschani, der bekanntlich zu den reichsten und korruptesten Lenkern des Gottesstaates gehörte. Mit dem populistischen Ruf nach Gerechtigkeit gelang Ahmadinedschad aber auch ein zweiter, nicht minder wichtiger Streich, ein Ablenkungsmanöver von politischen Fragen. Während in den vergangenen acht Jahren Forderungen nach Demokratie und Menschenrechten die Hauptstreitpunkte zwischen den Konservativen und den Reformern darstellten, schafften es die Putschisten, diese politischen Themen in den Schatten der sozialen Fragen zu stellen. Die These der Reformer, ohne Demokratisierung, ohne Rechtsstaat, ließen sich die ökonomischen Probleme nicht lösen, wurde in ihr Gegenteil verkehrt. Verdutzt stellten die Reformer fest, dass für die Scharen der Arbeitslosen, der Armen und Benachteiligten die Sicherung der materiellen Existenz viel wichtiger war als die Sicherung ihrer Bürgerrechte. Nun mussten sie für den unverzeihlichen Fehler, soziale Fragen unterbewertet zu haben, die Zeche zahlen.

Die *Abadgaran*, diese neue Gruppe, die erst zwei Jahre zuvor die politische Bühne betreten, bei den Kommunalwahlen den Sieg davongetragen und ein Jahr später die Mehrheit der Parlamentssitze gewonnen hatte, hatte nun das Monopol der Macht, das Parlament, die Regierung, die Streitkräfte, die Geheimdienste, die Milizen und die paramilitärischen Organisationen, erobert. Was die Gruppe aber nicht hatte, war ein Konzept zur Lösung der anstehenden innen- und außenpolitischen Probleme. Wie sollte der Iran die internationale Isolation überwinden, welche Lösung bot sich für den Atomkonflikt an, welche Wege gab es, um aus der steigenden Arbeitslosigkeit, Armut, Drogensucht und aus der Wirtschaftskrise herauszukommen? Auf alle diese Fragen hatte die Gruppe keine Antwort. Ihr fehlte auch die Unterstützung der Zivilgesellschaft und, was nicht minder wichtig war, die Unterstützung der Mehrheit der Konservativen, die an den Schalthebeln der Macht saßen und die Wirtschaft des Landes beherrschten. Wie wollten sie unter diesen Umständen ein Volk mit gut siebzig Millionen Einwohnern regieren? Die Antwort, die bereits die ersten Monate der neuen Regierung lieferten, war: Flucht nach vorn, die Konflikte auf die Spitze treiben, Krisen erzeugen, die Armen mit populistischen Parolen mobilisieren, die Gegner denunzieren, Feindbilder aufstellen.

Der gelenkte Lenker

Bis wenige Monaten vor der Wahl war der Name Mahmud Ahmadinedschad, der zwei Jahre zuvor zum Bürgermeister Teherans gewählt worden war, außerhalb der Hauptstadt kaum bekannt. Für das Ausland war er ein Nobody. Als er zum Bürgermeister der Hauptstadt gewählt werden sollte, sah sich sogar Geheimdienstchef Ali Yunessi genötigt, das Teheraner Stadtparlament zu warnen. Eine solche Wahl sei nicht im Interesse des Staates, schrieb er und fügte zur Begründung dem Schreiben einige Unterlagen bei. Um welche Dokumente es sich genau handelte, ist bis heute nicht bekannt. Vermutlich ging es um die Vergangenheit des Kandidaten. Doch die Warnung wurde ignoriert.

Der bei seiner Wahl zum Präsidenten fünfzigjährige Ahmadinedschad wurde im zentraliranischen Garmsar geboren. Als Jugendlicher schloss er sich der islamischen Opposition gegen den Schah an. Zur Zeit der Revolution studierte er an der Technischen Hochschule in Teheran Bauwesen. Über seine damaligen politischen Aktivitäten ist wenig bekannt. Er selbst sagt, dass er Mitglied der »Studenten der Linie Imam Chomeini« gewesen sei. Von dieser Organisation ging 1979 die Initiative zu der Geiselnahme amerikanischer Botschaftsangehörigen in Teheran aus. Ahmadinedschad behauptet, daran nicht beteiligt gewesen zu sein. Demgegenüber erklärten damalige Geiseln, ihn auf Fotos wieder erkannt zu haben. Einige Geiselnehmer haben erklärt, er habe nicht zu den Initiatoren gehört und sei erst später hinzugekommen.

Unbestritten ist, dass Ahmadinedschad Mitglied der paramilitärischen *Sepah-e Ghods* (Armee Jerusalem) war und sich in der Abteilung für Auslandsoperationen, die auch in Europa gegen iranische Oppositionelle eingesetzt wurde, einige Meriten erwarb. So gibt es handfeste Indizien, dass Ahmadinedschad 1989 an der Ermordung des Vorsitzenden der Demokratischen Partei des iranischen Kurdistan, Abdolrahman Ghassemlu, und zwei seiner Parteimitglieder in Wien beteiligt gewesen war. Über diesen Mord hat inzwischen ein Zeuge einen detaillierten Bericht vorgelegt und Ahmadinedschad schwer belastet. »Am 13. Juli 1989 war es so weit«, berichtete der »Zeuge D«. »Die Täter, in zwei Gruppen aufgeteilt, schlugen zu. Die erste Gruppe sollte den Mordauftrag erledigen. Im Falle des Scheiterns sollte die zweite Gruppe unter der Leitung von Ahmadinedschad den Auftrag übernehmen. Doch alles lief reibungslos. Nur einer der Täter wurde verletzt und musste ins Krankenhaus. Die anderen konnten am selben Tag Österreich verlassen. Auch der Verletzte konnte später trotz Mordverdacht mit ausdrücklicher Zustimmung der österreichischen Regierung in den Iran fliegen. Die beiden Mörder, Taghipur und Asgari, sind mittlerweile auf mysteriöse Weise ums Leben gekommen.«

Der Bericht liegt inzwischen dem österreichischen Politiker Peter Pilz, Abgeordneter der Grünen und Mitglied des Sicherheitsausschusses im österreichischen Parlament, vor. Pilz ist seit Jahren mit dem Fall beschäftigt. Er sprach selbst mit dem Zeugen D in Paris und zeichnete die Aussagen auf. Pilz bestätigte, dass sich diese Aussagen mit seinen eigenen Recherchen deckten, und erklärte: »Ich werde alles tun, damit die Verfolgung der Täter durch die österreichische Justiz wieder aufgenommen wird.« Für ihn stehe fest, dass Ahmadinedschad eine Gruppe der Täter geleitet habe. Doch Österreichs Justiz zögert immer noch. Das Land gehört zu den wichtigsten Handelspartnern Irans. Ahmadinedschad werden noch weitere Beteiligungen an Attentaten im Ausland nachgesagt. So soll er unter anderem an der Vorbereitung des Mordanschlags gegen den letzten Ministerpräsidenten des Schahs, Schahpur Bachtiar, in Paris aktiv beteiligt gewesen sein.

Der heutige Staatspräsident Irans gehört zum militärischen Arm des Gottesstaates. Die militärischen und paramilitärischen Einrichtungen, die mit Chomeinis Machtübernahme 1979 gegründet wurden, rekrutierten sich neben den Slumbewohnern vorwiegend aus jungen Männern, die, begeistert von der Islamischen Revolution und ihrem Führer Ayatollah Chomeini, zu jedem Opfer bereit waren. Für Ahmadinedschad war Chomeini ein Idol. Als dieser starb, suchte er Zuflucht beim verborgenen Imam Mahdi.

Dass er einmal Staatspräsident werden würde, war sicherlich auch für ihn lange Zeit nicht absehbar gewesen. »Es war Mahdi, der mich dazu berufen hat«, sagt er immer wieder. Bei jedem wichtigen Schritt bittet er deshalb den Imam um Beistand, zum Beispiel als er im September vergangenen Jahres auf der UN-Vollversammlung in New York auftrat. Es war sein erster Auftritt im Ausland. Außerhalb des Saals habe ihn kaum jemand wahrgenommen, berichtete er nach seiner Rückkehr nach Teheran im Kabinett. »Da kam mir der verborgene Imam zur Hilfe. In dem Augenblick, als ich den Saal betrat, umgab mich plötzlich ein Heiligenschein. All die Staatsoberhäupter, die da saßen, erstarrten vor Erstaunen. Ich redete eine halbe Stunde lang, und während der ganzen Zeit hörten mir alle gebannt zu, nicht ein Einziger zuckte mit der Wimper.«

In seinem Weltbild existieren nur Freunde und Feinde. Das Lager des Islam werde umzingelt vom dekadenten Westen, von Verrätern und Abtrünnigen, sie müssen vernichtet werden, selbst jene, die den Islam reformieren wollen, sagte Ahmadinedschad. Zudem beseelt ihn die Vision von einem islamischen Weltstaat: »Wir müssen uns auf einen einheitlichen Weltstaat vorbereiten.« Der Islam sei im Aufstieg begriffen. »Selbst in Europa bestehen heute schon zwölf Prozent der Gesamtbevölkerung aus Muslimen.« »Zweifelt nicht daran«, rief er seinen Anhängern zu, »alle Menschen sehnen sich nach einem islamischen Weltstaat, und dieser Staat wird bald kommen.«

Bei seiner ersten Pressekonferenz nach dem Wahlsieg gab sich der designierte Präsident erstaunlich moderat. Er wolle einen gesellschaftlichen Konsens herstellen und allen Fraktionen, auch Gruppen und Organisationen, die gegen ihn Wahlkampf geführt haben, die Hand reichen. »Grenzziehungen zwischen den Gruppen und Parteien sind nicht meine Sache. Ich werde niemals die Interessen des Volkes denen einer Partei oder Gruppe opfern«, sagte Ahmadinedschad. Vor der Presse habe er eine hohe Achtung, er wolle sogar die Journalisten, die ihn kritisieren, dafür belohnen. Auch bezüglich einer Verschärfung der Sittenkontrollen versuchte er, vor allem Frauen und Jugendliche zu beruhigen und die Befürchtungen, die Freiräume würden wieder zurückgenommen werden, zu zerstreuen.

Militärregierung in Zivil

Dass die Ankündigungen des neuen Präsidenten nichts als leere Worte waren, erwies sich bereits bei der Nominierung seines Kabinetts. Allen Bekundungen zum Trotz, eine Regierung zu bilden, in der sich alle »Bürgerinnen und Bürger Irans vertreten fühlen werden«, zeugte das frisch gewählte Kabinett davon, dass die radikalislamistischen Putschisten entschlossen waren, die Macht zu monopolisieren. Unter den neuen Kabinettsmitgliedern befanden sich fast ausschließlich Männer, die entweder beim Geheimdienst oder beim Militär bzw. bei paramilitärischen Organisationen Karriere gemacht hatten. Fünf Minister stammten aus den Reihen der Militärs und fünf aus denen der Geheimdienste. Kein Wunder, dass das von Konservativen mit absoluter Mehrheit dominierte Parlament vier der vom Regierungschef vorgeschlagenen Minister ablehnte. Die

Ablehnung machte deutlich, dass das Lager der konservativen Islamisten längst gespalten war.

Eine solche einseitige Regierung, die nur eine kleine Minderheit der Wähler repräsentierte, hatte es in der Geschichte der Islamischen Republik noch nie gegeben. Selbst in der Ära Chomeinis war der Revolutionsführer grundsätzlich darauf bedacht, ein Gleichgewicht der Kräfte zu sichern und die Staatsmacht unter den verschiedenen Fraktionen innerhalb des islamischen Lagers aufzuteilen. Die Putschisten haben diesem Grundsatz ein Ende gesetzt.

Gholam Hussein Mohseni Ejeh-i, der das Informationsministerium übernahm, war nacheinander Personalchef im Geheimdienstministerium, Beauftragter der Justiz beim Geheimdienst, Oberstaatsanwalt beim Sondergericht für Geistliche, Leiter der Sonderabteilung der Justiz für staatliche Angestellte und Sonderbeauftragter der Justiz für die Presse. Ejeh-i wird vorgeworfen, an den Kettenmorden des Jahres 1999 beteiligt gewesen zu sein. Während seiner Tätigkeit als Staatsanwalt beim Sondergericht für Geistliche hatte er harte Urteile gegen mehrere bekannte Geistliche, die eine Reformierung des Islam anstrebten, durchgesetzt.

Der neue Innenminister, Mostafa Purmohammadi, gehörte, wie bereits erwähnt, jenem dreiköpfigen Gremium an, das 1988 im Auftrag Chomeinis mehrere tausend Dissidenten hinrichten ließ. Später war er über lange Jahre Stellvertreter des Informationsministers. Er diente unter dem berüchtigten Geheimdienstchef Ali Fallahian, dem die Teilnahme an zahlreichen Mordattentaten gegen Oppositionelle nachgewiesen wurde. Auch Purmohammadi selbst soll an diesen Attentaten maßgeblich beteiligt gewesen sein. Er und sein Minister wurden 1997 nach der Wahl Chatamis zum Staatspräsidenten aus dem Amt entlassen. Zuvor war Purmohammadi in verschiedenen Provinzen als Staatsanwalt tätig gewesen. Nach seiner Entlassung arbeitete er im »Dokumentationszentrum der islamischen Revolution«, einer Einrichtung, die von radikalen Islamisten geführt wird und für ideologische und strategische Fragen des Gottesstaates zuständig ist. Hier werden auch die Kampagnen gegen Andersdenkende und vor allem gegen westliche Einflüsse im Bereich der Kultur organisiert. 2003 wurde Purmohammadi ins Büro des Revolutionsführers Chamenei berufen, wo er die Abteilung für politische und soziale Fragen leitete.

Mostafa Mohammad Nadjjar, der neue Verteidigungsminister, war von Anbeginn Mitglied der »Wächter der Revolution«. Zu deren ersten Aufgaben gehörten die Niederschlagung oppositioneller Organisationen und die Liquidierung der Organisationen der iranischen Kurden, Azaris, Balutschen, Turkmenen und Araber, die im Zuge der Revolution für ein föderales System warben und mehr Autonomie für ihre Gebiete verlangten. Najjar hatte sich auf den Kampf gegen Autonomiebewegungen spezialisiert. Vor allem bei der Niederschlagung der kurdischen Autonomiebewegung spielte er eine führende Rolle. Später übernahm er bei den Revolutionswächtern die Leitung der Abteilung für den Nahen Osten (Libanon, Palästina und die Golfstaaten) und hatte damit auch enge Verbindung zu bewaffneten Gruppen bzw. terroristischen Organisationen.

Mohammad Hussein Saffar Harandi wurde die Leitung des Ministeriums für Kultur und islamische Führung übertragen. Harandi ist als stellvertretender Chefredakteur der Tageszeitung Kayhan landsweit bekannt geworden. Die Zeitung ist ein Sprachrohr der ultrarechten Islamisten. Seine Bekanntheit hat Harandi insbesondere durch seine Hetztiraden gegen Dissidenten, Reformer und vermeintlich verderbliche Einflüsse aus dem Westen erworben. Vor seiner journalistischen Tätigkeit war Harandi zunächst stellvertretender Kommandeur der Revolutionswächter für die westlichen Provinzen des Landes. Danach leitete er die politische Abteilung im Hauptquartier der Revolutionswächter und war gleichzeitig Mitglied des Rates, der für die politische Strategie der Nachrichtenagentur der Islamischen Republik zuständig war. Zu den Aufgaben des Ministeriums für Kultur und islamische Führung gehört die Kontrolle und Führung der gesamten Medien und sonstiger publizistischer, literarischer und künstlerischer Aktivitäten. Auch die Zensurbehörde ist hier angesiedelt. Aus diesem Grund nimmt dieses Ministerium, innenpolitisch und gesellschaftlich, eine herausragende Stellung ein. In einem Pressegespräch betonte Harandi, er werde als Minister um keinen Deut von seinen bisherigen Grundsätzen abweichen.

Die Wahl Manutschehr Mottakis zum neuen Außenminister dokumentierte die Entschlossenheit der neuen Regierung, vor allem bei den Atomverhandlungen mit der EU einen Kurswechsel vorzunehmen. Mottaki hatte von der Regierung Chatami stets eine unnachgiebige Haltung gefordert. Seine diplomatischen Erfahrungen sind gering. Er war zwar eine Zeit lang als Botschafter Irans in Japan und in der Türkei tätig, trat aber bisher nie als Experte für außenpolitische Angelegenheiten in Erscheinung. Aber er sollte ohnehin künftig keine große Rolle spielen. Die wichtigsten Bereiche der Außenpolitik, wie zum Beispiel die Verhandlungen über das umstrittene Atomprogramm, sollten vom Obersten Nationalen Sicherheitsrat übernommen werden. Ahmadinedschad hatte den ultrakonservativen Ali Laridschani zum neuen Sekretär des Rates ernannt. Damit trat Laridschani die Nachfolge des als moderat geltenden Hassan Rowhani an, der bisher als Chefunterhändler mit den drei EU-Staaten Deutschland, Frankreich und Großbritannien die Atomverhandlungen geführt hatte.

Laridschani war unter Rafsandschani eine Zeit lang Kulturminister gewesen. 1994 wurde er vom Revolutionsführer Chamenei zum Chef des staatlichen Rundfunks und Fernsehens ernannt. Unter seiner Leitung entwickelten sich die staatlichen Sender zum Sprachrohr der damaligen konservativen Opposition gegen die Reformpolitik Chatamis.

Laridschani hatte schon zuvor aus seiner ablehnenden Haltung gegenüber den Atomgesprächen mit der EU nie einen Hehl gemacht. Die im August 2005 vorgelegten EU-Vorschläge bezeichnete er als »lächerlich«. Das Atomprogramm sei für ihn »ein Symbol der Würde des iranischen Volkes«. Mehrmals warf er seinem Vorgänger vor, dies den Europäern nicht richtig übermittelt zu haben. Ein dauerhaftes Aussetzen der Urananreicherung käme für ihn niemals in Frage, betonte er.

Islamisten, die im Parlament saßen, feierten den »epochalen« Sieg ihrer Kampfgefährten. Der Abgeordnete Mohammad Reza Fakher erklärte die Wahl Ahmadinedschads als gottgewollt. Ohne Unterstützung einer Partei oder einer Fraktion, ohne Hilfe der Medien habe Gott bei dieser Wahl »die Herzen der Menschen in unserem Land in eine Richtung gelenkt, mit der keiner von uns gerechnet hatte«. Es sei eine Wahl nach »demokratischen Prinzipien« gewesen, die »der Westen verlogen für sich in Anspruch nimmt«. Das iranische Volk habe einen »islamischen, ehrlichen und genügsamen Präsidenten« gewählt. »Parteien und Presse sind zwei überflüssige Instrumente der westlichen Demokratie«, erklärte Fakher. »Wenn wir einen islamischen Staat aufbauen wollen, müssen wir dies nach islamischen

Grundsätzen tun. Ein islamischer Staat braucht keine verwestlichten Parteien und Medien. Was wir brauchen, sind islamische Zeitungen.« Man könne einen islamischen Staat auch nicht mit »schmutzigen Fingern, vollem Bauch und verseuchtem Fleisch« aufbauen. »Wir brauchen fromme, integre Menschen, die in den vergangenen Jahren ausgeschlossen wurden. Sie müssen wieder eingesetzt werden«, forderte Fakher.

Dieser Aufforderung folgte der neue Präsident prompt und veranstaltete eine gründliche Säuberung in sämtlichen Ministerien, staatlichen Ämtern und Unternehmen. Spitzenfunktionäre des Staates, die in mehr als zwei Jahrzehnten Islamischer Republik Sachkenntnisse erworben und Erfahrung gesammelt hatten, wurden durch Revolutionsgardisten und Mitglieder der Geheimdienste ersetzt. Allein im Teheraner Außenministerium sollen 200 bis 300 leitende Stellen neu besetzt und vierzig im Ausland tätige Botschafter, die meisten von ihnen reformorientiert, abberufen worden sein. Die Aktion, die nichts anderes war als die Vollendung des Putsches, bezeichnete der Regierungschef als Kampf gegen die Korruption.

Bereits während seines Wahlkampfs hatte Ahmadinedschad nicht nur den Wohlhabenden, die sich »auf Kosten des Volkes bereichert haben«, mit Sanktionen gedroht, sondern auch die Banken bezichtigt, durch eine verderbliche Politik Millionen in die Armut getrieben zu haben. Kaum im Amt, kündigte er folgerichtig einen Angriffsplan auf die Finanzinstitute an. Er wolle die Zinsen drastisch senken, die Korruption bekämpfen und das ganze Bankwesen reformieren. Der erste Schlag traf sieben Direktoren staatlicher Banken. Die Ahnungslosen wurden über Nacht auf die Straße gesetzt. Deren Posten wurden von Kampfgefährten des Staatschefs übernommen. Auch der Direktor der Teheraner Börse, die aufgrund der jüngsten politischen Ereignisse brachlag, wurde gefeuert. Ein 26-Jähriger, der auf seinen Stuhl gesetzt wurde, sollte die Börse wieder in Schwung bringen. Überraschend war auch, dass die Umbesetzungen nicht wie bisher üblich vom Wirtschafts- und Finanzminister, sondern vom Staatspräsidenten persönlich angeordnet wurden.

Der Staatsstreich, die gründliche Säuberungsaktion des Staatsapparates und die radikalen, populistischen Parolen hatten Folgen. Bei den ärmeren Schichten erhöhten sie die Erwartungen, bei mittleren und höheren Schichten lösten sie Panik aus. Eine starke Kapitalflucht in die Golfstaaten und eine Flucht der Köpfe waren die Folge. Allein in den Vereinigten Arabischen Emiraten sind inzwischen mehr als 10.000 iranische Gesellschaften mit einer Gesamtinvestition von rund 200 Milliarden Dollar registriert. Dabei ist der Iran selbst mit seiner hohen Inflationsrate und Arbeitslosigkeit auf Investitionen dringend angewiesen. Aber seit der Machtübernahme Ahmadinedschads sind so gut wie keine neuen ausländischen Investitionen mehr getätigt worden, erstens weil die Zuspitzung der politischen Lage das Risiko für Investoren erhöht hat und zweitens weil die Banken und Versicherungen weit weniger als zuvor bereit sind, Geschäfte mit dem Iran abzusichern.

Flucht nach vorn

Bei der Last der innenpolitischen Probleme und der Unfähigkeit der neuen Regierung, diese Probleme in den Griff zu bekommen, ist es kein Wunder, dass schon wenige Monate nach Ahmadinedschads Amtsübernahme die Kritik, insbesondere seitens der moderateren Konservativen, so laut wurde, dass der Eindruck entstehen konnte, ein Sturz der Regierung stehe unmittelbar bevor. Das müssen auch die Putschisten gespürt haben, und sie reagierten nach altbekanntem Muster: Flucht nach vorn, Krisen erzeugen, Hass schüren. Und den besten Ansatzpunkt hierfür bot die Außenpolitik.

Im Atomkonflikt ging die Regierung auf Konfrontationskurs, so weit, dass es zum Abbruch der Verhandlungen mit den EU-Staaten kam. Im September 2005 stellte Ahmadinedschad auf der UN-Vollversammlung die Politik der USA und Israel in ungewöhnlicher Schärfe an den Pranger – und brachte damit aber zugleich die Konfliktlage auf den Punkt.

»Ein Staat, der bereits Atomwaffen eingesetzt hat und heute sein Atomarsenal immer mehr aufstockt, Tests durchführt, ein Staat, der zehn- oder gar hunderttausende Menschen im Irak und Kuwait, ja sogar eigene Soldaten mit Uranbomben getötet oder folgenschwer verletzt hat, ein Staat, der selbst den Atomwaffensperrvertrag permanent missachtet, sich weigert, den Vertrag über die Einstellung von Atomtests zu unterzeichnen, und dem zionistischen Regime Massenvernichtungswaffen zur Verfügung stellt, dieser Staat ist nicht nur nicht bereit, seine Fehler zu korrigieren, er möchte auch mit Gewalt andere Völker daran hindern, ihre Technologie zur friedlichen Nutzung der Atomenergie weiterzuentwickeln.«

Nach dem 11. September sei eine »radikale Gruppe« terroristischer Aktivitäten beschuldigt worden, obwohl niemals geklärt worden sei, warum die so versierten Geheimdienste eine so groß angelegte Aktion nicht hätten aufdecken und verhindern können und warum jene Mächte, die sich als Verteidiger der Menschenrechte bezeichneten, heute dieselben Gruppen, die sie einst in Afghanistan unterstützt hätten, als ihre schlimmsten Feinde bekämpfen.

Das größte Problem liege darin, dass einige Mächte anderen Völkern Ungerechtigkeit aufzwingen und sich gleichzeitig, gestützt von einem mächtigen Propagandaapparat, als Verteidiger der Menschenrechte und Demokratie darstellen, sagte Ahmadinedschad.

Die Weltöffentlichkeit sei auch über die Vorgänge in den besetzten Gebieten Palästinas gut informiert und beobachte genau, wie »Frauen und Kinder getötet, Jugendliche in Gefangenschaft gebracht, Häuser zerstört und Felder verbrannt« werden. Dennoch werde der Widerstand der Palästinenser als Terrorismus bezeichnet, während »das Regime der Besatzer, das sich an keine Grundsätze gebunden fühlt und bei dem Terror zum täglichen Programm gehört, von den zuvor genannten Staaten unterstützt wird«.

Die Rechnung ging auf. Während die Staatsoberhäupter und Diplomaten die Attacken des Staatspräsidenten als Missachtung der diplomatischen Gepflogenheiten oder gar als primitive Entgleisungen verurteilten, zollten ihm die Massen in den Staaten des Nahen und Mittleren Ostens Beifall. Das war auch genau die Absicht, die Ahmadinedschad mit seinem Angriff verfolgt hatte: Nicht die Diplomaten, sondern die Massen waren seine Adressaten. Er setzte die Strategie fort.

Während einer Rede am 26. Oktober in Teheran forderte er die Auslöschung Israels und löste damit vor allem im Westen einen Sturm der Entrüstung aus. »Wie es der Imam [Ayatollah Chomeini] gesagt hat, muss der Besatzerstaat [Israel] von der Landkarte getilgt werden«, sagte er. »Der Imam hatte die Ausrottung des Besatzerstaats prophezeit, genauso wie er das Ende des Ostblocks und Saddam Husseins vorausgesagt hatte.« Mit Gottes Hilfe werde diese Voraussage »durch die Weisheit der Palästinenser bald realisiert werden«. Die Gründung des »zionistischen Regimes« sei eine gegen die islamische Welt gerichtete Tat des »Unterdrückers der Welt« gewesen. »Die islamische Gemeinschaft wird es dem historischen Feind nicht erlauben, in ihrem Stammland zu leben.« Als die rund 4.000 anwesenden Studenten mit dem Ruf »Tod Israel« zustimmten, forderte er sie auf, noch lauter zu rufen. »Die Gefechte im besetzten Land« seien Teil eines »Schicksalskrieges«, fuhr er fort. Der Ausgang von hundert Jahren Krieg werde auf palästinensischem Boden entschieden.

Ungeachtet der weltweiten Proteste bekräftigte Ahmadinedschad seine Äußerungen zwei Tage später auf einer Massenkundgebung in Teheran, die seit der Machtübernahme Chomeinis jedes Jahr am letzten Freitag des Fastenmonats stattfindet. Der Tag, der der Bekundung der Solidarität mit dem palästinensischen Volk dient, wird »Al Kuds« (der arabische Name für Jerusalem) genannt. Seine Äußerungen seien »völlig angemessen« gewesen, sagte der Staatschef. »Ich habe gesagt, was das iranische Volk sagt«, erklärte der Präsident.

Hätte man, als Ahmadinedschad mit den Attacken gegen Israel anfing, im Westen nicht so empört reagiert, hätten sich seine Worte in Luft aufgelöst. Denn im Iran hört man solche Parolen seit der Gründung des Gottesstaates Woche für Woche beim Freitagsgebet. Die Menschen haben die Ohren voll davon. Ohnehin hatte die Mehrheit der Iraner für den Präsidenten, der nichts als Parolen zu bieten hatte, nur Spott übrig. Selbst für die moderaten Konservativen schien er längst untragbar. Eine Zeit lang schien es, als wollten sie ihm Fallen stellen, ihn ins Messer laufen lassen und so schnell wie möglich loswerden. Die Kritik gegen ihn wurde immer lauter. Das Parlament lehnte mehrmals seine Ministervorschläge ab. Für das Ölministerium wurde erst sein vierter Vorschlag akzeptiert. Seine Regierungsvorlage, einen Fonds zur Unterstützung der Armen einzurichten, wurde als undiskutabel eingestuft und nicht einmal in die Tagesordnung aufgenommen.

Auch seine Außenpolitik, einschließlich der Verbalattacken gegen Israel, rief heftige Kritik hervor. Es fiel auf, dass sogar in der konservativen Presse die Äußerungen des Regierungschefs sehr distanziert und kommentarlos wiedergegeben wurden. Einige Abgeordnete verlangten eine außerordentliche Sitzung des Parlaments.

Die Konservativen befürchteten nicht nur, dass der Kurs der neuen Regierung außenpolitisch zur Isolierung des Landes und innenpolitisch zum Chaos führen könnte, sie sahen vor allem ihre ökonomischen Interessen in Gefahr. Die Stiftungen, der Rafsandschani-Clan und andere Machtzentren hatten viel zu verlieren, sowohl ihre politische Macht als auch den Reichtum, den sie in all den Jahren angehäuft haben. Sie mussten sich zur Wehr setzen und dem Treiben möglichst rasch Einhalt gebieten.

Auch die Reformer wurden auf den Plan gerufen. Die *Moscharekat*-Partei bezeichnete die Attacken Ahmadinedschads gegen Israel als »tödliches Gift fundamentalistischer Ideologien«. »Solche Äußerungen fügen dem Land politisch und ökonomisch großen Schaden zu und gefährden zunehmend die Sicherheit des Landes«, hieß es in einer öffentlichen Erklärung der Partei.

Ahmadinedschad vor dem Aus?

In einer offiziellen Stellungnahme vom 19. März 2006 ergänzte die *Moscharekat*-Partei ihre Kritik an der Regierungspolitik Ahmadinedschads in ungewöhnlicher Schärfe und forderte einen Kurswechsel. Das gesamte Atomprogramm, einschließlich der Atomforschung, sei für eine bestimmte Zeit auszusetzen, um damit international wieder Vertrauen herstellen zu können. Die Partei zeigte sich äußerst besorgt über die Gefahren, die das Land bedrohen. »Die Atompolitik der monopolistischen Regierung« habe zu einer internationalen Frontbildung gegen den Iran geführt und damit in der iranischen Bevölkerung die Befürchtung ausgelöst, die Fortsetzung dieser Politik könne letztendlich nicht nur dazu führen, dass dem Iran das Recht auf die friedliche Nutzung der Atomenergie verweigert werde, sie könne sogar die nationale Einheit Irans in Gefahr bringen. Daher sehe sich die Partei dazu gezwungen, die Regierung zu warnen und dazu aufzufordern, ihren »abwegigen Kurs« zu korrigieren und wieder zu vernünftigen, diplomatischen Verhandlungen zurückzukehren. »Die Regierung darf sich nicht erlauben, ihre Politik, die sich oft genug als falsch erwiesen hat, fortzusetzen und damit die Interessen des Landes zu opfern«, heißt es in der Erklärung. »Wir betonen, dass man der aggressiven Politik der Außenmächte weder mit militärischen Mitteln begegnen kann, noch mit Feindseligkeiten, die zu einer Frontbildung gegen den Iran führen.« Der richtige Weg sei vielmehr eine Politik, mit der man die internationale Staatengemeinschaft davon überzeugen könnte, dass Iran nach Demokratie strebe, Frieden wolle und den Weg der Vernunft gewählt habe.

Man dürfe die Tatsache nicht übersehen, dass die duale Nutzbarkeit der Atomenergie in der ganzen Welt Besorgnis ausgelöst habe. Unter diesen Umständen und in Anbetracht der Tatsache, dass Ost und West sich in dieser Einschätzung einig seien, könne das Atomprogramm nicht durch eine konfrontative Politik durchgesetzt werden, sondern nur durch Konsens und Kompromisse.

Heute gehe es nicht mehr allein um vertrauensbildende Maßnahmen, die man von dem Iran verlangt habe. Heute müsse man zunächst alles daransetzen, um aus der Krise herauszukommen und den Konflikt zu schlichten. Das unbedingte Ziel sei, zu verhindern, dass gegen den Iran Sanktionen verhängt oder gar militärische Maßnahmen durchgeführt werden. Dazu müsse man jedoch wissen, dass gewisse Außenmächte unbedingt Vorwände brauchen, um die internationale Gemeinschaft gegen den Iran mobilisieren und vereinheitlichen zu können. Die Regierung Ahmadinedschad habe genug Vorwände geliefert. Deshalb könne man jetzt nicht andere schelten. Die Äußerungen des Staatspräsidenten, die deutliche Kursänderung in der iranischen Außenpolitik, die feindliche und provokative Sprache der Regierungsmitglieder in der Presse, die Übernahme der Schlüsselpositionen in der Außen- und Innenpolitik durch radikale Kräfte und noch vieles mehr hätten ausreichend Vorwände für die Gegner Irans geliefert.

»Sollte sich dieser Kurs fortsetzen, werden wir zu dauerhafter Aussetzung unseres Atomprogramms, ja sogar unserer Forschung gezwungen werden und damit unser verbrieftes Recht zur Anreicherung, ein nationales Recht, das sogar die USA anerkannt hatte, verlieren. Das ist wahrlich keine Errungenschaft, auf die die Regierung stolz sein könnte.«

»Ein Widerstand gegen den Beschluss des UN-Sicherheitsrats wird uns zunehmend in die Isolation treiben, und jeder Tag, der vorbeigeht, wird uns Schäden bringen, die nicht wieder gutzumachen sind. Deshalb schlagen wir vor, einen radikalen Kurswechsel vorzunehmen, das alte Vertrauen wiederherzustellen, und solange die Krise nicht beendet ist, alle Aktivitäten zur Herstellung des atomaren Brennstoffs auszusetzen.«

»Wir müssen unseren Willen zum Frieden bekunden, unseren Willen zum Leben«, heißt es zum Schluss der Erklärung. »Für uns hat der Friede, der als Segen Gottes für alle Menschen, unabhängig von ihrem Glauben und ihrer Rasse, bestimmt ist, einen hohen Stellenwert. Deshalb fordern wir alle, die in der Welt für den Frieden kämpfen, auf, ihre Stimme laut zu erheben, um alle Aggressoren und Kriegstreiber überstimmen zu können.«

Auch der Abgeordnete Akbar Alami, der im Parlament der Minderheitenfraktion angehört, kritisierte die Innen-, Wirtschafts- und Außenpolitik. Die Regierung solle sich dem Aufbau des Landes und grundsätzlichen Problemen widmen, anstatt sich mit »Nebensächlichkeiten« und »oberflächlichen und populistischen Parolen« zu beschäftigen. »Die übertriebene Neigung Ahmadinedschads, für sich selbst zu werben, sich selbst mit einem Heiligenschein zu umgeben und seine irdischen Aktivitäten und die seiner Regierung als Ausführung himmlischer Anweisungen darzustellen, verstärke den Eindruck, als gehe es den Präsidenten nur darum, seine Person in den Mittelpunkt zu stellen und sich als auserwählt zu präsentieren«, sagte Alami. Obwohl der Präsident davon Kenntnis haben müsste, dass die Staatskasse unter großem Defizit leide und der Staat nicht einmal in der Lage sei, notwendige und bereits beschlossene Aufbauprojekte zu finanzieren, reise er durch die Provinzen und gebe Versprechungen ab, die nur »eine emotionale Antwort auf reale Bedürfnisse und Nöte der Menschen sind«, fuhr Alami fort.

Auch an der Außenpolitik der Regierung Ahmadinedschad ließ Alami kein gutes Haar. Seit zehn Jahren bemühe sich der Iran, aus der Isolation herauszukommen, Konfrontationen durch Verhandlungen und Kompromisse zu ersetzen und Drohungen in Chancen zu verwandeln. »Wir haben, um unser Recht zur Nutzung der Atomenergie zu erlangen, die Tore unseres Landes geöffnet, die Verletzung unserer nationalen Souveränität in Kauf genommen und Inspekteure hereingelassen. Wir wollten der Welt beweisen, dass wir nur friedliche Absichten im Sinn haben. Wir haben auch versucht, zu unseren arabischen Nachbarn freundschaftliche Beziehungen zu knüpfen, obwohl manche von ihnen sich feindlich über uns geäußert haben.« Von den bisherigen Aktivitäten der Regierung hingegen hätte in erster Linie Israel profitiert. Die ganze Welt fühle sich nun verpflichtet, Israel finanziell, materiell, militärisch und politisch zu unterstützen. Israel sei es gelungen, dank der iranischen Außenpolitik, die Frage seiner Sicherheit in den Mittelpunkt internationaler Aufmerksamkeit zu rücken.

Darüber hinaus, so Alami, stelle sich die Frage, wer das Land tatsächlich regiere. Die häufigen Besuche Ahmadinedschads bei Ayatollah Mesbah Yazdi verstärkten den Verdacht, der Regierungschef stehe ideologisch unter starkem Einfluss des Geistlichen und sei dabei, dessen Auslegung vom Islam in die Praxis umzusetzen. Er, Alami, wolle darauf aufmerksam machen, dass die Staatsordnung der Islamischen Republik Iran aus den drei unabhängigen Gewalten, der Exekutive, Legislative und Judikative bestehe, die unter der Führung des Revolutionsführers ihre Pflichten erfüllen. Die Regierung habe gemäß der Verfassung die Pflicht, sich nach den Anweisungen des Revolutionsführers und den Beschlüssen des Parlaments zu richten. Daher sei jede Einmischung von Personen wie Mesbah Yazdi in die Angelegenheiten der Regierung unerlaubt und verfassungswidrig.

Rettung in die Krise

Erst wenige Monate im Amt hatte der Stuhl des Präsidenten zu wackeln begonnen. Es musste etwas geschehen. Am 23. Dezember kam es nach dem Freitagsgebet in der heiligen Stadt Ghom zu einer ersten Demonstration zugunsten Ahmadinedschads und gegen das Parlament und die Justiz. Dabei sollten gerade die moderateren Konservativen denunziert und vor weiteren Schritten gegen die Regierung gewarnt werden. Sollten die Intrigen, die Verbreitung von Lügen und Unwahrheiten gegen die Regierung anhalten, werde man es den Betreffenden, gleichgültig welchen Rang und Namen sie hätten, heimzahlen, drohten die Demonstranten.

Die meisten Teilnehmer gehörten der berühmten theologischen Schule der Stadt Ghom an. Sie erklärten, dass sie die Solidarität mit Ahmadinedschad als ihre »religiöse Pflicht« betrachteten und bereit seien, seine Regierung »bis zum letzten Blutstropfen« zu verteidigen. Die Justiz weigere sich, die »goldene Chance«, die ihr die Regierung angeboten habe, wahrzunehmen und die »korrupten Verbrecher«

zu verfolgen, hieß es in einer Resolution, die auf der Abschlusskundgebung verlesen wurde. Auch Parlamentsabgeordnete aus der konservativen Fraktion der »Prinzipientreuen« wurden aufgefordert, »den Verschwörungen und Intrigen« Einhalt zu gebieten und dafür zu sorgen, dass die Regierungsvorlagen rasch verabschiedet werden. Gepriesen wurde hingegen der neue Kurs in der Außenpolitik. Die Vorgängerregierung unter Chatami hätte acht Jahre lang eine passive Politik des »Bittens und Bettelns« verfolgt, während Ahmadinedschad endlich eine aktive Politik eingeschlagen und die Ehre des Islam gerettet habe. Es war ein Versuch, mit Hilfe der Straße den Kritikern Angst einzujagen und sie zum Schweigen zu bringen.

Doch dieser Versuch hätte die Position Ahmadinedschads auf Dauer nicht festigen können. Die eigentliche Rettung kam dann von außen. Die weltweiten Proteste rückten ihn mit einem Schlag ins Rampenlicht und machten einen Helden aus ihm. Er, dessen Scheitern sich bereits abgezeichnet hatte, galt nun als einer der wenigen Staatsmänner in der Welt, der es gewagt hatte, der Supermacht USA und dem mächtigsten Staat im Nahen Osten Israel die Stirn zu bieten, den vertriebenen Palästinensern zur Seite zu stehen und die Fahne des Islam hochzuhalten. Die Strategie ging auf, das Ablenkungsmanöver gelang vorzüglich. Nun brauchte Ahmadinedschad sich nicht um die Kritik zu scheren, er musste nur noch nachlegen.

Und er brauchte nicht lange zu suchen, um das für Israel und den Westen provokanteste Thema zur Sprache zu bringen: den Holocaust. Es gab absolut keinen äußeren Anlass. Im Gegenteil, der äußere Druck auf Iran wurde wegen seines Atomprogramms von Tag zu Tag stärker. Die UNO hatte die Attacken Ahmadinedschads gegen Israel scharf verurteilt. Selbst Russland und China hatten sich dem Protest angeschlossen. Jeder Politiker, der die Interessen seines Landes berücksichtigt hätte, hätte sich gehütet, in dieser Situation noch mehr Salz in die Wunden zu streuen. Aber Ahmadinedschad wusste, dass er nur durch die Zuspitzung der Konflikte überleben konnte. Er stellte den Holocaust in Frage. Die Behauptung, sechs Millionen Juden seien in Europa ermordet worden, sei noch längst nicht nachgewiesen, sagte er bei einer gemeinsamen Sitzung des Parlaments mit der Regierung.

Zu allem Übel entflammte zeitgleich der so genannte Karikaturenstreit. Eine dänische Zeitung hatte in mehreren Karikaturen den

Propheten Mohammed zum Beispiel als Terroristen dargestellt, was in vielen islamischen Ländern heftige Proteste hervorrief. Als die Karikaturen von mehreren europäischen Zeitungen nachgedruckt wurden, kam es von den Palästinenser-Gebieten über Syrien und Iran bis nach Afghanistan, Pakistan und Indonesien zu gewaltsamen Ausschreitungen, einige europäische Botschaften wurden angegriffen, in Afghanistan kam ein Demonstrant ums Leben. Man versuchte den Streit als Kulturkampf zu deuten, als Kampf zwischen Islam und Christentum, zwischen dem aufgeklärten Europa und dem rückständigen Islam.

Für Ahmadinedschad und die Radikalislamisten war der Streit wie ein Segen Gottes, der die erwünschte Frontbildung beschleunigte und den realen politischen Problemen einen religiösen Anstrich verlieh. Auf der Kundgebung zum 27. Jahrestag der Revolution sagte Ahmadinedschad, in manchen europäischen Ländern und auch in den USA werde die Beleidigung des Propheten akzeptiert, aber jeder Zweifel am Holocaust und jede Kritik an der Gründung des Staates Israel bestraft. »Seit Jahrzehnten bekommen die Zionisten aufgrund dieses Märchens [Holocaust] von anderen Ländern Entschädigungen und rechtfertigen damit ihre Verbrechen in den besetzten Gebieten. Wenn wir gegen die Beleidigung des Islam protestieren, behaupten sie, es herrsche in ihren Ländern das Recht der freien Meinungsäußerung. Das ist eine Lüge. Wenn es eine Freiheit der Meinungsäußerung gibt, muss man fragen, warum Wissenschaftlern nicht gestattet wird, über das Märchen vom Holocaust zu forschen. Diese Staaten sind Geiseln der Zionisten, und dafür müssen die Völker Europas den Preis bezahlen.«

Man könne den wahren Holocaust in Palästina oder im Irak beobachten, sagte Ahmadinedschad. Die Vorgänge dort zeigten den wahren Kern des westlichen Liberalismus. Dabei habe die Welt bei den Wahlen in Palästina doch gerade sehen können, wofür sich die Menschen entscheiden, wenn sie frei wählen dürfen. Aber die westliche Demokratie funktioniere nur dann, wenn die Wähler sich so entscheiden, wie vom Westen gewünscht werde, andernfalls gehe man gegen den Willen der Wähler vor.

Mit diesen und ähnlichen Argumenten reist Ahmadinedschad nun jede Woche in eine Provinz. Nicht Intellektuelle und aufgeklärte Stadtbewohner, sondern die Menschen in entlegenen Dörfern und

Kleinstädten sind seine eigentlichen Adressaten. Sie zu überzeugen, ist für Demagogen ein leichtes Spiel. Hunderttausende jubeln ihm zu, wenn er sagt, dass seine Regierung entschlossen sei, mit aller Kraft den Feinden des Islam Widerstand zu leisten und die nationalen Rechte und Interessen seines Landes zu verteidigen. Wenn er erklärt, es sei nicht nachvollziehbar, dass die Palästinenser seit Jahrzehnten vertrieben werden, weil die Europäer sechs Millionen Juden umgebracht haben, dann kann er sicher sein, dass ihm niemand widersprechen wird. Und wenn er den Atomkonflikt darlegt, wenn er erklärt, dass allen Mitgliedern des Atomwaffensperrvertrags die Herstellung des atomaren Brennstoffs erlaubt wird, nur dem Iran nicht, und von denen, die nichts zu verlieren haben, verlangt, sie sollen zu jedem Opfer bereit sein, um dieses Recht durchzusetzen, dann kann er gewiss sein, dass sie seiner Aufforderung folgen werden. Selbstberauscht erzählte der Staatspräsident, dass neuerdings die Menschen von seinen Reden so gebannt und begeistert seien, dass sie in Ekstase gerieten und in Ohnmacht fielen.

Die angekündigte Katastrophe

Kann man, muss man diesen Mann ernst nehmen? Ja und nein. Man kann seine Drohung, Israel von der Weltkarte löschen zu wollen, getrost zu den Akten legen. Der Iran ist weder gewillt noch in der Lage, Israel anzugreifen, geschweige denn von der Weltkarte zu tilgen. Solche verbalen Attacken gehören zum Ritual. Davon abgesehen, kann man bei einer objektiven und emotionslosen Analyse sogar feststellen, dass eine Feindschaft zwischen dem Iran und Israel strategisch, politisch und wirtschaftlich betrachtet äußerst unklug ist. Denn sowohl real als auch potenziell haben beide Staaten mit den arabischen Staaten weitaus größere Konflikte als untereinander. Es war kein Zufall, dass, solange das Schahregime im Iran herrschte, Teheran und Tel Aviv eine gemeinsame Achse bildeten, die der Sicherheit beider Länder diente. Selbst nach der Revolution verkaufte Israel während des iranisch-irakischen Krieges Waffen an den Iran. Seit dem Sturz Saddam Husseins und der Baath-Partei im Irak und dem enormen Machtzuwachs der Schiiten, die stark unter dem Einfluss Irans stehen, ist die Angst in den arabischen Staaten vor der Entwicklung Irans zu einer regionalen Großmacht stark gestiegen. Die potenziellen Gegner Irans sind demnach die arabischen Staaten und nicht Israel. Folglich gibt es für den Iran weder jetzt noch in Zukunft einen logischen Grund, Israel anzugreifen. Mit den Verbalattacken wollen die Radikalislamisten bei den Massen Emotionen wecken und ihren Einfluss im Nahen Osten, insbesondere in Palästina, Libanon und Syrien stärken.

Selbstverständlich gibt es für die Iraner moralisch Grund genug, die israelische Politik und das von diesem Staat permanent verübte Unrecht gegen die Palästinenser zu kritisieren und sich mit dem palästinensischen Volk zu solidarisieren. Wenn aber Ahmadinedschad und seine islamistischen Kampfgefährten auf das Unrecht hinweisen und Israel attackieren, so geschieht dies nicht, um das iranische Volk auf einen Angriff gegen Israel vorzubereiten. Es dient der Erzeugung einer Stimmung aus Rache, Hass und Angst, die die Menschen für radikale Ideologien anfällig macht und die Bereitschaft zum Opfer vergrößert, eine Stimmung, in der die Islamisten ihre Macht stabilisieren und ausbauen können.

Aus israelischer Perspektive sieht die Lage allerdings anders aus. Sollte ein von Islamisten beherrschter Staat Iran sich tatsächlich zu einer regionalen Großmacht zwischen dem Nahen und Mittleren Osten entwickeln und gar mit Nuklearwaffen gerüstet sein, würde diese Entwicklung zweifelsohne zum Erstarken des palästinensischen Widerstands führen. Schon jetzt ist es kein Geheimnis, dass nicht nur die iranische Regierung, sondern auch einige finanzkräftige und mächtige Gruppen und Stiftungen im iranischen Gottesstaat militanten palästinensischen Gruppen wie Hamas, Islamischer Jihad und auch Hisbollah im Libanon finanzielle und militärische Unterstützung gewähren.

Am 17. April 2006 hat der Iran der palästinensischen Autonomiebehörde fünfzig Millionen Dollar Finanzhilfe zugesagt. Dies teilte der iranische Außenminister Manuchehr Mottaki zum Abschluss einer Unterstützungskonferenz für die Hamas in Teheran mit. Seine Regierung sei entschlossen, die Anweisungen des Gründers der Islamischen Republik zu befolgen und mit aller Kraft den palästinensischen Widerstand zu unterstützen, sagte Mottaki. Damit reagierte Iran auf die Entscheidung der USA und der EU, Hilfszahlungen an die Autonomiebehörde einzustellen, solange die Hamas sich weigere, den Staat Israel anzuerkennen und der Gewalt abzuschwören. Die EU war mit 600 Millionen Dollar jährlich für den palästinensischen Haushalt der größte Geldgeber, die Hilfe aus den USA betrug 400 Millionen Dollar. Die Einstellung der Finanzhilfen drohte die Autonomiebehörde völlig lahm zu legen. Die Regierung war bereits nicht mehr imstande, die Gehälter der rund 140.000 Beamten, Lehrer und Sicherheitskräfte zu zahlen.

Die Konferenz rief in einer Abschlusserklärung alle islamischen Staaten auf, die neue Hamas-Regierung zu unterstützen. Hamas-Führer Chaled Maschaal hatte den Finanzbedarf seiner Regierung auf 170 Millionen Dollar pro Monat beziffert. In der Abschlusserklärung wurde ferner die Gründung eines Staates Palästina mit Jerusalem als Hauptstadt gefordert und jede Art von Kompromiss abgelehnt. Der einzige Weg, das »Ungleichgewicht« in den besetzten Gebieten zu beseitigen, sei der Widerstand gegen die israelische Besatzungsmacht, erklärten die Teilnehmer. Außenminister Mottaki sagte, sein Land sei bereit, die Finanzhilfen für die Hamas-Regierung zu koordinieren. »Wir erleben derzeit mit, wie das zionistische Regime nach und nach zerfällt und zusammenbricht, und mit der Unterstützung der islamischen Welt wird der rechtmäßige Widerstand siegen.«

Iran hofft mit der Hilfeleistung an die Hamas seine Position in der islamischen Welt ausbauen und vor allem die radikalen Kräfte in der Region für sich gewinnen zu können. Schon unmittelbar nach dem Wahlsieg der Hamas hatte Irans Revolutionsführer Ali Chamenei bei einem Treffen mit Khaled Maschaal in Teheran den Palästinensern empfohlen, ihren bewaffneten Widerstand nicht aufzugeben. »Es war der bewaffnete Widerstand, der die Besatzer gestern aus dem Libanon hinausgetrieben, heute zur Räumung des Gazastreifens gezwungen hat und so Gott will morgen aus Jerusalem hinauswerfen wird«, sagte Chamenei.

Diese provokativen Attacken aus Teheran leisten der Gefahr eines möglichen Militärschlages durch Israel Vorschub. Sie müssen durchaus ernst genommen werden, nicht nur wegen möglicher Reaktionen aus Israel, sondern auch weil sie nahtlos zur Iran-Politik der USA passen. Es ist schon erstaunlich, wie die Regierungen in Washington und Teheran sich gegenseitig Steilvorlagen liefern und damit den Konflikt ständig hochschaukeln. Gäbe es Ahmadinedschad nicht, müssten die USA ihn als Feindbild erfinden. Und auch die Islamisten könnten sich keine besseren Gegner als Bush und die Neokonservativen wünschen. Denn der Fundamentalismus und die radikalen, dogmatischen Ideologien, die auf beiden Seiten gepflegt werden, leben von Feinden, die ausreichend Vorwände liefern, um Hass und Angst schüren zu können. Wie könnte es die iranische Regierung sonst wagen, sich auf so ein gefährliches Spiel einzulassen, das zu jahrzehntelanger Isolation oder gar zur Zerstückelung des Landes führen könnte. Auch Washington würde sich niemals in ein neues kriegerisches Abenteuer begeben, wenn die Dämonisierung des Irans oder gar des Islams nicht gelänge.

Die ausgeschlagene Hand

Washington hat nach eigenem Bekunden die Absicht, den Iran zu isolieren, ihm Sanktionen aufzuerlegen und, wenn das nichts hilft, durch eine militärische Intervention einen Regimewechsel herbeizuführen. In seinem bereits zitierten Essay im *New Yorker* vom 17. April 2006 schreibt Seymour Hersh, dass in Washington auch der Einsatz taktischer Nuklearwaffen gegen die unterirdischen Atomanlagen Irans erwogen werde. Aus seinem Bericht, der sich auf hohe militärische und administrative Vertreter der US-Regierung beruft, geht hervor, dass die militärische Option in verschiedenen Kreisen vom Pentagon bis hin zum nationalen Sicherheitsrat durchdacht wird. Die Idee eines Einsatzes von Nuklearwaffen sei entstanden, nachdem Experten die Wirksamkeit von strategischen konventionellen Luftangriffen bezweifelt hätten. Erst diese Erkenntnis habe die nukleare Option auf den Tisch gebracht.

Vielleicht waren solche Pläne auch in Teheran schon seit längerem bekannt, oder man hat sie zumindest geahnt. Denn im Gegensatz zu Ahmadinedschad hatte die Regierung Chatami immer wieder die Fühler nach Washington ausgestreckt und sich um direkte Verhandlungen bemüht. Doch alle diese Versuche waren im Weißen Haus und noch mehr im Pentagon auf Ablehnung gestoßen.

Es ist allgemein bekannt, dass der Iran nach den Terroranschlägen vom 11. September den USA im Kampf gegen Al Quaida und die Taliban seine Hilfe angeboten hat. Iran hatte jahrelang die Nordallianz finanziell und mit Waffen unterstützt. Flynt Leverett, damals im Nationalen Sicherheitsrat (NSC) der USA für den Mittleren Osten zuständig, erinnerte sich in einem Interview vom 22. Februar 2006 mit der Nachrichtenagentur ISP: »Die Iraner verfügten in Afghanistan über gute Kontakte zu einflussreichen Leuten. Sie waren bereit, diesen Einfluss konstruktiv und in Koordination mit den USA zu nutzen.«

Im Oktober 2001, als die USA mit ihrer militärischen Offensive in Afghanistan begonnen hatten, trafen sich Beamte des US-Außenministeriums und Vertreter des NSC in Genf und Paris zu geheimen Gesprächen mit iranischen Diplomaten, berichtete Leverett. Initiator der Treffen war Lakhdar Brahimi, der US-Sonderbeauftragte für Afghanistan. »Die Gespräche drehten sich vor allem um die Frage, wie man das Taliban-Regime stürzen könnte und wer später die neue afghanische Regierung bilden sollte«, berichtete Leverett.

Der US-Diplomat James Dobbins, der für die Koordination der Zusammenarbeit mit dem Iran zuständig war, zeigte sich in einem Gespräch mit dem Fernsehmagazin *Monitor* am 23. Februar 2006 davon überzeugt, dass ohne die »entscheidende Rolle Irans« bei der UN-Afghanistan-Konferenz auf dem Petersberg bei Bonn (Dezember 2001) eine Kompromisslösung kaum zu erreichen und der US-Krieg am Hindukusch deutlich schwieriger gewesen wäre. »Es ist doch klar, die iranischen Reformkräfte haben damals die Zusammenarbeit in Afghanistan als ersten Schritt gesehen, um die Beziehungen zu den USA zu verbessern. Und es ist genauso klar: Indem Präsident Bush in seiner Rede den Iran zur Achse des Bösen zählte, hat er diese Bemühungen untergraben. Auch danach bot Iran weitere Zusammenarbeit an«, sagte Dobbins.

Teheran schlug Washington eine Kooperation bei der Bekämpfung von Al Quaida vor. Washington lehnte ab und lancierte in den Medien gegenteilige Nachrichten. Die *New York Times* zitierte in ihrer Ausgabe vom 11. Januar 2002 Pentagon- und Geheimdienstbeamte, die behauptet hatten, Iran habe flüchtigen Al-Quaida-Kämpfern Unterschlupf gewährt, um sie in Afghanistan nach der Taliban-Ära gegen die USA einzusetzen. Am gleichen Tag erklärte Bush: »Iran muss sich dem Anti-Terror-Krieg anschließen. Unsere Nation bleibt bei ihrer Forderung: Du bist entweder für uns oder gegen uns.«

Dobbins berichtete weiter, ein iranischer General, der für die militärische Unterstützung der Nordallianz im langjährigen Kampf gegen die Taliban verantwortlich gewesen sei, hätte als Mitglied der iranischen Delegation bei einer UN-Afghanistan-Konferenz im März 2002 in Genf angeboten, beim Aufbau der neuen afghanischen Armee zu helfen und 20.000 Rekruten auszubilden, sie mit Uniformen, Unterkunft und Ausrüstung zu versorgen. Die Ausbildung sollte unter der Kontrolle der US-Streitkräfte stattfinden. Dobbins informierte den damaligen US-Außenminister Colin Powell, die Sicherheitsbeauftragte Condoleezza Rice und Verteidigungsminister Donald Rusmsfeld persönlich über das Angebot, das seiner Ansicht nach eine Chance zur Erweiterung der Kooperation mit dem Iran bot. Doch »soweit ich weiß, hat es darauf nie eine Reaktion gegeben«, sagte Dobbins. US-Vizepräsident Dick Cheney und Pentagon-Chef Rumsfeld würden bereits seit 2002 das Ziel verfolgen, einen Regimewechsel im Iran herbeizuführen.

Ähnliche Angebote Irans gab es, wie bereits erwähnt, im Zusammenhang mit dem Irak-Krieg. Die Regierung Chatami signalisierte sogar die Bereitschaft Irans, die Unterstützung der militanten Gruppen im Nahen Osten wie der Hamas einzustellen und auch über eine mögliche Anerkennung Israels zu verhandeln. Doch auch diese Angebote, die den Frieden im Nahen Osten entscheidend vorangebracht hätten, wurden von Washington ignoriert.

Fundamentalisten in Washington und Teheran

Es bedarf keines weiteren Beweises, dass es den USA nicht allein um die Gefahr geht, die von einer möglichen Atommacht Iran ausgehen könnte. Es geht weit mehr darum, Irans Öl zu sichern, das Land unter Kontrolle zu halten und die wirtschaftlichen und militärischen Interessen Washingtons zu sichern. Wenn man allein in Betracht zieht, welche Verluste das von Teheran für den kommenden Herbst geplante Vorhaben, Öl und Gas nicht mehr in Dollar, sondern in Euro zu verkaufen, für die US-Wirtschaft bringen würde, kann man nachvollziehen, warum Washington einen Regimewechsel im Iran anstrebt. Dieses Vorhaben könnte auch bei anderen Erdöl exportierenden Ländern Schule machen, was eine tiefe Wirtschaftskrise in den USA zur Folge hätte. Auch der steigende Einfluss Irans im Irak, in Afghanistan und den Golfstaaten bildet ein schier unüberwindliches Hindernis für die von den USA geplante Neuordnung der Region, »Greater Middle East«.

Einem US-Experten zufolge hatten die Pläne zu einem Angriff gegen den Iran bereits vor dem Irak-Krieg begonnen. Der ehemalige US-Geheimdienstler Willam Arkin berichtete in einem Beitrag für die *Washington Post* vom 16. April 2006, zu den Plänen gehörten Raketenangriffe, Einmarsch von Bodentruppen und die Übernahme der Kontrolle über die für den Schiffsverkehr wichtige Straße von Hormuz am Ausgang des Persischen Golfs. Arkin war in den siebziger Jahren der führende Geheimdienstler der US-Armee für Westberlin-Fragen. Vor der US-Offensive im Irak sagte er exakt deren Verlauf voraus.

Die Angriffspläne gegen den Iran seien in Militärkreisen unter dem Namen TIRANNT bekannt, erklärte Arkin. Eine gemeinsame Übung von US-Militärs mit britischen Einheiten im Kaspischen Meer habe es schon gegeben. Der US-General John Abizad, mittlerweile Chef des US-Zentralkommandos (Centcom), sei bereits im Jahr 2002 mit der Planung beauftragt worden.

Eine genaue Betrachtung der Entwicklung der letzten Jahre führt logischerweise zu der Feststellung, dass die Politik der Neokonservativen und der Bush-Regierung das Erstarken der Radikalislamisten im Iran geradezu gefördert hat. Hätten die USA die ausgestreckte Hand Chatamis nicht zurückgewiesen, wären sie den Versuchen der Reformer, die Tore des Landes nach außen zu öffnen und die Beziehungen Irans zur Außenwelt, also auch zu den USA, zu normalisieren, entgegengekommen, dann hätte die Regierung Chatami durch ihre außenpolitischen Erfolge auch innenpolitisch mehr erreichen können. Demgegenüber hat die aggressive und unversöhnliche Politik Washingtons zum Scheitern der Reformer beigetragen und den Weg für die Radikalen geebnet.

Mit der Machtübernahme der Radikalislamisten ist nun die Gefahr einer militärischen Auseinandersetzung sehr nahe gerückt, die Suche nach friedlicher Beilegung des Konflikts ist längst vorbei. Die neue Regierung hat ohnehin schon mehrmals erklärt, dass sie nach Jahrhunderten der Abhängigkeit vom Westen einen grundsätzlichen Kurswechsel, »weg vom Westen, hin zum Osten«, anstrebt. Dabei sollen Irans Beziehungen vor allem zu Russland, China und Indien intensiviert und ausgebaut werden.

Bei einer möglichen Hinwendung zum Osten wäre der erste Ansprechpartner Irans wohl Russland. Strategisch betrachtet wäre aus russischer Sicht ein iranischer Kurwechsel zu begrüßen. Viele Zeichen deuten darauf hin, dass Russland bestrebt ist, dem Machtzuwachs der USA in Mittelasien Einhalt zu gebieten oder ihm zumindest ein Gegengewicht entgegenzusetzen. Theoretisch könnte dies in Zusammenarbeit mit den beiden Staaten China und Indien geschehen. In diesem Zusammenhang könnte auch Iran als Brückenstaat zwischen dem Nahen und Mittleren Osten eine Rolle übernehmen. Es gibt bereits Vorschläge Russlands zur Bildung eines regionalen Sicherheitssystems, in das auch der Iran miteinbezogen werden könnte.

Globale Rivalitäten

Russland gehört zu den wichtigsten Handelspartnern Irans. Der Warenaustausch, der allerdings nur in geringem Maße aus iranischen Exportgütern bestand, betrug 2005 etwas mehr als zwei Milliarden Dollar. Russland liefert dem Iran Waffen und militärische Ausrüstung, Kampfflugzeuge und Raketen und baut den ersten Atomreaktor in Buschihr; sechs weitere sollen, wie vertraglich festgelegt, innerhalb der nächsten zehn Jahre folgen. Zu diesem Zweck halten sich mehrere tausend russische Techniker und Wissenschaftler schon seit Jahren im Iran auf. Doch allen diesen Vorteilen zum Trotz gibt es für Russland auch wichtige Aspekte, die den Beziehungen zum Iran Schranken setzen. Selbstverständlich wird Russland zu verhindern versuchen, dass jenseits der südlichen Grenzen seines Landes eine weitere Atommacht entsteht. Zudem wird Moskau, trotz Rivalitäten mit den USA, seine Beziehungen zu Washington und zur EU niemals wegen des Irans aufs Spiel setzen.

Dasselbe gilt für Indien und China. Indien sollte zu den größten Handelspartnern Irans gehören. Das Land, dessen Wirtschaft ein Wachstum von mehr als sechs Prozent aufweist, ist zunehmend auf Energieeinfuhr angewiesen. Zurzeit deckt Indien siebzig Prozent seines Ölbedarfs aus dem Ausland und ist lediglich in der Lage, etwa die Hälfte seines Gasbedarfs im Inland zu produzieren. Daher verhandelt Indien bereits seit Jahren mit dem Iran über den Bau einer Gaspipeline. Die sieben Milliarden Dollar teure und 2.600 Kilometer lange Pipeline sollte vom Iran über Pakistan nach Indien verlaufen. Über diese Leitung sollte der Iran über einen Zeitraum von 25 Jahren jährlich fünf bis siebeneinhalb Millionen Tonnen natürliches Flüssiggas im Wert von insgesamt zwanzig bis dreißig Milliarden Dollar an Indien liefern. Bereits im vergangenen Jahr war der Vertrag unterschriftsreif. Im März 2006 legte Indien den Vertrag mit dem Iran allerdings auf Druck der USA auf Eis und ging stattdessen eine enge atomare Kooperation mit den USA ein.

Auch das Schicksal des so genannten Jahrhundert-Vertrages mit China über Öllieferungen im Wert von einhundert Milliarden Dollar ist noch ungewiss. Ebenso wie Indien ist auch China auf Ölimporte angewiesen. Zurzeit importiert China nach Einschätzung von Experten täglich zwischen zweieinhalb bis drei Millionen Barrel Öl. Bis zum Jahr 2010 soll der Import die Höhe von täglich fünf bis zehn Millionen Barrel erreicht haben. Den größten Teil seines Ölbedarfs bezieht China aus den Golfstaaten und aus Afrika. Aber selbst China muss sich offenbar dem Druck aus Washington beugen. Bei einem Treffen im Februar dieses Jahres auf der Insel Kisch im Persischen Golf sagte Chinas Botschafter in Teheran auf die Frage, ob es bald zur Unterzeichnung des »Jahrhundert-Vertrages« kommen werde, diplomatisch: »Ich bin zuversichtlich, dass der Weg, den der Iran beschreitet, zu Frieden und Sicherheit führt und unsere beiden Staaten die Zusammenarbeit fortsetzen können.«

Die Kehrtwende zum Osten, die die Regierung Ahmadinedschad anstrebt, hat einen weiteren Haken. Die iranische Wirtschaft, Technik und Technologie sind mit der des Westens eng verbunden, ebenso die großen Unternehmen, einschließlich der gigantischen Stiftungen. Die Strategie »weg vom Westen, hin zum Osten« wäre demnach nicht nur technisch und technologisch höchst problematisch, sie hätte auch mit dem Widerstand großer Interessenverbände zu rechnen, für die ein Kurswechsel enorme Verluste bringen würde.

Nicht weniger problematisch wäre die Bildung eines Blocks islamischer Staaten. Teherans Beziehungen zu den beiden größten arabischen Staaten, Ägypten und Saudi-Arabien, sind, seitdem die diplomatischen Beziehungen nach der Machtübernahme Chomeinis abgebrochen wurden, längst nicht normalisiert. Hinzu kommen die jahrhundertealten Konflikte zwischen Schiiten und Sunniten. Die Herrscher in den arabischen Staaten befürchten, dass der Iran auch in ihren Ländern die radikalen Islamisten und die schiitischen Minderheiten zum Widerstand aufwiegelt und sie dazu ermuntert, dem iranischen Beispiel zu folgen. Immerhin werden die jüngsten antiamerikanischen und antiisraelischen Attacken Ahmadinedschads von den Massen in den arabischen Staaten jubelnd begrüßt. Und wenn Ahmadinedschad argumentiert: »Unsere Länder sind reich, wir haben einen gemeinsamen Glauben, warum können und sollen wir nicht einen gemeinsamen Block bilden und uns von anderen Mächten unabhängig machen«, findet er die Zustimmung auch vieler Intellektueller.

Dennoch wird auch dieser Wunsch der Islamisten im Iran zumindest vorläufig eine Utopie bleiben. Washington versucht bereits seit geraumer Zeit, den Iran auch in der arabischen Staatengemeinschaft zu isolieren, offenbar nicht ohne Erfolg. Am 6. Mai 2006 haben die Staats- und Regierungschefs von sechs Golfstaaten die iranische Führung aufgefordert, ihr Atomprogramm vollständig offen zu legen. Nach informellen Beratungen in der saudischen Hauptstadt Riad erklärte der Golfkooperationsrat (GCC), die Staaten der Region wünschten sich mehr Transparenz in dieser Frage und auch Garantien in Bezug auf die Umweltgefahren. »Das iranische Atomprogramm ist Besorgnis erregend, nicht nur für die Region, sondern für die Welt«, sagte der Außenminister der Vereinigten Arabischen Emirate, Scheich Abdollah bin Sajed Al Nahjan. Dem GCC gehören Bahrain, Saudi-Arabien, Kuwait, Oman, Katar und die Vereinigten Arabischen Emirate an.

Mit der zunehmenden außenpolitischen Isolierung des Iran korrespondiert eine – weit weniger sichtbare – innere Entfremdung des Mullah-Regimes von der eigenen Bevölkerung. Die Ziele und Absichten der regierenden Radikalislamisten sind mittlerweile von der Realität, vom Alltag der Mehrheit der iranischen Bevölkerung so weit entfernt, dass eine neuerliche Annäherung nahezu unmöglich erscheint. Viel eher ist zu erwarten, dass die bereits fortgeschrittene zivilgesellschaftliche Entwicklung im Iran den autoritären Gottesstaat von innen her überwinden wird.

Islam und Moderne – Innenansichten aus der iranischen Zivilgesellschaft

Während des Krieges gegen den westlichen Nachbarn Irak wurde am Eingang des Teheraner Zentralfriedhofs ein Brunnen gebaut, aus dem Tag und Nacht rot gefärbtes Wasser floss. Das Wasser symbolisierte das Blut der Märtyrer, die ihr Leben für den Islam geopfert hatten. Der Krieg gegen den Irak sei ein heiliger Krieg, sagten die Ayatollahs, ein Kampf der gläubigen Muslime gegen das Heer des Teufels Saddam Hussein. Wer an diesem Krieg teilnehme, sei ein Märtyrer, verkündeten sie, wer ihm zum Opfer falle und den Märtyrertod sterbe, dem würden alle Sünden vergeben, dem werde ewige Glückseligkeit zuteil.

In jedem anderen Land der Welt werden die Toten beklagt und beweint, im islamischen Gottesstaat nicht. Hier wird der Märtyrertod als Gabe Gottes gepriesen und gefeiert. Den Angehörigen der Kriegsopfer wurden Glückwünsche übermittelt, denn der Märtyrertod sei eine Gnade, ein Segen, die schönste Erlösung, das größte Glück.

Aber mit jedem weiteren Kriegsjahr wurde die Überzeugungskraft solcher Parolen geringer. Es gab immer mehr Menschen, die zu zweifeln begannen, die nicht länger bereit waren, zugunsten einer ungewissen Glückseligkeit im Jenseits auf das diesseitige Glück zu verzichten, die das Massensterben und all die Entbehrungen, die der Gottesstaat ihnen abverlangte, nicht länger hinnehmen wollten.

Und es war nicht nur der Krieg, der Unzufriedenheit schürte. Auch Korruption und Misswirtschaft, der Mangel an Planung und die internationale Isolierung hatten das Land ruiniert. Über drei Millionen Menschen, darunter hunderttausende von Wissenschaftlern, Ingenieuren, Ärzten und Technikern, waren ins Ausland geflüchtet. Und während die Gottesmänner großen Reichtum anhäuften, verarmte der Mittelstand, der sich unter dem Schah gebildet hatte. Die Lebenslage der sozial Schwachen hatte sich ohnehin kaum geändert, bis auf die Lage jener, die in militärischen und paramilitärischen

Organisationen oder im sonstigen Unterdrückungsapparat zu Geld und Macht gelangt waren.

Erwachen im Diesseits

»War das die Realisierung dessen, was wir durch die Revolution und den Sturz der Monarchie erreichen wollten«, fragten sich immer mehr Menschen. »Ist das der wahre Islam, den uns die Ayatollahs präsentieren?«

Solche Fragen sind mehr als berechtigt. Das System, das Chomeini aufgebaut hatte, basierte, wie schon beschrieben, im Wesentlichen auf drei Säulen: einer sozialen, die die Situation der Entrechteten und Habenichtse zu verbessern versprach, einer ideologisch-politischen, die die Herrschaft der Geistlichkeit propagierte, und einer kulturellen, die die Feindschaft zum Westen, namentlich zu den Vereinigten Staaten und Israel, schürte. Alle drei Säulen erwiesen sich jedoch schon bald als nicht tragfähig.

Die versprochene Parteinahme für die Armen entpuppte sich spätestens nach dem Tod Chomeinis als pure Demagogie. Statt dem Volk zu dienen und die Lebensverhältnisse der Mittellosen zu verbessern, hatten die Mullahs – Chomeini ausgenommen – in die eigene Tasche gewirtschaftet. Im Vergleich zu ihnen sahen der Schah und seine Funktionäre wie kleine Taschendiebe aus. Aus den ehemals mittellosen Stadt- und Dorfpredigern, die für ein Handgeld den Gläubigen himmlische Botschaften verkündeten, waren Multimillionäre mit vollen Bankkonten im Ausland geworden. Und diese Bereicherung ließ sich auch längst nicht mehr verheimlichen. Eine ruinierte Wirtschaft, Arbeitslosigkeit und Armut waren die täglich spürbare Kehrseite. Dieser Zustand war für ein Land, das potenziell zu den reichsten der Erde gehört, eine nicht hinzunehmende Katastrophe.

Die zweite Säule der Islamischen Republik bildet die absolute Herrschaft der Geistlichkeit. Dieses System sichert nicht nur, wie bereits gezeigt, die Macht der Mullahs, es hat auch eine ideologische Funktion, weil es für sich in Anspruch nimmt, zwischen Himmel und Erde, zwischen Gott und den Menschen zu vermitteln. Solange Chomeini, der Architekt dieses mittelalterlichen Phantasiegebildes, lebte, bot seine Persönlichkeit die Gewähr für den Fortbestand des Systems. Er war der Führer einer Revolution, die eine zweieinhalbtausendjährige Monarchie zum Einsturz gebracht hatte. Und er besaß als Großayatollah, als religiöse Instanz, eine Autorität, die seine Position als Stellvertreter Gottes zumindest innerhalb des islamischen Lagers legitimierte.

Sein Nachfolger, Ali Chamenei, ist nicht einmal als Chomeini in Kleintaschenformat zu bezeichnen. In Kreisen der schiitischen Geistlichkeit gilt er als zweit-, gar als drittrangig, seine theologischen Ansichten finden bei den Großayatollahs und an den theologischen Hochschulen keinerlei Akzeptanz. Auch in der Bevölkerung besteht der Eindruck, dass der Revolutionsführer zu eigenen Entscheidungen kaum fähig ist, sondern in Wahrheit den Radikalislamisten und grauen Eminenzen als Werkzeug dient.

Dabei lag die wachsende Ablehnung des Mullah-Regimes nicht allein in den wirtschaftlichen und politischen Einschränkungen, die dieses System dem Volk auferlegte, sondern auch darin, dass sich dieses System als durch und durch lebensfeindlich erwies. Es errichtete hohe Dämme gegen den Strom unserer Zeit, gegen die Errungenschaften einer modernen, aufgeklärten Welt, gegen die schöpferische Phantasie und die freie Entwicklung der Kultur, Kunst und Literatur, gegen die Emanzipation der Frauen, gegen alles, was die Jugend begehrt, was Lust und Spaß macht. Genau hier liegen die Wurzeln eines vielfältigen Aufbegehrens, das seit den achtziger Jahren in allen Bereichen der Gesellschaft zu verzeichnen ist. Dieses Aufbegehren war und ist sehr viel tief greifender als der politische Widerstand, der hier und dort aufflammt. Es lässt sich nicht lokalisieren, daher auch nicht leicht niederschlagen. Es bahnt sich unterschwellig seinen Weg, verbreitet sich wie ein Virus.

Dieser Unmut, der zunächst leise einsetzte und Jahr für Jahr lauter wurde, stellte nach dem Tod Chomeinis die Weichen für eine Zweiteilung der iranischen Gesellschaft. Die Spaltung ist inzwischen weit fortgeschritten und für jeden Beobachter unübersehbar. Auf der einen Seite befinden sich jene Gruppen, deren Blick rückwärts gewandt ist, die zu den Idealen der Revolution zurückkehren und einen perfekten Gottesstaat aufbauen möchten, und auf der anderen Seite jene Gruppen, die in die Zukunft schauen und eine freie, demokratische, zivile Gesellschaft anstreben. Diese beiden Teile haben sich inzwischen weit voneinander entfernt – wobei der Kreis der Islamisten zahlenmäßig kleiner wird, weil dort permanent Ausgrenzungen aus dem eigenen Lager stattfinden, während der zweite Teil immer größer wird, weil die realen Gegebenheiten es verlangen.

Und auch die dritte Säule des Gottesstaates, die Feindschaft zum Westen, war von vornherein brüchig. Der Glaube, diese Feindschaft richte sich gegen imperialistische Ausbeutung und diene der Unabhängigkeit des Landes, erwies sich bald als Irrtum. Selbstverständlich hat der Westen im Iran wie in den meisten Entwicklungsländern viel Unheil angerichtet, sowohl in der Zeit des Kolonialismus als auch danach. Doch der Hass, den die Islamisten gegen den Westen schürten, richtete sich gar nicht auf dessen Erbschaft. Er richtete sich vielmehr gegen die Moderne, gegen die Zivilisation. Deshalb hatte diese Feindschaft auch weniger außenpolitische oder ökonomische, sondern vielmehr kulturelle und innenpolitische Aspekte. Sie sollte als Waffe gegen alles eingesetzt werden, was auch nur den Anschein von Emanzipation und Fortschritt hatte und einem dogmatischen Islamismus entgegengesetzt war. Kritische Kunst und Literatur, Zeitungen und Zeitschriften, Sport und Unterhaltung, Tanz und Freude, Demokratie und Menschenrechte wurden als Ausflüsse westlicher Dekadenz gebrandmarkt.

»Wir sind Schriftsteller«

Die Säulen der Islamisten waren marode und als Stützen unbrauchbar geworden. Auch die Monopolisierung der Macht durch Ahmadinedschad und seine Kampfgefährten wird diesen Verfallsprozess, der seit über einem Jahrzehnt erkennbar ist, nicht mehr rückgängig machen können. Die Beschädigungen sind zu weit fortgeschritten.

Wie schon bei dem Volksaufstand gegen den Schah, waren es wiederum die Schriftsteller, die diese Beschädigungen als Erste aufzeigten und ihren Protest öffentlich zum Ausdruck brachten. Das ist kein Zufall. Traditionell genießen Dichter und Schriftsteller im Iran ein hohes Ansehen, sie werden als das Gewissen der Nation empfunden und als moralische Instanzen verehrt. Ihre Gedichte werden auswendig gelernt, ihre verbotenen Bücher vervielfältigt und verbreitet, ihre Worte sehr ernst genommen.

Der Verband iranischer Schriftsteller, dessen Gründung auf das Jahr 1966 zurückgeht, hatte nach den langjährigen Verboten und Repressionen während der Schah-Zeit im Zuge der Revolution eine Neugeburt erlebt, war aber dann sehr bald von den islamistischen Machthabern erneut zum Schweigen gezwungen worden. Mehr als zehn Jahre sollten vergehen, bis der Verband aus dem Untergrund den Kampf um seine Legalisierung und offizielle Anerkennung allmählich wieder aufnahm. Im März 1991 veröffentlichte der Schriftstellerverband in der in Teheran erscheinenden Zeitschrift Gardun eine manifestartige Satzung, in der er sich und seine Mitglieder darauf verpflichtete, die uneingeschränkte Freiheit des Denkens und der Meinungsäußerung für alle Individuen, politischen und ethnischen Gruppen zu verteidigen. Jeder habe das Recht, seinen eigenen Standpunkt zu äußern. Keiner Gruppe und keiner Instanz sei erlaubt, andere an der freien Äußerung ihrer Meinung zu hindern. Der Verband werde sich dafür einsetzen, dass unterschiedliche Ansichten und Meinungen verbreitet und alle Schriften veröffentlicht werden. Er werde sich dafür einsetzen, dass jede Art von Zensur aufgehoben und alle Ämter und Instanzen, die offiziell oder im Verborgenen Zensur ausüben, aufgelöst werden.

Dieses erste Lebenszeichen nach zehnjähriger Friedhofsruhe war für das Regime eine kaum hinnehmbare Provokation, obwohl der damalige Staatspräsident Rafsandschani und sein Kulturminister Chatami ja eine Öffnung nach innen und außen angekündigt hatten. Das Regime ging in eine mittelbare Gegenoffensive und forcierte seine eigenen kulturellen Aktivitäten. Durch Gründung von kulturellen Einrichtungen und Unterstützung islamisch orientierter Zeitungen, Zeitschriften und Verlage sollte der nun wieder zunehmende Einfluss der freien Schriftsteller zurückgedrängt werden – eine Taktik, die sich bald als zweischneidig erwies. Denn die Aktivierung des Kulturbetriebes – trotz seiner staatsnahen Ausrichtung – weckte beim Publikum Bedürfnisse, die von den Lakaien der Macht nicht angemessen befriedigt werden konnten. Damit stieg die Nachfrage nach unabhängigen Autoren, die sich dann auch immer hörbarer zu Wort meldeten.

Im Oktober 1994 veröffentlichten 134 Autoren unter der Überschrift: »Wir sind Schriftsteller« eine Erklärung, die nicht nur im Iran, sondern auch international großes Aufsehen erregte. Zu den

Unterzeichnern gehörten die populärsten Autoren des Landes wie etwa der große Poet Ahmad Schamlu oder die Romanciers Mahmud Doulatabadi und Huschang Golschiri ebenso wie die spätere Friedensnobelpreisträgerin Schirin Ebadi. »Wir sind Schriftsteller«, heißt es in der Erklärung, »das heißt, wir bringen unsere Gefühle, Gedanken und Erkenntnisse in verschiedenen Formen der Sprache zum Ausdruck und veröffentlichen sie. Es gehört zu unseren natürlichen, sozialen und zivilen Rechten, dass unsere Schriften – Gedichte, Romane, Erzählungen, Dramen, Drehbücher wie auch unsere Kritiken und Übersetzungen – frei und ohne Probleme zu unseren Lesern gelangen. Niemand und keine Instanz ist befugt, gleichgültig unter welchem Vorwand, dieses Recht einzuschränken.«

»Wenn wir nun beim Schreiben und Denken auf Hindernisse stoßen, die wir nicht individuell beseitigen können, sind wir gezwungen, gemeinsam und als Berufsverband aktiv zu werden, das bedeutet, dass wir den Kampf für die Freiheit des Denkens und der Meinungsäußerung gemeinsam führen müssen. Daher sind wir davon überzeugt, dass unser gemeinsamer Auftritt als Verband iranischer Schriftsteller unsere individuelle Unabhängigkeit sichert. Denn ein Schriftsteller muss bei seiner schöpferischen Arbeit, bei der Kritik und Analyse anderer Schriften und bei der Äußerung seiner Gedanken frei sein.«

Je massiver der Widerstand des Regimes wurde, desto mehr wuchs die Popularität der Autoren, sodass sich die Staatsführung gezwungen sah, zu den alten Methoden der Repression zurückzukehren. Kulturminister Chatami, der diese Politik nicht mittragen wollte, legte sein Amt nieder – und musste anschließend miterleben, wie eine ganze Reihe von Schriftstellern Mordanschlägen zum Opfer fiel. Dennoch setzten die Schriftsteller ihren Kampf um Meinungsfreiheit und um die Anerkennung ihres Verbandes fort. Und sie hatten Erfolg. Mit der Regierungsübernahme Chatamis gelang es ihnen schließlich, die Lockerung der Zensur und eine praktische Duldung ihres Verbandes – eine offizielle Anerkennung blieb ihnen weiterhin verwehrt – durchzusetzen. Nach der Machtübernahme Ahmadinedschads und der Radikalislamisten wurden die Freiräume zwar zum Teil wieder aufgehoben und die Zensurmaßnahmen wieder verschärft. Und dennoch hat der beharrliche Kampf der Schriftsteller

Früchte getragen und für die Entwicklung der iranischen Zivilgesellschaft einen unschätzbaren Beitrag geleistet.

Neue Wege

Der Mut der Schriftsteller übertrug sich sehr schnell auch auf die Journalisten, denen es seit mehr als einem Jahrzehnt mit vielfältigen Aktivitäten gelungen ist, sich an die Spitze aller oppositionellen Bewegungen zu setzen. Das Fehlen politischer Parteien und Organisationen hatte bereits in den letzten Jahren der Regierung Rafsandschani namhafte Journalisten mit viel Mut und Courage veranlasst, immer wieder Tabus zu brechen und das Volk über die Vorgänge im Land aufzuklären. Bemerkenswert dabei war, dass viele der kritischsten Journalisten ursprünglich zu den treuesten Anhängern des Regimes gehört hatten. Der bekannteste unter ihnen, Akbar Gandji, war ursprünglich Leibwächter Chomeinis gewesen. Später hatte er verschiedene Aufgaben im staatlichen Unterdrückungsapparat übernommen, sich aber dann Stück für Stück von der Macht entfernt. Schließlich wurde er freier Journalist und Herausgeber der Wochenzeitung *Rahe-e no* (Neuer Weg). Das Blatt bildete ein Forum für religiöse Reformer – und wurde nach kurzer Zeit verboten.

Gandji schrieb daraufhin für verschiedene Zeitungen und Zeitschriften und wurde durch zahlreiche Bücher berühmt, in denen er unter anderem die Hintergründe der staatlichen Mordattentate gegen Dissidenten aufdeckte. Sein Buch mit dem Titel »Die rotgekleidete Eminenz und die grauen Eminenzen«, in dem er die Intrigen Rafsandschanis entlarvte, wurde zu einem iranischen Bestseller. Rafsandschani, der damals mächtigste Politiker des Landes, hat sich von diesem Schlag nie mehr erholen können. Aber auch Gandji musste für seinen Mut büßen. Unter dem Vorwand, die islamische Staatsführung beleidigt zu haben, wurde er zu sechs Jahren Gefängnis verurteilt – was seinem kritischen Eifer allerdings keinen Abbruch tat. Noch im Gefängnis verfasste er ein »Manifest«, in dem er plausibel aufzeigte, warum ein islamischer, ideologiebehafteter Staat zwangsläufig in die Diktatur münden muss und warum deshalb eine Trennung von Religion und Staat zwingend erforderlich sei. Und Gandji wusste, welches Risiko er einging: »Sollte mir im Gefängnis etwas zustoßen, trägt Revolutionsführer Chamenei die Verantwortung«, schrieb er. Er wisse, dass die Justiz ihre Anweisungen direkt von Chamenei empfange. »Ich habe Chamenei kritisiert, ich habe geschrieben, dass seine absolute Herrschaft jeder demokratischen Ordnung widerspricht. Mein gebrochenes Antlitz und mein verunstalteter Körper spiegeln das wahre Gesicht der Islamischen Republik wider. Sie widerlegen die Behauptung des Systems, gerecht zu sein, und bestätigen das Unrecht, das dieser Staat permanent ausübt.« Nach Verbüßung seiner sechsjährigen Strafe wurde Gandji im März dieses Jahres aus dem Gefängnis entlassen. Er ist für Millionen zu einem Idol für Freiheit und Demokratie geworden.

Es gibt nicht viele Journalisten, die so populär sind wie Gandji, es gibt aber viele, die einen ähnlichen Weg eingeschlagen haben. Haschem Aghadjari zum Beispiel stand monatelang im Mittelpunkt medialer Aufmerksamkeit. Er ist Professor an der Hochschule für Lehrerausbildung in Teheran, war Mitglied der während der Präsidentschaft Chatamis an der Regierung beteiligten »Organisation der Modjhedin der islamischen Revolution« und ist neben seiner Hochschultätigkeit auch als Journalist und Autor aktiv. Wie Gandji und andere war er ein begeisterter Anhänger der islamischen Revolution gewesen.

Von dieser Begeisterung ist inzwischen nichts mehr übrig. Im August 2002 hielt der damals 45-jährige Professor zum Gedenken an den Soziologen und Religionswissenschaftler Ali Schariati einen Vortrag über den »islamischen Protestantismus« und ging dabei mit der herrschenden Geistlichkeit hart ins Gericht. Die Stoßrichtung seiner Kritik war dabei gar nicht neu. In der Geschichte des Islam hat es immer wieder einzelne Geistliche und Intellektuelle, sogar ganze Strömungen gegeben, die den Klerus als eigentliches Hindernis einer Erneuerung und Modernisierung des islamischen Glaubens betrachteten. Die Kritik richtete sich zumeist dagegen, dass der Klerus an längst überkommenen Traditionen festhalte, Aberglauben verbreite und die Vermittlerrolle zwischen Gott und Menschen für sich beanspruche. Gläubige seien aber »keine Affen, die geistliche Vorbilder nachahmen sollen«, hatte schon Schariati geschrieben.

Aghadjari ging in seiner Kritik aber weit darüber hinaus. »Der Unterschied zwischen der Zeit Schariatis und unserer Gegenwart besteht darin, dass wir nicht in erster Linie mit einen traditionell orientierten Islam konfrontiert sind, sondern mit einem Islam, der fundamentalistisch und im Besitz der politischen Macht ist.« Heute sei der Klerus mit der politischen Macht identisch. Diese Macht zeige sich weit mehr als der traditionell orientierte Islam bereit, die Rechte der Individuen zu missachten und »mit Füßen zu zertreten«.

Die Kritik Aghadjaris schlich sich gewissermaßen historisch ein. Er begann mit einer Betrachtung des christlichen Protestantismus und zeigte, dass diese Bewegung, die sich gegen die Übermacht der Kirche richtete, niemals zum Erfolg geführt hätte, wenn sie nicht mit dem Humanismus und der Aufklärung gekoppelt gewesen wäre. Dann wendete er das Argument auf die Gegenwart an und startete einen Frontalangriff gegen die Geistlichkeit. Diese habe nicht nur Gott und den Glauben, sondern auch die weltliche Macht für sich monopolisiert. Damit erlaube sie sich jede Willkür. Sie lasse ihre Kritiker und Gegner foltern, zu falschen Geständnissen zwingen, hinrichten oder durch Terroranschläge ermorden. All dies sei mit der Substanz des Islam nicht vereinbar. Daher müsse sich ein islamischer Protestantismus unter den heutigen Umständen nicht allein gegen die Tradition richten, sondern sich radikal für die Durchsetzung der Menschenrechte und humanistischer Grundsätze engagieren.

Der Vortrag Aghadjaris wurde immer wieder von überschwänglichem Beifall unterbrochen. Zugleich wurde der Redner aber von einer kleinen Minderheit im Saal beleidigt und beschimpft, so heftig, dass er schließlich seine Rede abbrechen und flüchten musste. Schon am nächsten Tag organisierte die Rechte eine Kampagne gegen ihn. Die konservative Presse wütete, in zahlreichen Städten wurden Protestdemonstrationen organisiert, bei denen Aghadjaris Hinrichtung verlangt wurde. Zuletzt schaltete sich, wie zu befürchten war, die Justiz ein. Aghadjari wurde zum Tode, zu acht Jahren Gefängnis, zehn Jahren Lehrverbot und 74 Peitschenschlägen verurteilt – ein Urteil, das in seiner Absurdität belegen kann, dass hier ein Exempel statuiert werden sollte.

Das Urteil wurde aber nicht exekutiert. Es führte stattdessen zu heftigen Protesten und zu den größten Studentenunruhen seit Sommer 1999 – sodass sich Revolutionsführer Chamenei gezwungen sah, das Urteil überprüfen zu lassen. Aghadjari lebt heute auf freiem Fuß.

Sein Beispiel macht daher deutlich, dass es sich bei den Dissidenten nicht um selbstmörderische Einzelkämpfer handelt, sondern um Menschen, die über einen großen Rückhalt in der Gesellschaft verfügen. Es ist ein Irrtum zu glauben, dass die Opposition ohnmächtig sei.

Der Kampf der Frauen

Die Ausbildung einer iranischen Zivilgesellschaft wäre ohne den zähen und unerbittlichen Kampf der Frauen nicht möglich gewesen. Die Frauen gehören damit, neben der Jugend und den Journalisten, zu den wesentlichen Antreibern einer im Ausland bislang kaum wahrgenommenen inneren Modernisierung des Gottesstaates. Die Tatsache, dass sich die Frauen in der Islamischen Republik weit stärker emanzipieren konnten als zur Zeit des Schah-Regimes, ist auf den ersten Blick überaus erstaundlich, da der Begriff »Gleichberechtigung« in der Rechtsauffassung der Islamisten bekanntlich keinen Platz hat.

Dieser seltsame Widerspruch liegt darin begründet, dass die Islamisten, anders als das Schah-Regime, auf die gesellschaftliche und politische Teilhabe von Frauen angewiesen waren. Schon zu den Zeiten des Volksaufstands hatten Frauen, indem sie massenhaft an Demonstrationen teilgenommen und die Flugblätter und Tonbänder mit den Botschaften Chomeinis verteilt hatten, einen unverzichtbaren Beitrag zum Erfolg der Revolution geleistet. Auch später während des Krieges waren ihre Dienste hinter der Front unentbehrlich. Mit dieser Indienstnahme aber hat die Islamische Republik Frauen massenhaft aus dem privaten, familiären Dasein herausgeholt und damit aus Hausfrauen und Müttern gesellschaftliche Subjekte gemacht. Kein Wunder, wenn diese Frauen nun auch immer lautstärker nach Rechten verlangten, die ihrer gesellschaftlichen Rolle entsprachen.

Zu solchem Entgegenkommen war die islamische Obrigkeit selbstverständlich nicht bereit. Im Gegenteil. Die ultrakonservative Auffassung der Islamisten von der Rolle der Geschlechter sowie ihre Ansichten über Moral, Erotik und Sexualität machten Frauen von Anbeginn zur Zielscheibe des islamischen Gottesstaates. Von der neuen Macht beauftragte oder auch selbst ernannte Sittenwächter achteten peinlich genau darauf, dass Frauen zumindest mit einem Kopftuch ihre Haare und mit einem langärmeligen, bis zu den Knien reichenden Gewand die Konturen ihres Körpers bedeckt hielten. Zuwiderhandlungen wurden hart bestraft, ebenso wie jegliche, nicht durch die Ehe legitimierte körperliche Annäherung zwischen den Geschlechtern. Zahlreiche Frauen wurden wegen Ehebruch gesteinigt. Viele Berufe wie der des Richters oder des führenden Politikers blieben für Frauen verschlossen. Im Familienrecht, Sorgerecht, Erbrecht und dergleichen sind Frauen gegenüber Männern zum Teil erheblich benachteiligt.

Für die Frauen jedoch, die längst in der Gesellschaft angekommen waren, waren solche Diskriminierungen nicht länger hinnehmbar. Sie begehrten auf und führen bis heute einen bemerkens- und bewundernswerten Kampf um ihre Rechte. Allein der Kampf gegen die strenge Kleiderordnung war und ist ein steiniger Weg, eine Herausforderung, die die Frauen schrittweise und täglich zu meistern haben. Jede Haarsträhne, die aus dem Kopftuch herausschaute, kann harte Strafen nach sich ziehen. Und dabei ist die diskriminierende Kleiderordnung angesichts all der Ungerechtigkeiten, die Frauen in der Familie, in der Gesellschaft und im Berufsleben zu erdulden haben, ein vergleichsweise kleines Übel.

Festzuhalten ist, dass die iranischen Frauen sich heute über diese Ungerechtigkeiten und Ungleichheiten bewusst sind und dass sie tatsächlich dagegen ankämpfen. Das ist ein qualitativer Sprung, wie er in dieser Intensität in keinem anderen islamischen Land stattgefunden hat. Inzwischen gibt es im Iran mehr als hundert regierungsunabhängige Frauenorganisationen und ebenso viele Zeitschriften und Internetseiten, die sich um die Belange der Frauen kümmern. Bemerkenswert daran ist auch, dass sich an solchen Aktivitäten nicht mehr nur laizistisch orientierte Frauen, sondern mindestens genauso stark Frauen aus dem islamischen Lager beteiligen.

Es gibt sogar eine Strömung innerhalb der Frauenbewegung, die sich als »islamische Feministinnen« bezeichnet. In einem Interview mit der *Tageszeitung* antwortet die im Koordinationsrat für das Frauennetzwerk aktive Autorin Mahbubeh Abbasgholizadeh auf die Frage, was den islamischen Feminismus vom europäischen unterscheidet: »Der Unterschied liegt in erster Linie nicht in den konkreten Forderungen, sondern in der Weltanschauung. Ich bin eine Iranerin und gehöre einer bestimmten Religion an. Ich glaube an Gott, verrichte täglich das Gebet und möchte zugleich alle Rechte genießen, die einem freien Individuum zukommen. Ich trete für Gleichberechtigung zwischen Männern und Frauen ein, möchte aber dabei meinen Glauben, der einen wichtigen Teil meiner Identität und Persönlichkeit ausmacht, nicht verlieren. Ich fordere die Einhaltung der Menschenrechte, will aber auf meine religiösen Überzeugungen nicht verzichten.« Zwar sei es richtig, dass viele Ungleichheiten ihre Ursache im Islam hätten. »Aber wenn ich sie ablehne, muss ich doch deswegen nicht meinen Gott und meinen Glauben aufgeben. Wir müssen den Koran neu lesen und interpretieren. Das ist auch der Standpunkt der modernen islamischen Aufklärer. Sie lesen den Koran mit einem kritischen Blick, lassen sich dabei von ihrem Verstand und ihrer Vernunft leiten und berücksichtigen die Erkenntnisse und Errungenschaften der Moderne. So betrachtet ist der islamische Feminismus genauso modern wie der nichtislamische.«

Viele Frauenrechtlerinnen im Iran sind der Auffassung, dass nicht in erster Linie die Religion der Gleichberechtigung entgegensteht, sondern dass das patriarchalische Gewohnheitsrecht das Haupthindernis darstellt. Und sie folgern daraus, dass neben dem Islam vor allem die orientalische Kultur und Tradition problematisiert werden müssten. Diese Auseinandersetzung, die auch in anderen Bereichen der iranischen Gesellschaft geführt wird, hat den Frauen zwar längst noch nicht die Gleichberechtigung gebracht, sie hat aber die gesellschaftliche Rolle der Frauen im Iran schon merklich verändert. Noch vor zwanzig Jahren wäre es undenkbar gewesen, dass eine Frau als Taxi-, Bus- und Lastwagenfahrerin oder als Polizistin ihren Lebensunterhalt bestreitet. Überhaupt sind Frauen im Berufsleben mittlerweile überall präsent, ob als Lehrerinnen, Ärztinnen, Ingenieurinnen oder Architektinnen. Zwar bleiben die oberen Ränge der Staatsführung nach wie vor den Männern vorbehalten, aber schon auf mittlerer Ebene begegnet man heute Frauen auch in führender Position. Bemerkenswert ist auch, dass heute an iranischen Universitäten mehr Frauen studieren als Männer. Das Verhältnis ist etwa sechzig zu vierzig. Mit diesem »Missverhältnis« musste sich sogar schon das Parlament beschäftigen. Denn es hat sich herausgestellt, dass immer mehr Frauen unverheiratet bleiben, weil es nicht ausreichend Männer gibt, die den Akademikerinnen ebenbürtig wären.

In anderen Worten, die Frauen haben sich in den letzten zwanzig Jahren deutlich bessere Positionen erobert. Dennoch ist selbstverständlich nicht zu leugnen, dass die iranische Gesellschaft nach wie vor von Männern dominiert wird. Bis heute werden ehebrechende Frauen gesteinigt, bis heute sehen sich Frauen auf allen Feldern benachteiligt. Und die bislang erreichten Fortschritte bleiben bedroht. Insbesondere seit der Amtsübernahme der Regierung Ahmadinedschad versuchen die Islamisten wieder verstärkt, gegen die Frauenbewegung vorzugehen und die eroberten Freiräume erneut einzuschränken. Doch trotz aller Repressionen scheint eine Rückkehr zu alten Zeiten nicht mehr denkbar.

Jung sein, frei sein

Noch weiter als die Frauen haben sich die Jugendlichen und jungen Erwachsenen im Iran von den Zielen der Islamisten entfernt. Zwar wurde kurz nach der Gründung der Islamischen Republik ein »Rat der islamischen Kulturrevolution« gegründet, der sich um die Islamisierung der gesamten Kultur, der Schulen und Universitäten kümmern sollte und sogleich damit begann, auf Professoren, Dozenten, Schuldirektoren, Lehrer und Erzieher einzuwirken. Das Vorhaben jedoch, die gesamte Erziehung und Ausbildung am islamischen Glauben auszurichten, muss als gescheitert betrachtet werden.

Aus diesem Scheitern erwächst dem Gottesstaat eine ernste Bedrohung. Kinder und Jugendliche, die unmittelbar nach der Revolution geboren oder aufgewachsen sind, das heißt Iraner und Iranerinnen, die um die dreißig oder jünger sind, bilden heute fast zwei Drittel der Gesamtbevölkerung. Das sind rund 40 Millionen Menschen, die keine andere Welt kennen als die islamisch geprägte. Sie wurden im Kindergarten, in der Schule und in der Zeit ihrer Ausbildung einer massiven ideologischen Indoktrination ausgesetzt. Die älteren unter ihnen gehörten deshalb anfangs auch zu den radikalsten Verfechtern des Gottesstaates. Sie waren die opferbereitesten Anhänger

Chomeinis und die erbittertsten Gegner liberalen und demokratischen Denkens. Sie bejahten die Gewalt, ja, verherrlichten sie gar und waren bereit, für den Islam in den heiligen Krieg gegen den Irak zu ziehen und dabei als Märtyrer zu sterben.

Inzwischen jedoch zählen gerade die Mitglieder dieser Generation zu den schärfsten Gegnern des Regimes. Sie bilden die eigentliche Achillesferse der Islamischen Republik. Was sie anstreben, ist den Zielen und Vorstellungen der herrschenden Geistlichkeit konträr entgegengesetzt. Sie wollen endlich frei sein – ohne ideologischen Ballast, ohne den ständigen Druck einer scheinheiligen Moral, ohne die permanenten Aufforderungen geistlicher Führer, mal jenen äußeren, mal diesen inneren Feind hassen zu müssen. Sie wollen frei denken und ihre Begabungen frei entfalten können. Sie wollen am Leben Spaß haben.

Diese verständlichen Wünsche sind in den letzten Jahren vor allem durch das Internet und das Satellitenfernsehen zusätzlich stimuliert worden, sie lassen sich aber in der Islamischen Republik nicht befriedigen. Ein großer Teil der Jugend hat daraufhin zunächst den Ausweg über die Politik gesucht. Millionen Schüler und Studenten haben sich 1997 bei den Präsidentschaftswahlen für den Reformer Mohammad Chatami engagiert – und ihm damit zu einem überraschenden Sieg verholfen.

Aber Chatamis Versprechen, die Islamische Republik nach innen und nach außen zu öffnen, blieben uneingelöst. Und nicht nur das. Der Hoffnungsträger enttäuschte letztlich auf ganzer Linie. Diese Enttäuschung führte dazu, dass ein Teil der Reformwilligen und politisch Engagierten bald auf Distanz ging. Ein anderer Teil forderte Chatami nun immer eindringlicher auf, den Islamisten Widerstand zu leisten und die angekündigten Reformen endlich umzusetzen. Doch der Präsident und seine Regierung wie auch die meisten Reformer im Parlament hatten nicht den Mut, den Rechten die Stirn zu bieten, sondern zogen es stattdessen vor, einen Kompromisskurs einzuschlagen.

Zur entscheidenden Wende im Verhältnis zwischen Studenten und Reformpolitikern kam es dann im Sommer 2002. Nachdem der bekannte Hochschullehrer und Islamforscher Aghadschari die konservativen Islamisten scharf angegriffen hatte, war er von einem Gericht zum Tode verurteilt worden. Aus Protest dagegen und mit der Forderung, das Urteil zurückzunehmen, kam es in Teheran und anderen Städten zu größeren Studentenunruhen, zahlreiche Studenten wurden verhaftet. Die größte Studentenorganisation des Landes, *Tahkim-e Wahdat*, richtete einen letzten Appell an die Regierung. »Herr Präsident, brechen Sie endlich Ihr resignierendes Schweigen, schützen Sie die Studenten, gehen Sie gegen die Gesetzesbrecher vor«, hieß es in einem offenen Brief an Präsident Chatami. »Sollten Sie nicht in der Lage sein, dem Geschehen Einhalt zu gebieten, fordern wir Sie auf, einen mutigen Schritt zu wagen und Ihr Amt niederzulegen.« Der Ruf blieb unerwidert. Was konnten die Studenten anderes tun, als den Dialog und die Kooperation mit den Reformern aufzukündigen und eigene Wege zu gehen?

Die Mehrheit der politisch Engagierten beschloss, fortan unabhängig von der Regierung und außerhalb des Parlaments aktiv zu werden. Die noch 2003 vom Studentenverbund *Tahkim-e Wahdat* geäußerte Hoffnung, dass »alle Hürden, die der Etablierung einer demokratischen Republik im Wege stehen«, durch Reformen zu beseitigen seien, war kurz darauf zerstoben. In der Konsequenz haben viele Studenten dann anlässlich der Präsidentschaftswahlen im Juli 2005 offen erklärt, nicht an den Wahlen teilnehmen zu wollen.

Diese Depolitisierung aus Resignation gibt durchaus Anlass zur Sorge. So ist die iranische Jugend, insgesamt betrachtet, zurzeit zweifellos weniger rebellisch als vor der Revolution. In ihrer Mehrheit sind die jungen Menschen im Iran vorwiegend mit Alltagsproblemen beschäftigt. Die unzureichenden Ausbildungsmöglichkeiten, der Mangel an Arbeitsplätzen, das Fehlen gesellschaftlicher und öffentlicher Unterhaltung sowie eine düstere Zukunftsperspektive haben viele Jugendliche in die Passivität und, weit schlimmer noch, in den Drogenkonsum getrieben. Die Drogensucht, insbesondere unter den Jugendlichen, ist zurzeit eine der besorgniserregendsten Folgen der klerikalen Diktatur. Die islamische Revolution, so könnte man sagen, hat ihre Kinder gefressen.

Mediale Verführer

Dennoch gibt es Hoffnungsschimmer, und diesen hellen Schein wehen ausgerechnet die Stürme der Globalisierung ins Land. Diese

Winde, von denen die Mullahs, aller Verdammungen zum Trotz, einst selbst profitiert haben, blasen ihnen nun ins Gesicht. Und kein Kraut scheint dagegen gewachsen zu sein.

Wenn man es selbst nicht erlebt hätte, würde man es nicht glauben. Ausgerechnet die von den Großayatollahs als verderbliche »Teufelswerke«, als Produkte westlicher Dekadenz gegeißelten Medien waren es, die einst den geistlichen Oberhäuptern zur Macht verhalfen. Ohne Radio und Fernsehen wäre Ayatollah Chomeini wohl kaum in der Lage gewesen, Millionen für seine islamische Revolution zu mobilisieren. Aus seinem Pariser Exil in Neauphle-le-Château sandte er fast täglich seine Botschaften an das iranische Volk, Botschaften, die, auf Kassetten gesprochen, millionenfach bis in die entlegensten Gegenden des Landes verteilt wurden. Auch das persischsprachige Programm der BBC verbreitete täglich die Nachrichten über die Erfolge der Aufständischen und gab verlässlich Zeit und Ort der geplanten Massendemonstrationen bekannt. Selbst die Ärmsten der Armen in der Provinz wollten auf ein Transistorradio nicht verzichten, sie wollten auf dem Laufenden sein, wollten an dem Gang der Revolution teilnehmen.

Als Chomeini schließlich in die Heimat zurückkehrte, sorgten Radio und Fernsehen, deren Sendestationen zuvor von den Aufständischen erobert worden waren, für einen triumphalen Empfang. Und seine erste offizielle Rede hielt der ersehnte Heimkehrer dann auch im Fernsehen!

Dennoch ließ sich der gottgesandte Revolutionsführer nicht davon abhalten, gegen die verderblichen Einflüsse aus dem Westen zu Felde zu ziehen. Wenige Tage nach seiner Ankunft holte er bei einer Ansprache vor einer Versammlung von Angestellten des staatlichen Rundfunks und Fernsehens zu einem Rundumschlag gegen alle Formen moderner Unterhaltung aus: »Unsere listigen Feinde denken doch nicht an das Wohl der Jugend, nein, sie wollen sie ins Verderben, in den Schmutz ziehen. Wenn junge Menschen ein paar Mal ins Kino gehen, gewöhnen sie sich daran und können dann mit Leichtigkeit auf Irrwege geführt werden. Auch die Musik gehört zu diesen listigen Mitteln der Verführung. Sie ist dazu geeignet, das menschliche Gehirn zu lähmen. Zwischen Musik und Opium besteht kein Unterschied. Opium führt zu einer Art Lähmung der Gefühle, Musik erzielt dieselbe Wirkung. Streicht die Musik aus eurem Programm. Fürchtet euch nicht davor, dass man euch Traditionalisten nennt. Lasst gut sein, wir sind eben Traditionalisten.«

Trotz aller Ermahnungen, trotz Zensur und Repression haben es »die listigen Feinde« aber offenbar dennoch geschafft, die Menschen zu verführen. Tatsächlich sind die Islamisten mit ihrem unerbittlichen Kulturkampf zur totalen Islamisierung der Gesellschaft, mit ihrem Versuch, Kinder und Jugendliche für ihr Weltbild, für Märtyrertum und Glaubenskrieg zu begeistern und sie von weltlichen Reizen und Verlockungen fern zu halten, gründlich gescheitert.

Heute hat die iranische Filmindustrie im Nahen und Mittleren Osten eine Spitzenposition inne, und Filmemacher wie Kia Rostami oder Machbalbaf gehören zu den preisgekrönten Regisseuren von Cannes und Venedig. Im Westen populäre Musikgruppen sind bei Teheraner Jugendlichen nicht minder bekannt als bei Gleichaltrigen in Berlin und New York. Und bei den letzten Präsidentschaftswahlen bedienten sich alle Kandidaten, auch die Geistlichen unter ihnen, ausgetüftelter Fernsehwerbespots, untermalt mit Musik, um die Gunst der Wähler zu erlangen. Selbst für das iranische Atomprogramm wird in Rundfunk und Fernsehen massiv Propaganda betrieben; Lieder und Fernsehspots mit Titeln wie »Leuchtende Lampe«, »Sonne unserer nationalen Ehre«, »Sonne des Ostens« werden mehrmals am Tag gesendet.

Der islamische Gottesstaat steckt in einem ausweglosen Dilemma: Einerseits soll sich die Gesellschaft jedem Einfluss der Moderne verschließen, um den Gefahren der Dekadenz zu entgehen, andererseits kann und will auch das Regime nicht auf die Vorteile der modernen Kommunikationsmittel verzichten. Grenzen wurden dicht gemacht, die Medien gleichgeschaltet, die Kontrollen verschärft, doch die Menschen, insbesondere Jugendliche, fanden immer neue Schleichwege, um in den Genuss dessen zu kommen, was ihnen Spaß macht. Wenn die inländischen Fernseh- und Rundfunkanstalten Moralpredigten sendeten, Trauerfeiern für die gefallenen Märtyrer übertrugen, Kriegsfilme zeigten und im Radio nur Marschmusik zu hören war, dann schaltete man eben auf ausländische Sender um. Mittlerweile gibt es allein in den USA mehrere Fernseh- und Radiosender, die rund um die Uhr in persischer Sprache für Zuschauer und Hörer im Iran senden. Ähnliche Programme gibt es bei der BBC, Radio France, Deutsche Welle und anderen Sendern. Und auch der nun mehr als ein Jahrzehnt andauernde Streit um Parabolantennen scheint allmählich zugunsten der Zuschauer beendet zu sein. Ständige Hausdurchsuchungen, Festnahmen von Antennenbesitzern sowie inständige Appelle religiöser Instanzen konnten die Millionen nicht davon abhalten, bei Anbruch der Dunkelheit ihre Parabolantennen auf die Dächer zu tragen.

Digitale Subversion

Und Film, Radio und Fernsehen waren ja gewissermaßen nur die Vorhut. Erst das Internet hat den islamischen Traditionalisten in ihrem Kulturkampf die endgültige Niederlage zugefügt. Innerhalb kürzester Zeit hat dieses Medium wie ein mächtiger Strom alle Dämme gebrochen, die die Islamisten rund um die Grenzen des Landes errichtet hatten. Auf einmal wurde es möglich, jede Nachricht über Ereignisse im In- und Ausland unzensiert und unverfälscht zu erhalten. Das Internet hat mit einem Schlag die bislang verschlossen gehaltenen Tore zur Außenwelt geöffnet und den Menschen im Land die Gelegenheit verschafft, ihre eigene Gesellschaft mit den Augen anderer, aus der Distanz zu betrachten sowie mit Andersdenkenden im Ausland zu kommunizieren. Das Internet hat eine Revolution erzeugt, die sich im Stillen und unbemerkt von der herrschenden Macht, an den Universitäten, in Schreibstuben, an den theologischen Hochschulen, an allen Orten, an denen ein PC steht, ihren Weg bahnt. Das Internet ist der Triumph der Technik über Diktaturen, die ihrem Volk das Denken verbieten und Informationen vorenthalten.

Inzwischen gibt es allein in Teheran mehr als 4.000 Internetcafés und Millionen Menschen, die sich mehrere Stunden am Tag im Internet aufhalten. Die Zahl der Internetnutzer im Iran wird auf sechs bis sieben Millionen geschätzt, und es wird angenommen, dass sich diese Zahl innerhalb weniger Jahre verdoppeln wird. Die Vertreter des Gottesstaates verfolgen diese Entwicklung natürlich mit Argwohn. Aber was sollen sie tun, zumal auch der Staatsapparat inzwischen ohne Computer nicht mehr auskommt, ja, nicht einmal Radikalislamisten auf diese zauberhafte Errungenschaft der modernen Technik verzichten können und wollen?

Man traut seinen eigenen Augen und Ohren nicht: Es gibt kaum einen Großayatollah, den man nicht per E-Mail erreichen könnte. Gibt man im Internet www.Ayatollah so und so ein, gelangt man auf perfekt gestaltete Homepages, die mit »im Namen Gottes« beginnen. Der betreffende Geistliche ist mit Turban und Umhang auf Fotos zu sehen; seine Werke, Reden und religiösen Anweisungen werden, sachgerecht aufgelistet, mitsamt einer ausführlichen Biographie zur Lektüre angeboten.

An den theologischen Hochschulen in den heiligen Städten Ghom und Maschad sitzen Tag für Tag Hunderte junge, auch ältere Geistliche vor den Computern, die sie bei ihren theologischen Forschungen nicht mehr entbehren können. Man kann nur darüber spekulieren, ob sich ihre Neugierde auf theologische Themen beschränkt. Es kann durchaus sein, dass sie, wenn sie unbeobachtet in den Hinterzimmern der Hochschule sitzen, auch weltlichen Verlockungen nachgehen und dabei überrascht feststellen, dass das Leben sich nicht in den Grundsätzen und Dogmen des Glaubens erschöpft. Vielleicht werden sie sich dann sagen, dass sie nicht alles, was die Oberen predigen, für bare Münze nehmen dürfen. Festzustellen ist jedenfalls, dass die Zahl jener, die in Kreisen der Geistlichkeit für eine radikale Reform des Islam eintreten, in jüngster Zeit rapide gestiegen ist. Für die Islamisten ist dies eine Gefahr mit unabsehbaren Folgen.

Solange es kein Internet gab oder es sich noch nicht so weit verbreitet hatte, war es wesentlich leichter, die öffentliche Meinung zu kontrollieren. Als zum Beispiel die kritische Presse in den ersten Jahren nach der Wahl Präsident Chatamis 1997 mit einer gewissen Lockerung der Zensur eine Blüte erfuhr und für eine relativ kurze Zeit ein Forum für politische und geistige Auseinandersetzungen bot, setzten die Islamisten alle Mittel der Repression ein, um dieser Entwicklung Einhalt zu gebieten. Verlage und Zeitungsredaktionen wurden von Schlägertruppen überfallen und in Brand gesteckt, einzelne Journalisten wurden bedroht und verhaftet, und als das alles zur Einschüchterung der Journalisten und Verleger nicht ausreichte, trat die Justiz auf den Plan. Ab April 2000 wurden innerhalb von zwei Jahren mehr als hundert Zeitungen und Zeitschriften verboten und zahlreiche Journalisten zum Teil zu langjährigen Haftstrafen verurteilt. Die Folge war, dass die Journalisten ins Internet flüchteten.

Binnen kurzer Zeit entstanden mehrere hundert Internetdienste, deren Betreiber nicht selten zu den besten und bekanntesten Zeitungsmachern des Landes zählten. Sie publizierten nicht nur unzensierte Nachrichten und Analysen zu wichtigen politischen und gesellschaftlichen Fragen, sie boten auch Foren an, in denen jeder seine Meinung äußern konnte. Den Journalisten folgten politische Gruppen und regierungsunabhängige Organisationen, die in verschiedenen Bereichen der Gesellschaft tätig waren. Heute findet man im Internet allein mehrere Dutzend Frauenverbände, die auf ihren Internetseiten die Lage der Frauen im islamischen Gottesstaat analysieren, über Frauenrechte diskutieren und Gleichberechtigung fordern.

Zu den Webseiten kamen noch die Weblogger hinzu. Die Iranerin Nasrin Alavi hat mit ihrem Buch »Wir sind der Iran« einen detaillierten Bericht über die iranische Weblog-Szene vorgelegt. »Heute ist Farsi die vierthäufigste Sprache, in der Internettagebücher geschrieben sind«, schreibt sie. Dem NITLE Blog Census zufolge habe es bereits 2004 mehr als 64 000 Blogs in Farsi gegeben. Bei den Bloggern, mehrheitlich Jugendliche, die Alavi ausführlich zitiert, geht es nicht allein um politische Fragen. Viele erzählen einfach aus ihrem Alltag, von ihren Ängsten um die Zukunft, von ihren Sehnsüchten nach einem anderen Leben oder von ihrer Liebe. »Hast du einen Freund? Nein, stattdessen führe ich ein Weblog«, schreibt einer. Was am meisten auffällt, ist die ungeheure Sehnsucht nach Freiheit, Unbeschwertheit, nach einem Leben ohne Zwang. »Der Tag wird kommen, an dem alles, alles gut wird«, zitiert Alavi einen Weblogger. »Es wird keine Zensoren mehr geben, die Blogs durchkämmen ... Dann werden du und ich mit einer Flasche Champagner durch die Straßen schlendern ... Natürlich nur, wenn deine Mutter es erlaubt.«

Dem Regime war die Internetszene von vornherein ein Dorn im Auge, und so holte es zu einem neuen Schlag gegen die freie Meinungsäußerung aus. Im Oktober 2004 verkündete Justizchef Ali Schahrudi: Jeder, der »Propaganda gegen das Regime veröffentlicht, die nationale Sicherheit gefährdet, die öffentliche Ordnung stört, religiöse Empfindungen verletzt und dafür Computer oder Telekommunikationsmittel verwendet, wird bestraft«. Konservative Zeitungen lobten die Verordnung und bezeichneten in ihren Kommentaren die Internetdienste und Blogsphäre als ein »von der CIA geleitetes Netzwerk«, das »eine Verschwörung« plane und »den Umsturz des Regimes zum Ziel« habe.

Fast gleichzeitig mit der neuen Verordnung wurden 25 Betreiber von Internetdiensten in Untersuchungshaft genommen. Vier von ihnen wurden kurz darauf wieder freigelassen, nachdem sie jeweils eine Kaution von umgerechnet 50.000 Euro gezahlt und öffentlich Reue gezeigt hatten. Djavad Gholam Tamimi bekannte sich schuldig, einer ausländischen Botschaft in Teheran Geheiminformationen und Dokumente verkauft zu haben. Er sei von einigen Reformern in die Irre geleitet worden und habe gegen die nationale Sicherheit verstoßen. »Dafür möchte ich mich beim iranischen Volk entschuldigen«, schrieb er. »In einem anderen Land wäre ich für mein Vergehen mit dem Tode oder mit lebenslanger Haft bestraft worden. Aber hier habe ich durch die Justiz und im Gefängnis eine Güte erfahren, die in mir eine tiefe Scham hervorgerufen hat. Ich weiß nicht, was ich tun könnte, um mich für diese Großzügigkeit als würdig zu erweisen.« Ähnlich lauteten die »Bekenntnisse« der anderen. Sie wurden von der Nachrichtenagentur Fars verbreitet und mehrmals im staatlichen Fernsehen verlesen.

Welche Behandlung die Inhaftierten tatsächlich erfahren hatten, beschrieb der frühere Parlamentsabgeordnete und einer der führenden Köpfe der Reformbewegung Ali Mazrui, dessen Sohn ebenfalls verhaftet worden war. In einem offenen Brief an Präsident Chatami, schilderte er, was seinem Sohn im Gefängnis widerfahren war. Man habe ihm die Augen verbunden und ihn mehrmals geschlagen. Er sollte über das Privatleben seiner Eltern detailliert Auskunft geben und selbst gestehen, dass er sich moralischer Vergehen schuldig gemacht und unsittliche Beziehungen gehabt habe. 59 Tage habe er in Einzelhaft verbringen müssen und täglich nur für jeweils drei Minuten seine Zelle verlassen dürfen, um seine Notdurft zu verrichten. Mazrui fügte dem Brief ein vorformuliertes Geständnis bei, das sein Sohn vor seiner Freilassung hätte unterschreiben sollen.

Die Repression, die harten Urteile, die Quälereien in den Gefängnissen, mit denen die Internetbetreiber und Weblogger eingeschüchtert und abgeschreckt werden sollten, trieben die meisten lediglich in die Anonymität. Jetzt schreiben sie unter Pseudonym, und der Staat ist wiederum herausgefordert, darauf zu reagieren. Nach Angaben einer Forschungsgruppe der Universitäten Harvard, Cambridge und Toronto ist der Iran mit technologischer Hilfe aus den USA bei der Internet-Zensur inzwischen Weltmeister geworden. Vor allem Webseiten mit politischen, sexuellen und feministischen Inhalten seien im Iran weithin blockiert, berichtete die Forschungsgruppe im Juni 2005. Jede dritte von den Forschern ausgewählte Internetseite sei gesperrt gewesen. Dabei setzten die Behörden in Teheran die »technologischen Errungenschaften« der US-Firma Secure Computing ein. Indem die Firma Filtersysteme an »undemokratische Regimes« liefere, mache sie sich zum »Komplizen«, kritisierte Roland Deibert von der Universität Toronto.

Wie sich inzwischen jedoch herausgestellt hat, ist auch dieser Versuch, unliebsame Inhalte zu blockieren, gescheitert. Denn viele Schlüsselworte, die als obszön, moralisch verwerflich oder politisch unzulässig eingestuft worden waren und eine Blockierung auslösten, kamen auch in medizinischen, soziologischen und anderen wissenschaftlichen Texten sowie nicht zuletzt – und noch wichtiger – in den Hetztiraden der Gottesmänner gegen die USA, Israel oder die Gegner im Inland vor. So fielen auch sie der Filterung zum Opfer. Nun soll eine neu gegründete iranische Gesellschaft mit dem schönen Namen »Delta Global« das Problem lösen. Doch nach Meinung von Fachexperten wird der iranischen Staatsführung wohl kaum gelingen, was nicht einmal die Chinesen geschafft haben. Der große Zauberkasten Internet wird auch weiterhin jedem die Möglichkeit bieten, uneingeschränkt von seinem Recht auf freie Meinungsäußerung Gebrauch zu machen.

Reformen von unten

Zu den heute wichtigsten Stützen der iranischen Zivilgesellschaft gehört eine Vielzahl regierungsunabhängiger Organisationen, die in verschiedenen Bereichen wie Jugend und Erziehung, soziale Fürsorge, Frauen, Ausbildung und Umwelt tätig sind. Zwar sind nicht alle Organisationen und Verbände, die sich als regierungsunabhängig bezeichnen, tatsächlich von der Regierung unabhängig. Auch der islamische Staat hat mittlerweile bemerkt, dass solche Basisarbeit eine wichtige Stütze sein kann. Aber es bleiben immer noch mehrere tausend NGOs, die diese Bezeichnung verdienen und eine wichtige Arbeit leisten.

Im September 2003 beispielsweise fand der erste Jugendkongress in Teheran statt, an dem 850 NGOs teilnahmen. Im Vorfeld des Kongresses erklärte Amuzadeh Khalili, Sprecher der »Organisation Iranischer Jugend«: »Die Stärkung der NGOs sichert die Teilnahme der Jugend an der Bewältigung kultureller und sozialer Probleme unseres Landes. Die NGOs sind in der Lage, mit einem geringen Aufwand wichtige Erfolge zu erzielen. Wenn wir diesen Organisationen genügend Vertrauen schenken, werden sie wichtige Beiträge zur Entwicklung unserer Gesellschaft leisten.«

Insgesamt seien zurzeit im Iran 1.100 NGOs registriert, weitere 2.600 hätten die Registrierung beantragt, berichtete Khalili. 38 Prozent der NGOs seien im wissenschaftlichen Bereich tätig, 37 Prozent im Bereich der Kunst und Kultur, 16 Prozent beschäftigten sich mit sozialen Problemen und neun Prozent mit Fragen der Umwelt. 53 Prozent der Mitglieder hätten ein abgeschlossenes Studium, 40 Prozent Abitur und sieben Prozent noch keinen Schulabschluss.

Das wichtigste Problem der NGOs bestehe darin, dass sie bei staatlichen Behörden und Ämtern keine Akzeptanz und kein Vertrauen genießen würden. Für die NGOs sei es auch nicht einfach, die staatliche Erlaubnis zu erlangen und sich offiziell registrieren zu lassen. »Um diese Mängel zu beseitigen«, forderte Khalili, »müssen die Gesetze und Bestimmungen überarbeitet werden. Zu diesem Zweck führen wir Verhandlungen mit der Regierung und dem Parlament.« Der Kongress diene dem Versuch, für die NGOs entsprechende Richtlinien auszuarbeiten und die Öffentlichkeit mit den Aktivitäten der Gruppen bekannt zu machen.

Eröffnet wurde der Kongress vom damaligen Präsidenten, Mohammad Chatami, der damit die Rolle der NGOs öffentlich aufwertete, obwohl deren Arbeit für staatliche Stellen nur schwer zu kontrollieren ist. Aber Chatami war angeschlagen, und er wusste, wie tief die Enttäuschung über das Scheitern der von ihm versprochenen Reformen war. »Noch brennen in unserem Herzen die Flammen der Hoffnung«, sagte er. »Unter den gegebenen Umständen gibt es keinen anderen Ausweg, als der Vernunft zu gehorchen und Geduld aufzubringen. Nur so können wir zum Ziel gelangen [...] Das Reden fällt mir schwer. Ich weiß, ich habe Versprechungen abgegeben, die von der Bevölkerung begrüßt wurden. Aber sie wurden nicht realisiert. Es gibt Probleme, die teilweise durch uns selbst verursacht worden sind und teilweise von außen kommen. Ich weiß, dass diese Probleme auch psychologisch unsere Gesellschaft belasten. Aber aus Gründen, die ich nicht nennen kann, bin ich nicht in der Lage, über diese Probleme zu sprechen. Ich möchte keine Resignation erzeugen. Ich kann aber auch nicht reden, ohne auf die wirklichen Probleme einzugehen. Deshalb fällt mir das Reden in letzter Zeit so schwer.«

Der Staatspräsident hob die Bedeutung der Rolle der Jugend und der Frauen bei der Gestaltung einer freien und demokratischen Gesellschaft hervor und bezeichnete die NGOs als eine wichtige Brücke zwischen einer despotisch regierten und einer demokratischen Gesellschaft. Je mehr Menschen an der Gestaltung der Gesellschaft beteiligt seien, desto sicherer und stabiler sei die Demokratie. Leider haben Chatami und seine Regierung es versäumt, diese so wichtige Erkenntnis auch in die Tat umzusetzen. Aber sein Scheitern hat offenbar dazu geführt, dass immer mehr regierungsunabhängige Organisationen, im Verbund mit vielen anderen Akteuren der Zivilgesellschaft, diese Reformen nun von unten durchzusetzen begonnen haben.

Koran und Moderne – Ist der Islam reformierbar?

Ist eine islamische Gesellschaft etwas anderes als eine offene Gesellschaft? Gar ihr Gegenteil? Was ist das Besondere am Islam? Weshalb sehen sich viele Muslime in Opposition zum »Westen«? Und weshalb betrachten sich so viele Menschen in den an sich unvorstellbar reichen öl- und gasexportierenden Ländern als Modernitätsverlierer? Wo liegen die inneren Ursachen – und wo wären äußere Verursacher zu benennen – für das politische und soziale Konfliktpotential des Iran?

Für die Mullahs, für die Islamisten steht der Feind fest: Es ist der Westen, allen voran die USA. Diese eindeutige Schuldzuweisung wirkt in einer unübersichtlich gewordenen, »zerrissenen« Welt natürlich entlastend. Aber weder die Gewaltverhältnisse noch die Armut noch der Bildungsrückstand in einem Land wie dem Iran sind allein von außen verursacht. Und gerade diese Erkenntnis ist, so erstaunlich das klingt, in keinem islamischen Land so weit verbreitet wie im Iran.

Die direkte Erfahrung eines Gottesstaates hat dazu geführt, dass sich immer mehr Menschen die Frage stellen, worin die Ursachen der eigenen Rückständigkeit tatsächlich begründet liegen. Und solche Fragen haben eine tief gehende Auseinandersetzung mit der eigenen Geschichte, Kultur und auch Religion in Gang gesetzt. Diese interne Reformdiskussion und ihre wichtigsten Vertreter sind im Westen weithin unbekannt. Sie bedürfen aber einer verstärkten Aufmerksamkeit und Unterstützung, damit die demokratisch gesinnte, offene Zivilgesellschaft, wie sie sich im Iran schon längst auszubilden begonnen hat, gefestigt wird.

Die Feinde der islamischen Gesellschaft, das nehmen auch immer mehr Iraner zur Kenntnis, sind in Wahrheit weder westliche Werte noch Demokratie, weder Massenmedien noch Frauenemanzipation. Die Feinde der islamischen Gesellschaft sind die vermeintlich unumstößlichen, unabänderlichen Gesetze, die Feinde sind archaisches

Machtstreben und kriminelle Besitzgier. Diese Feinde sind nicht zwangsläufig mit einer Religion verbunden. Sie kaschieren sich allenfalls religiös.

Islam und Menschenrechte

Ob der Geist des Korans oder gar sein strenger Wortlaut von ewiger Gültigkeit ist, wird auch unter den Geistlichen im Iran immer kontroverser diskutiert. Sogar viele derer, die die islamische Revolution einst aktiv mitbetrieben und sich am Aufbau des Gottesstaates in vorderster Linie beteiligt haben, geraten heute in immer schärfere Opposition zum System. Einer der radikalsten und bekanntesten Reformer der iranischen Geistlichkeit ist Mohsen Kadivar. 1959 geboren, wollte er eigentlich Elektroingenieur werden. Doch nach wenigen Semestern kehrte er der Technischen Hochschule in der südiranischen Stadt Schiraz den Rücken und begab sich nach Ghom, wo er sich 17 Jahre lang am Theologischen Zentrum dem Studium des islamischen Rechts, der Philosophie und der Mystik widmete. Zwei Jahre später promovierte er an der Hochschule für Lehrerausbildung. Die Jahre danach verbrachte er als Lehrer und Forscher. Er hat im Iran bisher zwölf Bücher veröffentlicht und zahlreiche Beiträge für Zeitungen und Zeitschriften geschrieben. Zurzeit lehrt er an der philosophischen Abteilung der Hochschule für Lehrerausbildung in Teheran. Zugleich ist er Vorsitzender des »Vereins zur Verteidigung der freien Meinungsäußerung«, eines Vereins, in dem zahlreiche populäre Journalisten und Autoren versammelt sind.

Kadivar gehört zu jenem Kreis der Reformer im Iran, die sich in ihrer Kritik des traditionellen Islam bisher am weitesten vorgewagt haben. Ungeachtet der Gefahren, die jeder Kritiker des Gottesstaates für sein Leib und Leben riskiert, hat er sich in zahlreichen Büchern und Zeitungsbeiträgen hochbrisanten Themen wie »Islam und Politik«, »Islam und Gewalt« oder »Das Recht auf Leben in einem religiösen Staat« gewidmet. Sein 25 Seiten langes Interview, das er mit der in Teheran erscheinenden Monatsschrift *Aftab* im Jahre 2004 über »Islam und Menschenrechte« führte, kann wohl als die radikalste Position betrachtet werden, die er bisher bezogen hat.

Die »Kettenmorde« von 1998, das Attentat gegen den bekannten Reformer Said Hadjarian und das Todesurteil gegen den Geistlichen und Reformer Jussefi Eshkevari hätten ihn dazu bewogen, sich einmal gründlich mit dem Thema »Islam und Menschenrechte« zu beschäftigen, sagte Kadivar. Die ersten Versuche, sich öffentlich zu diesem Thema zu äußern, hätten ihm drei Jahre Gefängnis beschert. Hier habe er die Gelegenheit gefunden, die wichtigsten religiösen Schriften, insbesondere den Koran und die Anweisungen des Propheten und seiner Nachfolger noch einmal gründlich zu studieren und dabei der Frage nachzugehen, ob der »historische« oder »traditionelle« Islam mit den Menschenrechten zu vereinbaren sei.

Die Antwort ist eindeutig »nein«. »Der traditionelle Islam kennt keine Grundrechte, die für alle Menschen gelten«, meint Kadivar. Im ersten Teil des Interviews weist er konkret nach, dass der traditionelle Islam die Menschen je nach ihrer religiösen Zugehörigkeit, ihres Geschlechts und ihrer Position in der gesellschaftlichen Hierarchie unterschiedlich bewertet und ihnen dementsprechend mehr oder weniger Rechte zugesteht – von Rechten, die für alle gleichermaßen gelten, keine Spur. Dieser Islam sei historisch längst überholt. Eine Rettung des Glaubens setze radikale Reformen voraus. Wie das zu bewerkstelligen sei, führt er im zweiten Teil des Interviews aus.

Bezogen auf die Religion gibt es nach Auffassung konservativer Schiiten vier Gruppen von Menschen. An oberster Stelle stehen die Mitglieder der eigenen Glaubensgemeinschaft. Sie genießen alle Rechte, die der Islam den Gläubigen zugesteht. Angehörigen anderer Glaubensrichtungen innerhalb des Islam, wie zum Beispiel den Sunniten, sind gewisse Einschränkungen auferlegt. Ihnen ist in einer von Schiiten beherrschten Gesellschaft untersagt, eine Führungsrolle zu übernehmen, als religiöse Instanz zu fungieren, beim Freitagsgebet als Prediger aufzutreten oder als Richter Recht zu sprechen. Weit weniger Rechte als diese zweite Gruppe genießen Christen, Juden und Zarathustrier. Sie gelten grundsätzlich als »unrein«. Eine Heirat zwischen Muslimen und Angehörigen anderer Religionen ist nicht gestattet. Nichtmuslime dürfen Muslime nicht beerben, diese jene schon. Das Recht, Gleiches mit Gleichem zu vergelten, »Ghessas« genannt, gilt nur für Muslime. So wird ein Nichtmuslim, der einen Muslim tötet, mit dem Tode bestraft, umgekehrt nicht. Dieser Grundsatz gilt für sämtliche Straftaten. Der Wert des Lebens eines Muslims, als »Blutgeld« bezeichnet, beträgt 10.000, der des Lebens eines Nichtmuslims nur 800 Drachmen. Noch schlimmer ist es um die vierte Gruppe bestellt. Es handelt sich dabei um Angehörige von Religionen, die nicht wie die drei genannten anerkannt sind, oder um Menschen, die die Existenz Gottes leugnen. Deren Leben ist absolut nichts wert, sie besitzen keinerlei Rechte. Wenn ein Muslim sie beraubt, sie beleidigt, sie denunziert, ja sogar, sie tötet, wird er dafür nicht bestraft. »Rechtlich betrachtet«, schreibt Kadivar, »werden Gottlose wie Tote behandelt.« Allein die Tatsache, dass »ein Mensch ein Mensch ist«, reicht also nach Auffassung der Traditionalisten nicht aus, um daraus irgendwelche Rechte abzuleiten. Der traditionelle Islam erkenne zwar bestimmte Rechte für bestimmte Gesellschaftsgruppen an, er kenne aber keine allgemein gültigen Menschenrechte.

Die Kategorisierung der Menschen erfolgt jedoch nicht allein aufgrund ihres Verhältnisses zum Islam, sondern auch bezüglich ihres Geschlechts. Der traditionelle Islam sieht für Männer und Frauen unterschiedliche Rechte vor. In einigen Fällen werden Frauen bevorzugt. Zum Beispiel sind Frauen nicht verpflichtet, für den Unterhalt der Familie zu sorgen, am Krieg teilzunehmen oder beim Freitagsgebet zu erscheinen. Frauen, die aus dem islamischen Glauben austreten, werden nicht, wie abtrünnige Männer, mit dem Tod, sondern mit Haft plus schwerer Zwangsarbeit bestraft. Auf der anderen Seite ist es Frauen nicht gestattet, als religiöse Instanz zu wirken, die politische Führung eines Landes oder einer islamischen Gemeinschaft zu übernehmen, zu richten oder als Predigerin beim Freitagsgebet aufzutreten. Das »Blutgeld« einer Frau ist halb so viel wert wie das eines Mannes. Wenn ein Muslim eine Muslimin tötet, kann er nur dann mit dem Tod bestraft werden, wenn die Hinterbliebenen der Frau ihm zuvor die Hälfte seines »Blutgeldes« bezahlen. Frauen können bei Gerichtsverhandlungen nicht als alleinige Zeugen auftreten. In vielen Fällen, wie im oder bei Raub, ist ihre Aussage gänzlich wertlos. In einigen Fällen wird die Aussage nur dann akzeptiert, wenn sie von einem männlichen Zeugen bestätigt wird. Auch in Bezug auf Erbschaften werden Frauen im Vergleich zu Männern stark benachteiligt. Der Anteil der Töchter an dem Erbe ihrer Eltern ist nur halb so groß wie der der Söhne. Entsprechend sind auch die Rechte innerhalb der Familie verteilt. Nach Auffassung der Traditionalisten stehen Männer der Familie vor. Ohne ihre Erlaubnis dürfen Frauen nicht das Haus verlassen oder gar eine Reise unternehmen. Frauen ist es nicht gestattet, ohne einen religiös anerkannten Grund sich ihren Männern sexuell zu verweigern, hingegen sind Männer nicht verpflichtet, die Bedürfnisse ihrer Frauen zu befriedigen. Das Sorgerecht der Kinder liegt beim Vater. Stirbt der Vater, wird dieses Recht auf den Großvater bzw. auf einen Vormund übertragen.

Familien-, zivil- und strafrechtlich würden Frauen als Menschen zweiter Klasse behandelt, schreibt Kadivar. Daraus folge, dass die »Geschlechtszugehörigkeit über das allgemeine Menschenrecht gestellt wird«, resümiert er. Aber damit nicht genug. Die Ungleichheit vor dem Recht spiegelt sich auch in anderen Bereichen der Gesellschaft wider. So genießen Geistliche gewisse Privilegien, zum Beispiel bleibt ihnen in einem islamischen Staat die Führung des Staates vorbehalten. Auch bezüglich der Meinungsäußerung verordnet der traditionelle Islam starke Einschränkungen, die dem in der Konvention der Menschenrechte verankerten Recht auf freie Meinungsäußerung konträr entgegengesetzt sind. Einem Muslim ist es nicht gestattet, die geltenden Grundsätze der eigenen Religion in Frage zu stellen oder gar zu einer anderen Religion überzutreten. Ein solches Vergehen wird mit dem Tode bestraft. »In einem islamischen Staat, der von Traditionalisten regiert wird, sind Menschenrechte, wie die Freiheit der Meinungsäußerung, der Schrift, der Wahl des Glaubens, praktisch außer Kraft gesetzt«, schreibt Kadivar.

Nach dieser sehr eindeutigen Bilanz drängt sich die Frage auf, ob die bei den Konservativen vorherrschende Auffassung vom Islam historisch entstanden ist oder ob die Wurzeln der Ungleichheit nicht doch in den Ursprüngen des Islam selbst liegen und auf die Äußerungen des Propheten oder gar auf den heiligen Koran zurückzuführen sind. Kadivar weicht dieser wichtigen Frage, die einer Gotteslästerung gleichkommt, keineswegs aus. Es sei nicht zu leugnen, dass sowohl gewisse Aussagen des Propheten wie auch bestimmte Stellen im Koran eindeutig im Widerspruch zu den Grundsätzen der Menschenrechte stehen, sagt er. Dies sei jedoch nicht das Entscheidende. Das Hauptproblem liege darin, dass nach Auffassung der Traditionalisten »nicht die Individuen im Mittelpunkt der Diskussion stehen, sondern Gott und der Glaube«. Dementsprechend richte sich die Aufmerksamkeit der Gelehrten nicht auf die Rechte und

Freiheiten der Menschen, sondern auf die Pflichten, die Gläubige Gott gegenüber zu erfüllen haben. Kein Wunder, dass sie Gesetzen und Anweisungen deshalb weit mehr Aufmerksamkeit widmeten als dem Glauben selbst. Damit werde die geistige, spirituelle Substanz der Religion zugunsten der Einhaltung von Vorschriften und der Erfüllung von Pflichten preisgegeben.

Wie können nun die Modernisten, die Reformer, die für die Einhaltung der Menschenrechte eintreten, sich gegen diese Sichtweise zur Wehr setzen, oder noch wichtiger, wie sollen sie mit den Worten Gottes im Koran und den überlieferten Äußerungen des Propheten verfahren, um den Islam mit den Menschenrechten und modernen Auffassungen von Politik und Gesellschaft in Einklang zu bringen? Kadivar lehnt die bisherigen Versuche ab, die betreffenden Passagen im Koran als sekundär zu betrachten oder sie krampfhaft so zu interpretieren, dass der Widerspruch zu den Menschenrechten, wenn auch nur scheinbar, aufgehoben wird. Die Lösung liege auch nicht darin, dass man gewisse Strafmaßnahmen, wie das Steinigen oder Abhacken von Händen, aussetzt oder zum Beispiel im Familienrecht Frauen gegenüber gewisse Zugeständnisse macht. Dies alles sei nichts als Flickschusterei. Bei den notwendigen Reformen gehe es nicht um Einzelfragen oder gewisse Zugeständnisse, sondern um die gründliche Auseinandersetzung zwischen zwei unversöhnlichen Sichtweisen, zwischen einer modernen und einer traditionellen Auffassung vom Islam, vom Individuum und vom Glauben.

Die Lehre des Islam umfasst vier Bereiche, so Kadivar: den Bereich des Glaubens und der Überzeugung, den Bereich der Moral, den Bereich des Gebets und schließlich den Bereich der Anweisungen und Bestimmungen, die das Individualrecht, Handelsrecht, Strafrecht und dergleichen betreffen. Mehr als 98 Prozent der Verse des Korans betreffen die ersten drei Bereiche. Diese stehen nicht im Widerspruch zu den Menschenrechten. Unter den zwei Prozent, die den vierten Bereich betreffen, gibt es Verse, die sich zum Beispiel gegen Betrug und Verbrechen richten. Auch diese bedürfen keinerlei Veränderung. Veränderungsbedürftig seien jene Bestimmungen und Anweisungen, die an eine bestimmten Zeit oder einen bestimmten Raum gebunden sind. Da Zeit und Raum sich ständig verändern, müssen sich dementsprechend auch die Gesetze verändern. Hier seien nicht etwa eine hartnäckige Schriftgläubigkeit und das Festhalten an Dogmen gefragt, sondern Vernunft, Wissenschaften, empirische Erfahrungen und Erkenntnisse. Das im Islam vorgesehene Recht, die Verse des Korans und die Worte des Propheten und seiner Nachfolger zu interpretieren und neue Anweisungen zu erteilen, was mit dem Begriff »Idjtihad« umschrieben wird, diene gerade dazu, zwischen dem ewig Gültigen und der sich ständig verändernden Wirklichkeit zu unterscheiden. Genau hier müsse ein ernsthafter Reformversuch ansetzen, mit dem Ziel, die Vorschriften überall dort, wo sie im Widerspruch zu den Menschenrechten stehen, durch neue Vorschriften und Gesetze zu ersetzen. Das betrifft auch Vorschriften, die im Koran stehen oder vom Propheten überliefert sind. Nur so lasse sich die Religion lebendig erhalten und den Erfordernissen der Zeit anpassen. »Ein Weg ist nur so lange gültig, solange er zum Ziel führt«, schreibt Kadivar.

Die Thesen Kadivars werden heute nicht nur unter den Reformern, sondern, was noch wichtiger ist, öffentlich und auf breiter Basis diskutiert, obwohl die konservativen Islamisten die Diskussion nicht selten mit Gewalt zu unterbinden versuchen; einige der radikalsten Reformer, darunter auch Geistliche, befinden sich im Gefängnis. Doch die meisten von ihnen haben eine große Popularität, wodurch sie einen gewissen Schutz genießen. Durch diese Popularität gewinnt die im ganzen Land und über die Grenzen des Landes bis in andere islamische Länder reichende, weit verzweigte Reformströmung immer mehr an Einfluss. Ohne die breite Unterstützung, die Geistliche wie Kadivar erfahren, hätten die »ketzerischen Gedanken« und die substanzielle Kritik, die er äußert, niemals publiziert werden können. Die fundamentalistischen Machthaber wissen mittlerweile, dass blanke Repression der Verbreitung solcher Gedanken nicht Einhalt gebietet, sondern sie beschleunigt. Abgesehen davon, dass eine Einkerkerung von Geistlichen in einem Staat, der sich auf Gott und den Glauben beruft, den gläubigen Menschen suspekt vorkommen muss.

Die Bedeutung der Rolle der Religionskritiker, die eine Reform des Islam anstreben, kann nicht hoch genug eingeschätzt werden. Denn wie auch das Beispiel Europas zeigt, ist eine tatsächliche Demokratisierung der Gesellschaft ohne ein Umdenken in grundsätzlichen Glaubensfragen nicht möglich. So gesehen bildet die islamische Reformbewegung vielleicht sogar den wichtigsten Teil der iranischen Zivilgesellschaft.

Reform paradox

Und tatsächlich gab und gibt es eine Vielzahl von Reformrichtungen, die für eine Historisierung der Religion eintreten. Ein differenzierter Blick zeigt, dass sich in den islamischen Ländern zahlreiche geistige Strömungen, Organisationen, Verbände ausgebildet haben, deren Ansichten und Vorstellungen oft einander konträr, manchmal sogar feindlich gegenüberstehen. Allein das Wissen über deren Existenz kann den im Westen oft bestehenden Irrtum korrigieren, wonach der Islam eine homogene Ordnung darstelle. Die differenzierte Reformdebatte spiegelt zugleich den Stand der Aufklärung in der Bevölkerung wider. Welch ein Irrtum, diese lebendige Gesellschaft mit den ideologisch verblendeten, radikalen Islamisten gleichzusetzen!

Die Idee, dass der Koran und die religiösen Überlieferungen den wandelnden Lebensumständen anzupassen seien, hat paradoxerweise zunächst im islamischen Fundamentalismus ihre größte Wirkungsmacht entfaltet. Denn so unterschiedlich die einzelnen Strömungen und Gruppen auch sein mögen, ihr Ausgangspunkt ist stets derselbe. Die Suche nach Veränderung entzündete sich an Fragen, die im Verlauf der Geschichte des Islam immer wieder auftauchten, die aber erst im 19. Jahrhundert durch intensivere Beziehungen zum Westen akut, ja sogar existenziell wurden. Zum Beispiel: Was sind die Gründe für den Rückstand, den die islamischen Länder im Vergleich zum Westen zu verzeichnen haben? Ist diese Rückständigkeit in der Geschichte des Islam oder in der Religion selbst begründet? Ist die Entwicklung, die der Westen eingeschlagen hat, überhaupt erstrebenswert? Welches Ziel verfolgt der Islam? Wie ist die islamische Identität zu definieren? Wie lassen sich technische und wissenschaftliche Errungenschaften des Westens übernehmen, ohne die eigene Identität aufzugeben?

Die Antworten auf diese Fragen waren stets vielfältig. Auf der einen Seite standen Laizisten, die fasziniert vom technischen Fortschritt, ungeachtet der eigenen Geschichte, der eigenen Tradition und eben auch ungeachtet der Religion den Versuch unternahmen, durch Industrialisierung und Nachahmung westlicher Gesellschaftsstrukturen den Rückstand zum Westen aufzuholen. Auf der anderen Seite befand sich das islamische Lager – Geistliche, Gelehrte, religiös orientierte Intellektuelle, darunter auch solche, die der Modernisierung zum Teil aufgeschlossen gegenüberstanden, ja, sie aktiv vorantrieben, und andere, radikale Gruppen, die jeden Einfluss des Westens strikt ablehnten und eine islamische Gesellschaftsordnung forderten.

Nach Ansicht aller religiös orientierten Reformkräfte lag der Grund für die Rückständigkeit gegenüber dem Westen keineswegs darin, dass die islamischen Gesellschaften an der Überlieferung festhielten und sich zu ihrem Glauben bekannten, sondern vielmehr darin, dass sie vom Islam abgewichen und auf Abwege geraten waren. Die Lösung der Probleme bestünde daher in einer Rückkehr zum Ursprung des Glaubens – aber nicht, um dort zu verweilen, sondern um dort die richtigen Antworten auf die heutigen Fragen und Herausforderungen zu finden.

Diese Zielsetzung wurde zum Motor für eine breite islamische Reformbewegung, aus der dann sowohl die gemäßigten wie auch die radikalen Gruppen hervorgingen, die heute als »Fundamentalisten« oder »Islamisten« bezeichnet werden. Beide Strömungen berufen sich auf dieselben Thesen, die am Ausgang des 19. und zu Beginn des 20. Jahrhunderts durch Jamal ad-Din al Afghani (1839–1897), Mohammad Abdoh (1849–1905) und Rashid Rida (1865–1935) verkündet worden waren. Alle drei hatten die Ansicht vertreten, dass Armut, Rückständigkeit und Verderben in den islamischen Gesellschaften nicht auf den Islam selbst zurückzuführen seien. Aus dem einfachen Grund, weil der Islam mit dem Verderben unvereinbar sei.

Im Gegensatz zu den Konservativen, den Orthodoxen, die die Zustände ignorierten oder sie einfach als gegeben, als Schicksal und Wille Gottes hinnahmen, suchten diese Denker nach Ursachen, durch die die islamische Welt ins Hintertreffen geraten war. Die beklagte Rückständigkeit sei das Ergebnis bestimmter Entwicklungen, Kriege, Auseinandersetzungen und Spaltungen innerhalb der islamischen Welt, die der goldenen Zeit und der Blüte des Islam ein Ende gesetzt hätten, verkündeten sie.

Der Islam habe die rivalisierenden arabischen Stämme einst miteinander vereint und ihnen eine großartige Kultur beschert. Doch von einem bestimmten Zeitpunkt an sei die Entwicklung ins Stocken geraten. Und Rettung aus dem gegenwärtigen Zustand der Stagnation verspreche allein, die alte Zeit wieder aufleben zu lassen, sie weiterzuentwickeln, um der islamischen Welt zu einer neuen

Blüte zu verhelfen. Die Neugeburt der islamischen Gemeinde werde jeder Konkurrenz mit der europäischen Kultur und Zivilisation standhalten.

Voraussetzung für die Neugeburt, so beispielsweise Afghani, sei die Aneignung von Wissen und Wissenschaft. Nur so könne sich die islamische Gemeinschaft vom Joch des Westens befreien und eigenständig fortentwickeln. Afghani und seine Weggefährten waren der Ansicht, dass der Westen seine Errungenschaften vom Islam übernommen habe. »Wir brauchen uns nur das zurückzuholen, was man uns genommen hat«, sagte Abdoh.[3] Diese rückwärts gerichtete Utopie rief eine Bewegung, die »Salafiya«, ins Leben, die sich in der gesamten islamischen Welt, von Marokko bis Indonesien, ausbreitete.

Die Bedeutung der drei genannten Denker liegt in ihrer klaren Kritik an der islamischen Orthodoxie: Sie wandten sich gegen jene Geistlichen und Schriftgelehrten, die das Leben als Gottes Fügung betrachteten, sich an die Gesetze, Vorschriften und Überlieferungen klammerten und jeden Versuch einer Änderung der Verhältnisse als Angriff gegen die Heiligtümer des Glaubens verurteilten. Ihre Thesen, so utopisch und illusionär sie auch waren, öffneten dem Denken und den Wissenschaften erstmals eine Tür zu den von den Orthodoxen wohl behüteten heiligen Gemächern der Geschichte des Islam.

Die Entstehung militanter Organisationen

Es ist sicher kein Zufall, dass die Idealisierung der islamischen Urgemeinde gerade zu jener Zeit einsetzte, als einige arabische Länder durch Frankreich und Großbritannien erobert wurden. Das koloniale Geschehen lieferte den wichtigsten Anstoß zu einer Politisierung der Religion. Der Glaube verwandelte sich allmählich in eine Ideologie, die sich später teilweise mit dem arabischen Nationalismus vermischte. Auf der Grundlage dieser Ideologie bildete sich 1928 in Ägypten die erste politische, militante, radikalislamische

[3] Zitiert aus einem Vortrag von Hesham Sharabi, erschienen in persischer Übersetzung in der Zeitschrift Kian, 3. Jahrgang, 1991, Nr. 15. Die Zeitschrift, die 2003 verboten wurde, bildete über ein Jahrzehnt lang ein wichtiges Forum der Reformbewegung.

Organisation, die Gemeinschaft der Muslimbrüder (*al-ikhwan al-muslimin*). Ziel ihres Gründers Hasan al-Banna (1906–1949) war die Verbindung des technisch-wissenschaftlichen Fortschritts des Westens mit den Wertvorstellungen der islamischen Urgemeinde.

Al-Banna vertrat die Ansicht, dass die islamische Urgemeinde die vollkommenste Gemeinschaft in der Geschichte der Menschheit sei, denn sie sei auf der Grundlage der Offenbarung Gottes, das heißt nach den Anweisungen des Korans und des Propheten Mohammed entstanden. Hier liege deshalb die wahre Quelle für eine vollkommene Staatsordnung und ein vollkommenes Rechts- und Wirtschaftssystem. Diese Staatsordnung solle sich buchstabentreu nach dem Koran, den Worten und Handlungen des Propheten (*sunna*), sowie nach dem islamischen Recht (*scharia*) richten und sich gegen fremde kulturelle, politische und ökonomische Einflüsse, nicht jedoch gegen wissenschaftliche Erkenntnisse und technische Errungenschaften zur Wehr setzen. Auf dem 5. Kongress der Muslimbrüder in Kairo erklärte Al-Banna 1939: »Der Islam ist ein vollständiges, auf sich selbst beruhendes System, das auf Koran und Sunna basiert und zu jeder Zeit und an jedem Ort anwendbar ist.«[4]

Die Muslimbrüder verstanden sich als Modernisierer, gründeten in den dreißiger Jahren des vergangenen Jahrhunderts und nach dem Zweiten Weltkrieg Wirtschaftsunternehmen und Industriebetriebe, Krankenhäuser, Schulen und andere Bildungseinrichtungen, die mit modernster Technik ausgestattet waren. Ihre Aktivitäten waren sozial orientiert und an den ethisch-moralischen Grundsätzen des Islam ausgerichtet; man wollte der Gesamtgesellschaft ein Vorbild geben.

Die Muslimbrüder verbreiteten sich in vielen arabischen Staaten wie Syrien, Jordanien, Irak oder Pakistan. In den vierziger Jahren zählten sie etwa eine halbe Million Mitglieder und ebenso viele Sympathisanten. Nach ihrem missglückten Attentat auf den ägyptischen Präsidenten Nasser wurde die Gemeinschaft verboten, ihre Mitglieder wurden verfolgt und einige von ihnen hingerichtet. Erst in den siebziger Jahren wurden die Muslimbrüder dann durch Anwar

[4] Zitiert nach Christian Rudolph, in Carsten Colpe/Heike Papenti: Religiöser Fundamentalismus – unverzichtbare Glaubensbasis oder ideologischer Strukturfehler, Dahlemer Hefte Nr. 10, S. 98

al-Saddat wieder legalisiert und konnten ihre gesellschaftlichen Aktivitäten fortsetzen. Allerdings sah sich die Organisation bald von mehreren Spaltungen heimgesucht. Aus einigen Splittergruppen gingen schließlich radikale, militante Strömungen und Kampforganisationen hervor, die auch vor Terror nicht zurückschreckten. Die meisten militanten Gruppen, die heute aktiv sind, haben ihre Wurzeln in dieser Zeit.

Die Richtungskämpfe innerhalb der Muslimbrüder symbolisieren die Zerrissenheit in vielen islamischen, insbesondere arabischen Ländern. Sie stehen für den verzweifelten Versuch, die Rückständigkeit zu überwinden und gegen die Übermacht des Westens zu kämpfen, und sie zeigen die ebenso verzweifelte Suche nach einer neuen Identität, die der islamischen Urgemeinschaft entlehnt werden sollte, aber dort nicht gefunden werden konnte.

Es sind vor allem zwei Gründe, die für ein Scheitern solcher Rückbesinnung genannt werden müssen:

1. Die Erfahrung zeigt, dass die Auffassung, westliche Errungen schaften, Wissenschaft und Technik, ließen sich losgelöst von ihrem geistig-kulturellen Hintergrund übernehmen, ein Irrtum ist. Ohne Freiheit, ohne das Recht eines jeden Individuums, Kritik zu üben und Grundsätze, auch die des Glaubens, in Zweifel zu ziehen, kann sich die Wissenschaft und damit auch die Technik nicht entwickeln. Es war kein Zufall, dass die moderne Wissenschaft im Westen in der Zeit der Aufklärung entstanden und zur Blüte gelangt ist. Das unabhängige Denken, die Freiheit der Forschung, Kritik und Zweifel, Vernunft und Logik, empirische Erfahrungen und nicht zuletzt die Unterscheidung von Wissen und Glauben, bilden unabdingbare Voraussetzungen für die Entwicklung der Wissenschaft, für den technischen Fortschritt. Die Vorstellung der Muslimbrüder, die islamische Urgemeinschaft bilde die vollkommenste Gesellschaft, der Koran sei Gottes Wort und daher unantastbar, er biete Lösungen für alle Fragen und alle Zeiten, setzt einen zu engen Rahmen.
2. Die Meinung der Muslimbrüder, der Islam sei ein vollkommenes System, aus dem sich nicht nur die religiöse, sondern auch eine politische, soziale und ökonomische Ordnung ableiten lasse, ist in Anbetracht der Komplexität einer modernen Gesellschaft völlig

abwegig. Mag der Glaube für moralisch-ethische Fragen zuständig sein, mag er imstande sein, soziale Maßstäbe zu setzen – für Fragen der Ökonomie und Politik, die sich in einer permanent wandelnden Umwelt immer wieder neu stellen, sind andere Instanzen gefordert, Instanzen, die nicht nach den Grundsätzen des Glaubens urteilen, sondern nach Gesetzen der Vernunft sowie aufgrund von Erkenntnissen, die aus empirischer Erfahrung gewonnen werden.

Der Koran und die Überlieferungen

Der Koran ist Gottes Wort und nach Ansicht der Muslimbrüder unveränderbar und unantastbar. Er umfasst 4.613 Verse, die dem Propheten Mohammed während einer Zeit von zwölf Jahren, fünf Monaten und dreizehn Tagen in Mekka, sowie 1.623 Verse, die ihm in neun Jahren, neun Monaten und neun Tagen in Medina offenbart wurden. Die Verse sind nicht chronologisch geordnet, ihre Reihenfolge wurde von dem Kalifen Uthman im Beisein von Schriftgelehrten festgelegt.

Die Zusammenstellung des Korans begann nach muslimischer Überlieferung direkt nach dem Tod des Propheten im Jahre 632.[5] Allerdings »wurde die Offenbarung zunächst nur in Bruchstücken schriftlich niedergelegt, wobei die materiellen Bedingungen für diese Niederschrift höchst unbefriedigend waren, da Papier bei den Arabern noch unbekannt war und ihnen nicht vor Ende des 8. Jahrhunderts zur Verfügung stand. Der nach und nach eintretende Tod der Gefährten des Propheten und die heftiger werdenden Diskussionen unter den Muslimen der ersten Stunde, die Mohammed überlebt hatten, veranlassten den dritten Kalifen Uthman, die gesamte Offenbarung in einer einzigen Kompilation zusammenstellen zu lassen, die als *mushaf* bezeichnet wird. Diese Sammlung wurde als abgeschlossen und der niedergeschriebene Text als nicht veränderbar erklärt. Um Meinungsverschiedenheiten über die Authentizität der so ausgewählten Offenbarung vorzubeugen, wurden die Teil-

[5] Mohammed Arkoun, Der Islam – Annäherung an eine Religion, Heidelberg 1999, S. 73

kompilationen vernichtet, und genau dieser Prozess von Auswahl und Vernichtung berechtigt uns, von einem geschlossenen Offiziellen Corpus zu sprechen.«[6]

Die Zusammenstellung des Korans, fährt der Islamforscher Mohammed Arkoun fort, sei inmitten eines sehr unruhigen politischen Klimas erfolgt. Spätere kritische Untersuchungen des Korantextes, wie sie zum Beispiel der deutsche Arabist Theodor Nöldtke 1860 unternahm, oder der spätere Versuch Régis Blachèrs, die Koranverse chronologisch zu ordnen, scien von den Islam-Gelehrten abgelehnt worden. Dasselbe gelte für Untersuchungen von muslimischen Rechtsgelehrten, die versucht hätten, nicht mehr gültige Verse zu identifizieren. Die Reihenfolge der Suren und Verse im mushaf folge weder einem chronologischen noch einem rationalen oder formalen Kriterium. Der Korantext überrasche durch seine Unordnung.

Diese »Unordnung« und die Ungewissheit über die Reihenfolge der Suren und Verse öffnen einen breiten Raum für subjektive Deutungen. Hinzu kommt, dass die Worte Gottes zwar unantastbar sein sollen, dass man sie aber gleichwohl unterschiedlich lesen und interpretieren kann.

Der im Iran lebende Religionsphilosoph Abdolkarim Soroush schreibt: »Wir begreifen religiöse Texte unterschiedlich, und dieser Unterschied und diese Vielfalt der Auffassung des Begreifens verändern sich mit der Zeit. Der Grund besteht darin, dass die Texte unveränderbar sind, wir aber gehen, wenn wir Texte interpretieren, gleichgültig ob es sich um Überlieferungen oder Koranverse handelt, mit unterschiedlichen Erwartungen und Fragen an die Texte heran, Erwartungen und Fragen, ohne die eine Interpretation nicht möglich ist. Unsere Fragen und Erwartungen befinden sich aber außerhalb des Glaubens, und da die Welt außerhalb des Glaubens sich verändert, das heißt, die Wissenschaften, die Philosophie und unsere Erkenntnisse sich ständig verändern, verändern sich auch unsere Erwartungen und Fragen und damit auch unsere Interpretationen. Es gibt keine Religion, die sich nicht unterschiedlich interpretieren lässt. Der Islam ist gleichzusetzen mit Interpretationen, die im Verlauf der Geschichte erfolgt sind. Diese Interpretationen waren immer unterschiedlich. Wir schwimmen und strampeln in

[6] Ebenda, S. 74

einem Ozean von Interpretationen. Die Sunniten verstehen den Islam anders als die Schiiten. Wenn wir das begreifen, akzeptieren wir auch den Pluralismus in der Religion.«[7]

Folgt man Soroush, dann taucht unmittelbar die Frage auf, wer in einer von den Islamisten angestrebten Staatsordnung, die sich nach dem Koran zu richten hätte, zur jeweiligen Interpretation der Texte des Korans das letzte Wort haben soll. Da es im Islam keine Kirche gibt, müssten entweder Geistliche und Schriftgelehrte oder sogar das Staatsoberhaupt allein über die richtige Interpretation entscheiden. Das hätte jedoch eine Machtkonzentration zur Folge und würde jeder demokratischen Ordnung widersprechen.

Was für den Koran gilt, gilt in noch stärkerem Maße für die Worte und Handlungen des Propheten, an denen sich der islamische Glaube ausrichtet. Diese Äußerungen, auf Arabisch *hadith* genannt, sind solche, die der Prophet nicht aufgrund der göttlichen Eingebung, sondern in seiner Eigenschaft als Oberhaupt der muslimischen Gemeinde geäußert hat. Die schriftliche Fixierung dieser prophetischen Äußerungen dauerte weit länger als die des Korans. Die erste authentische Sammlung wurde erst Ende des 9. Jahrhunderts, das heißt mehr als 200 Jahre nach dem Tod des Propheten vorgelegt.

Das islamische Recht, die Scharia

Die dritte Säule, auf der der islamische Glaube ruht, ist das islamische Recht, die Scharia. Dieses Recht, das das Leben der Menschen als Individuen und als Gemeinschaft, wie Ayatollah Chomeini es einmal benannt hat, von vor der Geburt bis nach dem Tode regeln soll, ist im Laufe von Jahrhunderten allmählich entstanden. Als Grundlage dieses Rechts dienen der Koran, die Überlieferungen und die lokal und regional gültigen Normen und Sitten. Die Scharia erteilt Antworten auf ethische Fragen, regelt den Alltag, aber auch die politische und gesellschaftliche Ordnung. Sie besteht nur zu einem Teil aus den Anweisungen des Korans, ansonsten wurde sie aufgrund individueller Deutung der Rechtsgelehrten (*ijtihad*) entwickelt.

[7] Kian, Jahrgang 7, Nr. 36

Bis zum 10. Jahrhundert versuchten Rechtsgelehrte die Deutungen methodisch aufzuarbeiten, woraus sich schließlich die Grundlagen der islamischen Jurisprudenz (*usul al figh*) ergaben. Dann wurde das »Tor des ijtihad geschlossen«.[8] Was übrig blieb, war die Nachahmung (*taghlid*).

Selbstverständlich konnte der Anspruch dieser Gesetze auf Endgültigkeit nicht eingehalten werden. Nachfolgende Zeiten verlangten neue Gesetze und Bestimmungen, neue Auslegungen und Deutungen. Zieht man eine Linie vom Himmel zur Erde, dann steht der Koran, das heilige Buch, ganz oben, die Überlieferungen, die Worte und Taten des Propheten, befinden sich in der Mitte, und die Scharia schwebt ganz nah über der Erde. Denn bei genauer Betrachtung stellt man fest, dass es sich hierbei zum größten Teil um Menschenwerk handelt. Und hier setzen die fortschrittlichsten Reformer an. Ein Regelwerk, das von Zeit und Raum abhängig und der menschlichen Vernunft unterworfen ist, kann weder als heilig betrachtet werden noch ewige Gültigkeit besitzen. Hier liegt auch der Ansatz für die Trennung von Religion und Staat.

In der Tat bildet die Scharia das schwächste Glied in der Argumentationskette der Islamisten, die den islamischen Glauben in eine Staats- und Gesellschaftsordnung verwandeln wollen und einen islamischen Staat fordern. Denn gerade sie legen großen Wert auf die Einhaltung der Scharia, womit sie jede Erneuerung, auch die selbst angestrebte, vor eine schier unüberwindbare Hürde stellen.

Die Scharia ist somit das Haupthindernis für eine Reform des Islam. Tatsächlich hat der Umstand, dass der Koran nicht nur grundsätzliche Fragen des Glaubens erörtert, sondern auch für den Alltag konkrete Vorschriften und Anweisungen erteilt, und noch mehr der Umstand, dass der Bereich des Rechts von den Nachfolgern des Propheten weit ausgebaut wurde, den Freiraum für Auseinandersetzungen zwischen »Diesseits« und »Jenseits«, zwischen dem profanen und dem heiligen Leben, zwischen Glaube und Vernunft stark verengt, in bestimmten Bereichen sogar vollständig ausgeschlossen. Aber gerade dieser Raum ist es, der den Menschen die Freiheit ge-

[8] Gudrun Krämer, in: Der Islam im Aufbruch, hrsg. von Michael Lüders, München 1992, S. 220. Bei den Schiiten soll allerdings das »Tor« offen bleiben.

währt, das eigene Dasein zu erforschen, den Phänomenen in Natur und Gesellschaft auf den Grund zu gehen, die Rätsel, die ihnen ihr individuelles und gesellschaftliches Dasein aufgeben, zu lösen und dabei die eigenen geistigen Kräfte zu entfalten. Gerade in diesem Rahmen entstehen Wissenschaft und Philosophie. Die Regelung des Lebens und die Schaffung einer Ordnung, aus der es für den Einzelnen kein Ausscheren gibt, führt hingegen zur Stagnation, zu einem sich ewig wiederholenden Kreislauf.

Staat und Religion

Paradoxerweise lieferten also gerade die Islamisten die wichtigsten Ansätze zu einer tatsächlichen Reform des Islam – Ansätze, die sich im Verlauf der vergangenen Jahrzehnte so weit ausdifferenziert haben, dass heute die Forderung nach Säkularisierung islamischer Gesellschaften eine immer breitere Basis gewinnt.

Indem die Islamisten den Anspruch geltend machten, aus der islamischen Urgemeinschaft Lösungen für die heutigen Probleme abzuleiten – oder besser, den Islam an die Moderne anpassen zu können –, lieferten sie den ersten und vorerst wichtigsten Ansatz für tief greifende Reformen. Denn indem sie behaupteten, dass der Islam über Jahrhunderte falsch gedeutet, verstanden und gelebt worden sei, räumten sie ein, dass zumindest ein Teil der Überlieferungen und Rechtsnormen irreführend war und daher aus dem Gesamtsystem entfernt werden konnte – dass man also den Glauben in unterschiedlichen Zeiten unterschiedlich interpretieren und leben kann.

Daraus müsste dann ein nächster, wichtiger Schritt folgen: Was für die vergangenen Jahrhunderte gilt, müsste auch schon für die islamische Urgemeinschaft gegolten haben. Das heißt, wenn es erlaubt ist, den Koran und die Überlieferungen zeitgemäß zu deuten, dann muss ebenfalls gestattet sein, denselben Grundsatz auch für die Zeiten des Propheten anzuwenden. Das bedeutet wiederum, dass man einen Teil der Äußerungen und Anweisungen des Propheten, ja selbst der Vorschriften des Korans als zeitbedingt betrachten kann. Diese Historisierung erlaubt eine gründliche Entzauberung, vor allem der Vorschriften und Gesetze, sie holt die Religion vom Himmel auf die Erde, und sie öffnet der Vernunft und dem Zweifel das Tor zu einer bislang heiligen, unantastbaren Welt.

In der Tat wurde längst festgestellt, dass ein großer Teil der Vorschriften und Regelungen, die der Koran erteilt oder die von Mohammed formuliert wurden, irdischen Ursprungs sind; sie entsprechen den Gewohnheiten und Vorstellungen der damals lebenden arabischen Stämme. Ausgehend von dieser Tatsache stellt der im Iran lebende Geistliche Hassan Yussefi Eshkevari die Frage, wie die islamischen Vorschriften und Gesetze wohl aussehen würden, wenn der Prophet nicht in Mekka und Medina, sondern in Athen gelebt hätte. Diese Historisierung und Relativierung lässt sich mit Ausnahme einiger unveränderbarer Glaubensgrundsätze – wie die Einheit Gottes oder die Notwendigkeit des Gebets – auf das gesamte islamische Regelwerk übertragen. Die Konsequenz wäre die Notwendigkeit einer Trennung der Religion vom Staat, wodurch die Ideologie, ja, das gesamte Denkgebäude der Islamisten einstürzen würde.

Das Argument war so verlockend, dass, wie Gudrun Krämer beschreibt[9], der Azhar-Gelehrte Ali Abd ar-Razi (1888–1968) im Jahre 1925, kurz nach der Abschaffung des Kalifats durch die türkische Regierung, provozierend verkündete, der Prophet habe keinerlei politische Mission gehabt, die islamische Gemeinschaft sei nicht politischer, sondern ausschließlich religiöser Natur. Für diese Dreistigkeit, die seine Kollegen als Gotteslästerung deuteten, wurde der Gelehrte mit Lehrverbot bestraft. Andere, die später seinem Weg folgten und einige Schritte weiter gingen, wurden noch härter bestraft. Der sudanesische Reformer Mahmud Muhammad Taha etwa, Gründer und Haupt einer Vereinigung namens »Republikanische Brüder«, wurde auf Betreiben orthodoxer Rechtsgelehrter und seiner Gegner in der Muslimbrüderschaft wegen Volksverhetzung und Apostasie verurteilt und im Januar 1985 hingerichtet.

Das Gemeinsame aller reformerischen Ansätze besteht – vereinfacht ausgedrückt – darin, die grundsätzliche Gültigkeit islamischer Normen zwar zu unterstreichen, im Bereich der Rechtsvorschriften aber festzulegen, welche Elemente überzeitlich gültig sein sollen und welche den wechselnden Bedürfnissen von Ort und Zeit angepasst werden. Verbindlich geregelt seien nur die Beziehungen zwischen

[9] Krämer, a.a.O., S. 222

Gott und Mensch (*ibadat*) – das betrifft in erster Linie die religiösen Pflichten des Betens, Fastens usw. –, nicht aber die Beziehungen zwischen den Menschen (*mu amalat*), und damit so umstrittene Bereiche wie das Ehe- und Familienrecht, die Wirtschaftsordnung, die politische Verfassung und die internationalen Beziehungen der muslimischen Gemeinschaft.[10]

Die Stimmen, die einen größeren Freiraum für Gläubige forderten, waren zunächst Einzelkämpfer, die an den Rand gedrängt wurden. Heute findet man in der gesamten islamischen Welt größere Strömungen, die unter den Gläubigen auf breite Zustimmung stoßen. Philosophen, Rechtsgelehrte, Intellektuelle, Schriftsteller und Künstler, selbst Geistliche sind insbesondere während der letzten zehn Jahre in ihrer Kritik gegen die Ideologisierung des Islam und seine politische Instrumentalisierung wesentlich weiter als ihre geistigen Vorbilder gegangen.

Genau diese Entwicklung wird besonders in Deutschland, anders als in Frankreich oder Großbritannien, nicht aufmerksam genug registriert. Die Aufmerksamkeit gilt hier eher den militanten und terroristischen Gruppen, die, geblendet von einer islamistischen Ideologie, ihren Hass- und Rachegefühlen freien Lauf lassen. Diese Gruppen bilden jedoch in den islamischen Gesellschaften eine winzige Minderheit, selbst dann, wenn ihre Aktionen in der Bevölkerung durchaus auf Sympathie stoßen oder auch Schadenfreude erwecken. Denn es kann nicht übersehen werden, dass westliche Regierungen außerhalb der Grenzen ihres Kulturbereichs oft genug die selbst gesetzten Maximen über Bord werfen, um ihre ökonomischen, geopolitischen und militärstrategischen Interessen durchzusetzen.

Inzwischen ist man jedoch auch in der islamischen Welt zu der Erkenntnis gelangt, dass die Gründe für die Rückständigkeit nicht allein der Politik des Westens zur Last gelegt werden können. Das fundamentalistische Denken ist der Ausdruck einer tiefen Krise, in der sich die islamische Welt spätestens seit Mitte des 19. Jahrhunderts befindet. Diese Krise wird nur zum Teil durch die Konfrontation mit dem Westen erzeugt, sie ist zu einem wichtigen Teil vielmehr

[10] Vgl. Adel El Baradie, Gottes-Recht und Menschen-Recht. Grundlagenprobleme der islamischen Straflehre, Baden-Baden 1983

selbst verschuldet. Die Antwort der Islamisten bietet hierauf definitiv keine Lösung. Denn im Grunde sucht diese Bewegung, wie ein arabischer Intellektueller einmal sinngemäß gesagt hat, im Islam Antworten auf Fragen, die aus dem Westen kommen. Nicht zuletzt diese Erkenntnis macht eine tiefere und radikalere Auseinandersetzung mit der eigenen Tradition und Kultur, auch mit der eigenen Religion dringend notwendig. Das ist sicherlich in der Geschichte der islamischen Länder ein Novum. Lange Zeit hindurch waren die islamischen Länder auf den Westen fixiert, so weit, dass sie die eigene Gesellschaft mit westlichen Augen betrachteten und dabei nichts anderes vorfanden als Stagnation, Armut und Rückstand. Die Reaktion war entweder eine von Rache, Hass und Minderwertigkeitsgefühlen durchtränkte Trotzhaltung – wie bei den radikalen Islamisten, die durch eine rückwärts gerichtete Utopie, durch Idealisierung und Verherrlichung einer weit zurückliegenden Vergangenheit das jahrhundertelang Versäumte nachzuholen versuchten – oder der Versuch, unter Missachtung der Voraussetzungen und Folgen, die technischen Errungenschaften des Westens ins eigene Reich zu holen. Beide Wege erwiesen sich als Holzweg. Erst in jüngster Zeit scheint sich die Erkenntnis durchzusetzen, dass man zwar vom Westen lernen und vieles übernehmen kann, dass aber ein tatsächlicher und emanzipatorischer Fortschritt nur durch eine gründliche und kritische Auseinandersetzung mit der eigenen Geschichte möglich ist. Der eigentliche Schlüssel, um das Tor zu einer modernen Welt zu öffnen, besteht in einer Historisierung des Islam.

Reformislam im Iran

Es ist erstaunlich, dass gerade die islamische Revolution und die Gründung des Gottesstaates im Iran eine solche Auseinandersetzung eher befördert als unterdrückt haben. Der Grund für die sich darin offenbarende Dialektik liegt darin, dass zum ersten Mal in der Geschichte ein Volk die Gelegenheit bekam, konkret zu erfahren, was die Vision von einem islamistischen Staat bedeutet und welche Konsequenzen daraus für das praktische Leben erwachsen. So schrecklich diese Erfahrung für die überwiegende Mehrheit des Volkes sein mochte, sie hat nicht nur die eigene Gesellschaft, sondern die gesamte islamische Welt aufgerüttelt und den Gläubigen zu neuen Erkenntnissen verholfen.

Einer der wichtigsten Vordenker der islamischen Revolution war der Soziologe und Religionswissenschaftler Ali Shariati (1933–1977), der sich während seines Studiums in Frankreich auch mit der Ideenwelt der europäischen Aufklärung auseinander gesetzt hatte. Er gehörte zu jenen Intellektuellen, die während der Schah-Zeit auf der Suche nach einem neuen Entwicklungsweg waren; einen solchen Weg fand Shariati im Islam. Auch er sah den Grund für die Stagnation des Islam in der geschichtlichen Entwicklung und forderte die Rückkehr zu den Ursprüngen, zu der reinen Lehre. Sein Ziel war die Herstellung der Einheit zwischen Glauben und Leben, zwischen Theorie und Praxis. Er verwandelte den Islam in eine Weltanschauung, in eine Ideologie des Kampfes für eine gerechte Gesellschaft.

»Für mich bedeutet das Wort Ideologie ›Weltanschauung‹«, schrieb Shariati, eine »Weltanschauung der Einheit«, eine Weltanschauung, die die ganze Welt als eine Einheit auffasst, in der es zwischen Diesseits und Jenseits, Natur und Transzendenz, Materie und Geist, Seele und Körper keine Trennung gibt. »Für mich bildet die gesamte Existenz eine in sich stimmige Gesamtheit, eben eine Einheit. Viele glauben an den Monotheismus, fassen diesen Begriff jedoch religiös-philosophisch auf: ›Es gibt nur einen Gott, nicht mehrere Götter‹. Für mich ist Monotheismus eine Weltanschauung.«[11]

Diese Weltanschauung beschreibt eine Weltordnung, in der die Widersprüche und Ungleichheiten zwischen den Klassen, juristische, soziale, politische, rassistische, nationale, ja, sogar wirtschaftliche Widersprüche, die die Entwicklung der Menschheit und die Entfaltung der Menschen behindern, aufgehoben werden sollen. Diese Weltordnung lasse sich nur durch einen unermüdlichen Kampf, eine »unnachgiebige, permanente Revolution« erreichen, meinte Shariati. Es sei ein Kampf zwischen dem bewussten Glauben gegen einen Glauben der List und Verdummung, einen Glauben, der das Bestehende legitimiert. Es sei ein Kampf zwischen einer gerechten und einheitlichen Ordnung gegen eine Welt, in der zwischen Klassen und Rassen Ungleichheit herrscht.

[11] Hamid Enajat, tafakor-e nowin-e siasi-e eslam (Das neue, politische Denken des Islam), Teheran, 1983, S. 212

Shariatis Ideen wirkten ungeheuer mobilisierend, vor allem bei Jugendlichen, zogen aber den Zorn der konservativen Geistlichkeit auf sich, weil er gerade sie für die Misere des Islam verantwortlich machte. Sie hätten sich selbstherrlich als Vermittler zwischen Gott und die Menschen gestellt, alles nach ihrem Gutdünken interpretiert und dadurch die Lebendigkeit des Glaubens und seine Unmittelbarkeit verhindert. Shariati starb, noch bevor der islamische Staat sich etablieren konnte, in einem Hotel in London. Gerüchte besagen, dass er von konservativen Mullahs umgebracht worden sei. Vielleicht hätte er, wenn er am Leben geblieben wäre, der islamischen Revolution eine andere Richtung gegeben.

Ayatollah Chomeini, der die Führung der Revolution übernahm, hatte zwar ebenfalls einen islamischen Staat im Sinn. Chomeini war jedoch kein Utopist und Idealist, sondern ein Pragmatiker, der die totale Islamisierung der Gesellschaft und eine strikte Einführung des islamischen Rechts beabsichtigte, sich jedoch dort, wo es nicht machbar war, zu Kompromissen bereit zeigte. Er ging dabei sogar so weit, dass er öffentlich erklärte, es sei erlaubt, auf Glaubensgrundsätze, wie Beten und Fasten, zu verzichten, um Gefahren vom islamischen Staat abzuwenden. Vermutlich ahnte Chomeini nicht, welche Konsequenzen eine solche Aussage haben könnte, nein, er ahnte sicher nicht, dass eines Tages sogar seine engsten Gefährten ihn als Kronzeugen dafür zitieren würden, dass selbst die heiligsten Grundsätze des Islam, die Worte Gottes im Koran und die Überlieferungen des Propheten, antastbar seien und außer Kraft gesetzt werden könnten, wenn Zeit und Umstände es erfordern würden.

Als Chomeini die Macht übernahm, stand das Volk nahezu geschlossen hinter ihm. Doch heute, nach mehr als einem Vierteljahrhundert, hat die überwiegende Mehrheit des Volkes seinem Staat den Rücken gekehrt. Es sind nicht nur Laizisten, sondern auch fromme Muslims, sogar Geistliche, teilweise die engsten Vertrauten Chomeinis, und es sind vor allem Menschen, die in diesem islamischen Staat aufgewachsen und von den islamisierten Kindergärten und Schulen indoktriniert worden sind. Gerade sie bringen am deutlichsten ihren Unwillen zum Ausdruck, den Gottesmännern weiterhin Gefolgschaft zu leisten.

Kampf um die Historisierung des Glaubens

Im Blick auf mögliche Reformen im Islam verdienen in erster Linie jene Kräfte im heutigen Iran Aufmerksamkeit, die nicht von außerhalb, sondern von innen her gegen den Gottesstaat opponieren. Denn gerade sie führen die Auseinandersetzung nicht nur gegen die Orthodoxen, sondern auch gegen den politischen und ideologisierten Islam. Diese Auseinandersetzung ist von historischer Bedeutung, nicht allein für den Iran, sondern für die gesamte islamische Welt.

Einer der profiliertesten Vordenker dieser Opposition ist der bereits zitierte Religionsphilosoph Abdolkarim Soroush. Bemerkenswert ist, dass Soroush zu jenen Denkern gehört, die bei der Gründung und Gestaltung der Islamischen Republik aktiv mitgewirkt haben. Eine Zeit lang war er sogar Vorsitzender des Rates der Kulturrevolution, dessen Aufgabe darin bestand, das gesamte Kulturleben, einschließlich der Schulen und Universitäten, zu islamisieren. Soroush zog aus den eigenen Erfahrungen Konsequenzen, nahm immer mehr Abstand von der Macht und entwickelte sich allmählich zu einem der fortschrittlichsten Denker der Reformbewegung.

Im Gegensatz zu den Islamisten, den Erneuerern, den Muslimbrüdern und nicht zuletzt zu Shariati, die eine Neubelebung der islamischen Urgemeinschaft anstrebten, lehnt Soroush jeden Gedanken an Erneuerung und Wiedergeburt des Islam oder seine Anpassung an die Moderne als utopisch und unrealistisch ab. Der Islam sei unveränderbar, sagt er. Bei der ganzen Diskussion gehe es um das Verständnis des Islam durch den Menschen. Was von Grund auf geändert werden müsse, seien unser Denken und unsere Auffassungen vom Glauben. Es gehe um die Versöhnung einer unveränderbaren Religion mit einer sich permanent verändernden Welt. Diese Versöhnung werde nicht durch Bekenntnisse, durch Glauben an eine Utopie erreicht, sondern durch das Denken, durch Hinterfragen, Zweifeln, durch neue Erkenntnisse, durch die Vernunft. Jede Ideologisierung der Religion sei diesem Ziel entgegengesetzt, denn sie schränke die Freiheit des Denkens und der Erkenntnis ein, schließe Vernunft und Zweifel aus und verhindere Fortschritt und Emanzipation.

Soroush plädiert für einen säkularen Staat. »Ein säkularer Staat richtet sich keineswegs gegen die Religion«, schreibt er.[12] »Aber er bezieht daraus nicht seine Legitimation, er handelt auch nicht nach Glaubensvorschriften. Der moderne Staat bezieht seine Legitimation aus dem Willen des Volkes. Der Säkularismus hat die Religion aus dem Staat ausgeschlossen und das Recht des Regierens und der Gesetzgebung auf das Volk übertragen.«

Säkularismus heiße nichts anderes als die Entzauberung der Welt, als die Akzeptanz der Wissenschaft, der Vernunft, der Erkenntnis, schreibt Soroush. Die Menschen seien bemüht, die Natur zu erforschen, ihre Gesetzmäßigkeiten herauszufinden und die eigenen Erkenntnisse darüber weiterzuentwickeln. Dasselbe gelte für die menschliche Gemeinschaft, für die Politik, für den Staat. »Wenn Staat, Politik und Gesellschaft ›entheiligt‹ werden und die Religion heilig bleibt, trennen sich ihre Wege«, fährt Soroush fort. »Genauso wie es keine religiöse Thermodynamik oder eine religiöse Geometrie geben kann, kann es auch keinen religiösen Staat und keine religiöse Verwaltung geben.«[13]

Selbstverständlich hätten die Individuen in einer säkularen Gesellschaft die Freiheit, an Gott zu glauben und ihren religiösen Vorstellungen nachzugehen. Sie hätten aber gleichzeitig die Aufgabe, als Mitglied einer Gesellschaft zu wirken, die nach den Regeln der Vernunft und auf der Basis wissenschaftlicher Erkenntnisse regiert und verwaltet wird.

Soroush, dessen Schriften zum Teil auch international, vor allem in den islamischen Staaten, aber auch in Frankreich und im englischsprachigen Raum, bekannt sind, wurde hier ausführlich zitiert, um den neuesten Stand der Diskussion darzustellen. Soroush ist nicht der Einzige, der es heute wagt, solche aus Sicht der Islamisten ketzerischen Gedanken zu äußern. Mohsen Kadivar, Mohammad Modjtahed-e Schabestari, Hassan Jussefi Eshkevari, um unter den zahlreichen Anhängern dieser Strömung nur drei Geistliche zu nennen, vertreten ähnliche Positionen.

Modjtahed-e Schabestari war ebenso wie Soroush ein Anhänger Ayatollah Chomeinis. Wenige Jahre vor der Revolution übernahm er

[12] Kian, Jahrgang 5, Nr. 26
[13] Ebenda

die Leitung des schiitischen Islamischen Zentrums der Imam-Ali-Moschee in Hamburg, die zuvor Mohammad Chatami innehatte. In seiner Hamburger Zeit setzte sich Schabestari für den christlich-islamischen Dialog ein, beschäftigte sich intensiv mit der abendländischen Philosophie, insbesondere mit Immanuel Kant, Wilhelm Dilthey und Hans Georg Gadamer, und setzte sich mit christlicher Theologie, vor allem mit den Schriften Paul Tillichs, Karl Barths und Karl Rahners, auseinander. 1979 kehrte er in den Iran zurück und wurde Mitglied im ersten Parlament der neu gegründeten Islamischen Republik.

Doch die Realität des Gottesstaates zwang ihn früh zu einem ideologiekritischen Verständnis des Islam. Seiner Auffassung nach ist die Geschichte im Allgemeinen, aber auch die Geschichte des Islam im Besonderen vor allem ein Reifungsprozess der Vernunft und des Denkens. Demzufolge sind auch Menschenrechte und Demokratie eine Errungenschaft dieses Prozesses, der nie enden und immer wieder zu neuen und umfassenderen Erkenntnissen führen wird. In Anlehnung an die moderne Hermeneutik weist Schabestari die Behauptung zurück, der Mensch könne jemals unmittelbar in den Besitz der absoluten göttlichen Wahrheit gelangen. Eine solche Behauptung stehe im Widerspruch zu der Einheit und der Transzendenz Gottes. Alles Wissen über Gott, von seiner Existenz und seinen Geboten sei immer menschliches Wissen und als solches veränderlich und niemals absolut.

Hier gewinnt das Individuum einen völlig anderen Stellenwert als im traditionellen Islam. Je größer die geistige Reife, je tiefer die Erkenntnis, desto größer und genauer das Verständnis der Offenbarung, die Schabestari als ein geschichtliches Phänomen betrachtet, das sich zu einer bestimmten Zeit, an einem bestimmten Ort und unter bestimmten gesellschaftlichen Bedingungen ereignet hat. Wichtig am Koran und den Überlieferungen sind daher nicht einzelne Bestimmungen und Anweisungen, Gebote und Verbote, wichtig sind der Kern der Offenbarung und die darauf basierenden Werte.

Schabestari liefert keinen Wertekatalog, nennt aber einige Werte wie Freiheit, Verantwortung und Gerechtigkeit. Diese drei Werte seien für das Dasein der Individuen bestimmend. Der Mensch brauche nicht nur die innere, sondern auch die äußere Freiheit, um sich für den Glauben, für Gott entscheiden zu können. Diese Entscheidung könne nicht von außen aufgezwungen werden. Sämtliche religiösen Dogmen, die dem Menschen vorschreiben, was er zu glauben habe und was nicht, seien daher keine Wegweiser zum wahren Glauben, sondern Barrieren, die die freie Entfaltung des Glaubens behinderten. Jede Dogmatisierung, Verstaatlichung oder politische Instrumentalisierung der Religion richte sich gegen den Kern des Glaubens.

Aus dieser Perspektive betrachtet, bilden allein Demokratie und Menschenrechte die Basis für eine gerechte Herrschaft. Diese Staatsform sei zwar weder durch den Koran noch durch die Überlieferungen vorgegeben, sie ermögliche jedoch die Verwirklichung des wahren Glaubens, denn sie gewähre Freiheit der Entscheidung, Verantwortung und Gerechtigkeit. So gesehen, meint Schabestari, stehen Menschenrechte und Demokratie nicht im Widerspruch zum Islam, sie bilden im Gegenteil die Basis für das richtige und wahrhaftige Verhältnis zum islamischen Glauben.

Falsche Polarisierungen

Die Bedeutung von Soroush, Schabestari, Kadivar und anderen liegt darin, dass sie zwar die Gedanken der europäischen Aufklärung sehr wohl kennen und die geistigen und kulturellen Impulse aus dem Westen mit großer Neugierde aufnehmen und verarbeiten, aber den Westen nicht imitieren. Veranlasst durch die Erfahrung von mehr als zwei Jahrzehnten Islamischer Republik, haben sie die eigene Geschichte, Tradition, Kultur und Religion kritisch untersucht und daraus ihre Thesen und Ansichten formuliert. Selbstverständlich haben sie dabei die Erkenntnisse und Erfahrungen aus dem Westen mit einbezogen, und genau dieses Vorgehen scheint der bisher aussichtsreichste Weg zu sein.

Wie weit dieser Weg zum Erfolg führt, hängt nicht zuletzt von dem Umgang des Westens mit der islamischen Welt ab. Man kann vom Westen aus nur die Fundamentalisten und Terroristen sehen und deren Verhalten und Positionen auf die ganze islamische Welt übertragen, man kann aber auch mit den Reformern einen Dialog führen und sie bei ihrem Vorhaben unterstützen – ihre Schriften verbreiten, ihre Ideen bekannt machen, sich mit ihren Vorstellungen auseinander setzen.

Kurz nach dem Terroranschlag vom 11. September sagte der italienische Ministerpräsident Berlusconi auf einer Pressekonferenz in Berlin: »Wir müssen uns unserer Vorherrschaft und der Überlegenheit unserer westlichen Zivilisation bewusst sein.« Die westliche Zivilisation sei der des Islam überlegen, die Welt müsse verwestlicht werden. Und er fügte wörtlich hinzu: »Der Westen wird weiterhin Völker erobern, so wie es ihm gelungen ist, die kommunistische Welt und einen Teil der islamischen Welt zu erobern [...] Die westliche Gesellschaft schätze die Freiheitsliebe, die Freiheit der Völker und des Einzelnen, die sicherlich nicht zum Erbgut anderer Zivilisationen wie der islamischen gehören. Diese Zivilisationen sind zu Taten fähig, die mich erschaudern lassen.«[14]

Hinter diesen Worten steckt eine Arroganz, eine Sichtweise, die auf der anderen Seite nur Hass erzeugen kann. Wer dieses Zitat liest und immer noch fragt, warum Terroranschläge in der islamischen Welt Schadenfreude erzeugen, ist entweder ein Ignorant oder ein Narr.

Jenseits der Grenzen der zivilisierten Welt herrsche Finsternis, suggerieren die Ideologen und manche so genannte Nahost-Experten, die es auf einmal zuhauf gibt. Man spricht vom Kampf der Kulturen, dem Kampf des Bösen gegen das Gute. Hier die Zivilisation, dort die Barbarei, hier die Freiheit, dort die Knechtschaft, hier der Fortschritt, dort die Stagnation. Solche Pauschalurteile bringen uns nicht weiter, im Gegenteil, sie vertiefen den schon bestehenden Graben, sie erzeugen Hass und Rachegefühle.

Es ist nicht zu leugnen, dass der Westen Wunderbares hervorgebracht hat. Demokratie und Achtung der Menschenrechte sind Errungenschaften des Westens. Aber gerade diese Errungenschaften werden oft aufgegeben, sobald man die Grenzen des Abendlands verlässt.

Keiner wird leugnen können, dass im Namen des Islam unzählige Verbrechen begangen wurden und werden. Allein im Iran sind Zehntausende im Namen Gottes und des Islam hingerichtet worden. Aber es waren nicht die Muslime, es war die zivilisierte Welt, die

[14] Frankfurter Rundschau vom 26. September 2001

sechs Millionen Juden ermordet und Hunderttausende Zivilisten in Indochina mit Napalm verstümmelt und verseucht hat. Es war die zivilisierte Welt, die in Chile gegen Salvador Allende geputscht und Zehntausende in den Tod geschickt sowie in Südafrika den Einheimischen das System der Apartheid aufgezwungen hat. Die palästinensischen Flüchtlingslager Sabra und Schatila sind nicht das Werk von Muslimen. Und wenn man weiß, dass Saddam Hussein, die Taliban und ähnliche Verbrecher Zöglinge des Westens waren, dann sollte bei alldem erlaubt sein, die Begriffe Zivilisation und Barbarei noch einmal anhand von Fakten unter die Lupe zu nehmen.

Womit wir es gegenwärtig zu tun haben, ist keineswegs ein Zusammenprall der Kulturen – das wäre eine große Bereicherung. Was heute aufeinander prallt, sind Vorurteile, Pauschalisierungen, Fundamentalismen. Das ist in der Tat gefährlich. Dieser Gefahr ist allein mit einem differenzierten Blick zu begegnen. Zum Beispiel auf den Iran und die iranische Gesellschaft, die nicht mit dem Regime gleichgesetzt werden darf. Hier hat sich bereits, aller Widerstände zum Trotz, eine breite Zivilgesellschaft entwickelt, die, wie die Geschichte der Islamischen Republik zeigt, beharrlich ihren Weg fortsetzen wird.

Plädoyer für eine europäische Friedenspolitik – statt eines Nachworts

Die Lage im Iran und um den Iran ist mehr als bedrohlich – und seit langem absehbar. Der Volksaufstand, der sich gegen die Schah-Diktatur gerichtet hatte, war in einen Gottesstaat gemündet. Die iranische Geistlichkeit, die die Macht übernahm, versuchte mit Gewalt eine säkularisierte Gesellschaft zu islamisieren und scheiterte dabei an den Widersprüchen ihres eigenen Systems. Dann unternahmen die Reformer den Versuch, den Gottesstaat zu liberalisieren. Sie mussten aber feststellen, dass die Dominanz der Religion über die Politik, die Machtkonstellationen, die Verfassung, kurz das gesamte System Hürden errichtet hatte, die unüberwindbar schienen. Gleichzeitig hatte sich in der iranischen Gesellschaft – in Auseinandersetzung mit dem Gottesstaat sowie mit der eigenen Geschichte, Kultur und Religion – eine Zivilgesellschaft ausgebildet, die sich immer weiter von den Vorstellungen der Herrschenden entfernte. Selbst im islamischen Lager begann bereits seit den neunziger Jahren ein Zerfallsprozess. Immer mehr Gruppen und Fraktionen wurden ausgegrenzt, bis schließlich eine Minderheit der Radikalislamisten durch einen schleichenden Putsch die Macht monopolisierte.

Diese Minderheit steht nun einer Zivilgesellschaft gegenüber, die nach Freiheit und Demokratie strebt und einen Regimewechsel herbeiwünscht. Und während in der Vergangenheit die Kritik gegen das herrschende System aus einem bestimmten, ideologischen Blickwinkel heraus erfolgte – bei den Kommunisten gleichermaßen wie bei den Islamisten oder den Nationalisten –, zeichnet sich die heutige breite Opposition gegen den Gottesstaat dadurch aus, dass sie – bis auf wenige Ausnahmen – ideologiefrei ist. Ob Frauen oder die Jugend, Schriftsteller oder Journalisten, Intellektuelle oder Geistliche, sie alle berufen sich fast ausnahmslos auf die Menschenrechte. Das ist gegenüber der Vergangenheit ein großer, qualitativer Sprung. Denn bekanntlich mündeten nahezu alle Volksaufstände oder Befreiungsbewegungen in der Dritten Welt, die von ideologisch orientierten Organisationen geführt wurden, zwangsläufig in neue Diktaturen, in die Herrschaft einer Minderheit über die Mehrheit. Vielleicht ist das Insistieren auf den Grundbestand der Menschenrechte auch ein Grund dafür, dass es im Iran keine bewaffneten Untergrundorganisationen gibt. Die Gegner des Regimes, die sich des Rückhalts in der Bevölkerung sicher sein können, versuchen daher, die Islamisten auf legalem Weg immer weiter in die Isolation zu treiben.

Es gibt im Iran noch keine politische Organisation, die dem Volk eine Alternative bieten und einen Regimewechsel herbeiführen könnte. Zudem hat es den Anschein, als sitze das Regime fest im Sattel und könne seine Willkürherrschaft unbedrängt fortsetzen. Aber der Schein trügt. Das Regime gleicht einer flachen Insel, um die das Wasser immer höher und höher steigt, bis es irgendwann die Insel überflutet. Bereits jetzt kann sich die Teheraner Führung bestimmte Maßnahmen, wie zum Beispiel die offizielle Hinrichtung von Dissidenten, einfach nicht mehr leisten. Selbst ein so scharfer Kritiker wie der erwähnte Journalist Akbar Gandji, der durch ein Willkürurteil zu sechs Jahren Gefängnis verurteilt wurde, musste nach Verbüßen der Strafe freigelassen werden. Das Regime konnte auch nicht verhindern, dass derselbe Gandji vom Verband der Journalisten und vom Verein zur Verteidigung der freien Meinungsäußerung öffentlich, das heißt konkret, in Anwesenheit von in- und ausländischen Journalisten mit dem Preis »Goldene Feder« ausgezeichnet wurde.

Natürlich kommt es weiterhin vor, dass Medien verboten werden – wie etwa die Zeitschrift *Aftab*, die das erwähnte Interview mit Kadivar veröffentlichte. Aber Kadivar setzt seine Kritik in anderen Zeitungen und Zeitschriften und auf seiner Homepage fort, und wenn er wieder verhaftet werden sollte, sind andere da, die seine und ähnliche Gedanken verbreiten. Natürlich kann das Regime strengere Verordnungen bezüglich der islamischen Kleidungsvorschriften erlassen, aber wenn Millionen Frauen, wie in den letzten Jahren geschehen, sich nicht an die Vorschriften halten, ist das Regime machtlos.

Den Machthabern ist durchaus bewusst, dass die überwiegende Mehrheit der Bevölkerung privat ein völlig anderes Leben führt, als es öffentlich von ihnen gefordert wird. Doch im Unterschied zum ersten oder gar noch zweiten Jahrzehnt nach der Revolution, in denen das Regime sich auch in das Privatleben der Menschen einmischte, indem es die Revolutionswächter in den Privathäusern und Wohnungen Kontrollen durchführen ließ, finden solche Kontrollen heute kaum noch statt.

Aber wie lange kann eine Gesellschaft diese Schizophrenie aushalten? Was geschieht mit den Jugendlichen, die zu Hause Techno-Musik hören, Partys feiern, Alkohol trinken oder Haschisch und Heroin rauchen und in der Schule und auf öffentlichen Plätzen mit Trauermärchen und Huldigungen an Märtyrern abgespeist werden? Was geschieht mit den Frauen, die sich in den Häusern so kleiden, wie sie möchten, und die sich, wenn sie das Haus verlassen, ganz anders anziehen sollen? Wohin wird dieser täglich empfundene Zwang führen? Das Doppelleben, das ständige Lügen und Tricksen, kann nicht über längere Zeit Bestand haben. Und das Interessante ist, dass nicht das islamistisch geprägte, öffentliche Leben das Privatleben zurückdrängt, sondern umgekehrt. Das sieht man an den unzähligen modernen Cafés und Restaurants, die in den letzten Jahren nicht nur in der Hauptstadt Teheran, sondern in sämtlichen Großstädten entstanden sind. Das spürt man an dem Verhalten der Menschen, insbesondere der Jugendlichen auf den Straßen und in den Parks, die sich per Handy und SMS verabreden. Das registriert man an der Offenheit, mit der in Omnibussen und Taxis gegen die Machthaber geschimpft wird. Und das erkennt man nicht zuletzt an der Häufung der Witze, die über den Gottesstaat und seine Hüter im Umlauf sind.

Wenn heute die Frauen durchsetzen können, dass ein Islamist wie Ahmadinedschad, dem ein lupenreiner islamischer Staat als Ideal vorschwebt, trotz Proteste der konservativen Ayatollahs ein Gesetz vorschlägt, das ihnen erlaubt, als Zuschauerinnen an Fußballspielen teilzunehmen, und wenn heute eine Frauenfußballmannschaft aus Deutschland in Teheran gegen eine iranische Frauenmannschaft spielen kann – allerdings noch unter Ausschluss der Männer – und die Frauen nach dem Ende des Spiels auch noch zu Techno-Musik tanzen, dann ist das alles kein Jux, sondern ein hochbrisanter, mit Risiken verbundener politischer Kampf um Freiräume, um Freiheit.

Und so wird dem Regime immer mehr der Boden unter den Füßen weggezogen. Das ist vielleicht ein langwieriger Prozess, viel langwieriger als ein Volksaufstand unter der Führung einer oppositionellen Organisation, aber erstens ist dieser Prozess mit weit weniger Opfern verbunden, und zweitens eröffnet er weit größere Chancen, eine stabile Demokratie zu gründen.

Aber der Druck von außen, gar ein militärischer Angriff könnten diese Chance zunichte machen. Denn die iranische Zivilgesellschaft, die sich mit so viel Mut und Opferbereitschaft Schritt für Schritt entwickelt hat, könnte sich spalten. Hin- und hergerissen zwischen dem Widerwillen, dem Staat zu folgen, oder zu dulden, dass die verbrieften nationalen Rechte des Landes durch äußere Mächte missachtet und sogar die nationale Souveränität bedroht wird, könnte sie zersplittert werden.

Das Problem liegt darin, dass die Argumente der islamistischen Putschisten nicht nur populistisch sind, sie sind zum Teil auch nicht von der Hand zu weisen. Wenn sie erklären, dass die unter der Führung der USA gegen den Iran gebildete Front mit zweierlei Maß misst, dass sie sich aus politischen Gründen über internationale Rechte hinwegsetzt, dass die Rechte, die einzelnen Staaten zugestanden werden, davon abhängen, wie weit diese Staaten bereit sind, die Interessen der USA zu akzeptieren, dann werden nicht wenige, sei es aus Nationalstolz oder der Sorge um das Land, sich um das verhasste Regime scharen. Je heftiger der Druck von außen, je schärfer die Drohungen, desto größer werden die Neigung und vielleicht auch der innere Zwang, die Forderungen eines Regimes zu unterstützen, das man ablehnt.

Hätte die Weltgemeinschaft das Recht Irans akzeptiert und dem Land zugestanden, unter der Kontrolle der Internationalen Atombehörde auf niedriger Ebene Uran für Forschungszwecke anzureichern und, wie von Moskau vorgeschlagen, den atomaren Brennstoff in Russland zu produzieren, hätte man damit nicht nur die iranische Zivilgesellschaft, sondern auch die moderaten Konservativen gewinnen und die Radikalen vollständig isolieren können.

Eine kluge Politik, die Frieden will und ernsthaft im Iran einen demokratischen Wandel anstrebt, kann nicht eine Politik sein, die die iranische Zivilgesellschaft spaltet und zur Solidarität mit den Islamisten zwingt. Es gilt doch, das Regime zu isolieren und nicht das ganze Volk. Hätte man den Druck, der nun seit einigen Jahren wegen des Atomkonflikts auf den Iran ausgeübt wird, gegen die Missachtung der Menschenrechte, gegen die Unterdrückung der Frauen, gegen die rigorose Zensur der Presse und gegen die Misshandlung von Regimekritikern in den Gefängnissen eingesetzt, wäre die iranische Zivilgesellschaft wesentlich weiter als heute.

So unerträglich die Lage im Iran für die Demokraten und für Gegner des Regimes ist, so günstig ist sie für die Islamisten. Sie fühlen sich in dieser Atmosphäre so wohl wie Fische im Wasser. Sie können Emotionen aufpeitschen, die Außenwelt dämonisieren, ihre Märtyrerideologie propagieren, vom Volk Opfer verlangen, und sie können jede Kritik, jeden Widerstand als Verrat nationaler Interessen und als Kollaboration mit dem Feind hart bestrafen.

Alle Anzeichen deuten auf eine weitere Eskalation des Konflikts. Die antiislamische Stimmung in Europa und den USA, die Lancierung von Informationen, die den Eindruck erwecken, Iran stehe kurz vor dem Bau der Atombombe, die gegen Israel oder gar gegen Europa eingesetzt werden könnte, bereiten die öffentliche Meinung psychologisch auf einen militärischen Angriff gegen den Iran vor. Die Rechnung Washingtons, eine militärische Intervention würde zu einem Regimewechsel im Iran führen, kann aber nicht aufgehen. Der Iran ist nicht der Irak, und auch dort ist nach drei Jahren kein Frieden in Sicht. Die Islamisten im Iran verfügen zwar nicht über ein Waffenarsenal, das einem Angriff der USA standhalten könnte, aber sie sind durchaus in der Lage, mit ihren Zehntausenden, zum Märtyrertod bereiten Anhängern den US-Streitkräften im Irak, in Afghanistan und am Persischen Golf empfindliche Schläge zuzufügen und durch Terroranschläge die Sicherheit Europas und Amerikas erheblich zu gefährden.

Die radikalen Fundamentalisten in Teheran und Washington sind dabei, die Welt in eine Katastrophe zu treiben. Sie aufzuhalten, wäre Europa aufgerufen. Die EU-Staaten müssten wieder aus dem amerikanischen Boot aussteigen, sie müssen nein sagen zu einem Krieg, nein sagen zu einem Einsatz der NATO, und auf diplomatischem Weg versuchen, gemeinsam mit den politischen Strömungen und vor allem mit der Zivilgesellschaft im Iran einen Konsens zu finden und so die Fundamentalisten innerhalb und außerhalb des Iran zu isolieren.

Doch Europa scheint zu solch eigenständigem Weg bislang kaum fähig. Verstrickt in jeweils vermeintlich eigene Interessen, haben die

Europäer noch nicht zu einer gemeinsamen außenpolitischen Perspektive gefunden. Auch deshalb gehen wir nun sehenden Auges einer Katastrophe entgegen.

Würde es gelingen, den Prozess der Demokratisierung im Iran zu beschleunigen, wäre damit ein wichtiger Schritt auf dem Weg zum Frieden im Nahen Osten vollzogen. Denn eine Demokratie, wie sie die iranische Zivilgesellschaft anstrebt, eine Demokratie, die nicht von außen aufgesetzt, sondern aus der Entwicklung der Gesellschaft selbst, aus der Auseinandersetzung mit der eigenen Gesellschaft, mit der eigenen Kultur und nicht zuletzt mit dem Islam hervorgeht, wird sicherlich in der gesamten islamischen Welt tiefe Wirkungen erzielen. Zugleich wäre damit wohl die beste Voraussetzung geschaffen, um dem internationalen Terrorismus den Boden zu entziehen. Denn der Terrorismus wird, wie wir im Irak und Afghanistan beobachten können, durch den Einsatz von Gewalt nicht geschwächt, sondern gestärkt.

Was könnte man also tun, um dem drohenden Krieg eine friedliche Alternative entgegenzusetzen? Je mehr die regierungsunabhängigen Organisationen, die Frauen, Schriftsteller, Künstler, Filmemacher, Umweltschützer, Studenten und Jugendlichen im Iran unterstützt werden, desto entschlossener werden sie ihren Kampf für die Etablierung einer zivilen Gesellschaft fortsetzen. Solche Unterstützung ist kaum von ausländischen Regierungen zu erwarten. Denn für sie stehen zumeist die wirtschaftlichen Interessen ihres eigenen Landes im Vordergrund. Das Argument, langfristig ließen sich mit einem entwickelten, demokratischen Land bessere Geschäfte machen, wird zwar theoretisch akzeptiert, aber wie die Erfahrung zeigt, werden in der Praxis zumeist politische und soziale Aspekte zugunsten kurzfristiger wirtschaftlicher Interessen in den Hintergrund gedrängt. Etwas anders gestaltet sich die Ausgangslage bei Landesparlamenten oder auch beim EU-Parlament. Diese verfügen über eine ganze Reihe von Möglichkeiten, um die Zivilgesellschaft zu unterstützen. Sie könnten den Iran unter Einsatz von diplomatischen Mitteln unter Druck setzen und, viel konsequenter als bisher, die Einhaltung der Menschenrechte einfordern.

Über die Parlamente hinaus gibt es eine Vielzahl von Menschenrechtsorganisationen, Stiftungen, Gewerkschaften und politisch engagierten Verbänden, deren solidarische Hilfe für Länder wie den

Iran unentbehrlich ist. Tatsächlich hat der Einsatz von Organisationen wie Amnesty International, Human Right Watch, Reporter ohne Grenzen, Internationaler Verband der Juristen, Internationale Liga für Menschenrechte – um nur einige Namen zu nennen – immer wieder die ausufernde Willkür der Machthaber im Iran in Schranken weisen können. Denn auch für das herrschende Regime in Teheran ist es nicht gleichgültig, wie das Ausland auf die Vorgänge im Iran reagiert.

Die Unterstützung darf sich jedoch nicht allein auf Proteste gegen die Verletzung der Menschenrechte beschränken. Wichtig sind auch der Dialog, der Austausch von Gedanken, Erfahrungen und Informationen, der Austausch von Studenten, Städtepartnerschaften sowie die Förderung von iranischen Schriftstellern, Künstlern, Filmemachern im Ausland. Der Wert kontinuierlicher Kontakte zu den jeweiligen Gesellschaftsgruppen, zu regierungsunabhängigen Organisationen, zu Verbänden und Vereinigungen, die sich für den Ausbau der iranischen Zivilgesellschaft einsetzen, kann nicht hoch genug eingeschätzt werden. Wenn Menschenrechtler, Aktivisten der Frauenbewegung, Geistliche und Intellektuelle, die sich für Reformen im Islam einsetzen, aktive Mitglieder der Studentenbewegung und andere Personen und Gruppen der Öffentlichkeit im Ausland bekannter werden, erhöht sich ihre Sicherheit, wodurch es ihnen leichter fallen wird, ihre Arbeit trotz Repressionen fortzusetzen. Nicht Krieg, sondern kritischer Dialog ist der Weg, der zum Frieden führt.

Andreas Zumach
Die kommenden Kriege

Ressourcen, Menschenrechte,
Machtgewinn – Präventivkrieg als Dauerzustand?
KiWi 912
Originalausgabe

Nach dem völkerrechtswidrigen Krieg gegen Irak hat die Bush-Administration Syrien, Iran und andere »Tyrannen- und Terrorstaaten« ins Visier genommen. In diesen Ländern sollen die Entwicklung von Massenvernichtungswaffen verhindert, Freiheit, Demokratie und Menschenrechte gefördert und damit dem Terrorismus der Nährboden entzogen werden. Doch tatsächlich geht es der Bush-Administration in erster Linie darum, im zu Ende gehenden Ölzeitalter den Einfluss und die Machtpositionen der USA zu festigen und auszubauen. Und dies in immer schärferer Konkurrenz zu Europa, China und Russland. Sind (Welt-)Kriege um Öl noch vermeidbar? Gibt es noch Chancen für den friedlichen Ausgleich von Interessen und die gemeinsame Bewältigung der globalen Probleme im Rahmen der UNO?

»Guter investigativer Journalismus gepaart mit hellsichtiger Analyse.« *Vorwärts*